Christine Schmidt-König

Die Problematik der Übersetzung juristischer Terminologie

D1730723

Rechtslinguistik

Studien zu Text und Kommunikation
Studies on Text and Communication

Herausgegeben von

Claire Kramsch (Berkeley)

und

Claus Luttermann (Eichstätt-Ingolstadt)

Band 8

LIT

Christine Schmidt-König

Die Problematik der Übersetzung juristischer Terminologie

Eine systematische Darstellung am Beispiel
der deutschen und französischen Rechtssprache

LIT

Gedruckt auf alterungsbeständigem Werkdruckpapier entsprechend
ANSI Z3948   DIN ISO 9706

Bibliografische Information Der Deutschen Bibliothek
Die Deutsche Bibliothek verzeichnet diese Publikation in der Deutschen
Nationalbibliografie; detaillierte bibliografische Daten sind im Internet
über http://dnb.ddb.de abrufbar.

ISBN 3-8258-8784-7
Zugl.: Trier, Univ., Diss., 2005

© LIT VERLAG Münster   2005
Grevener Str./Fresnostr. 2   48159 Münster
Tel. 0251–62 03 20   Fax 0251–23 19 72
e-Mail: lit@lit-verlag.de   http://www.lit-verlag.de

Für meinen Mann

Geleitwort der Herausgeber zur Reihe

Sprache verbindet Menschen – auch in rechtlichen Dingen. Recht lebt in und durch Sprache. Von Rechtsetzung und Rechtsanwendung bis zu Begegnungen mit anderen Rechts- und Sprachkulturen im heimischen Recht wie im internationalen Rahmen, in Text und Kommunikation: Sprache ist das Medium.

Sprachgebrauch knüpft dabei an Alltagswissen an, das im juristischen Umfeld modifiziert wird. Jeder etwa hat eine Vorstellung von „Treue" und verbindet etwas mit „Glauben", aber was bedeutet „Treu und Glauben" als juristischer Begriff? – Ruft der Dichter Emile Zola: „J'accuse!", dann mag man manchen Gedanken daran binden. Tritt vor Gericht der Staatsanwalt mit: „Angeklagt wird ...!" auf und führt dies weiter aus, ist das eine gesetzlich bestimmte Handlung im Eingang von Hauptverhandlungen in Strafsachen. Recht hat also eigenartige Muster sprachlichen Handelns. Das berührt Verständlichkeit und Verständnis. Wie Sprache hier im Kontext wirkt, ist eine Aufgabe, die interdisziplinäre Arbeit fordert.

Die Reihe *Rechtslinguistik – Studien zu Text und Kommunikation* spannt zum Dialog einen Bogen zwischen Fakultäten, die Sprache und Recht behandeln. Das Untersuchungsspektrum umfaßt etwa Gesetzestexte, mündliches und schriftliches Handeln in Rechtsinstitutionen wie Behörden und Gerichten, anwaltliche Beratungsgespräche, Fragen des Stils sowie bei internationalen Sachverhalten auch der Übersetzung. Versuche der Rechtsharmonisierung in der Europäischen Union sowie Handel und Kommunikation in globalen Netzen zeigen, wie notwendig hier vertiefende Betrachtung ist. Die Reihe bietet ein Forum für Begegnung und gemeinsame Projekte.

Berkeley / Kalifornien, im Mai 1996

Claire Kramsch   Claus Luttermann

Editorial introduction to the series

Language unites people – also in the realm of law. Law lives in and trough language. In the writing and in the application of the law, in the interpretation and transmission of legal texts, in the contact between legal culture and vernacular culture, in national and international law: language is the medium.

Language use in the legal realm is linked to everyday knowledge, modified to fit the legal setting. For instance, every German knows the meaning of "Treue" (faith) and "Glauben" (belief), but what does "Treue und Glauben" (in good faith) mean in legal terms? When the writer Emile Zola says: "J'accuse!", various meanings may come to mind. But when the prosecutor in a German court utters the words: "Angeklagt wird ...!" (is accused) and strengthens this utterance with incriminatory details, this can only be heard as a conventionalized speech act, fixed by statute at the beginning of a German criminal procedure. The language of the law has specific linguistic patterns, that affect intelligibility and comprehension. How language works in this context can be investigated through interdisciplinary collaboration.

The series *Rechtslinguistik – Studies on Text and Communication* brings together researchers from various disciplines that deal with language and the law: jurisprudence, sociology, anthropology, linguistics, literary and cultural studies. It explores the discourse of legal texts, the use of oral and written language in legal institutions and courts of law, the discourse of counselling, legal stylistics, translation and interpretation in multilingual settings, issues of language and power. Current attempts at the legal harmonization of the European Union and at solving cross-cultural problems of communication between trading partners point to the urgent need for such research. This series offers a forum for the exchange of ideas and for joint projects in this field.

Berkeley / California, May 1996

Claire Kramsch

Claus Luttermann

Vorwort der Verfasserin

Die vorliegende Arbeit wurde im Wintersemester 2004/2005 vom Fachbereich Rechtswissenschaft der Universität Trier als Dissertation angenommen. Literatur und Gesetzgebung wurden nach Möglichkeit bis Mai 2005 berücksichtigt.

Mein aufrichtiger Dank richtet sich zunächst an meinen Doktorvater, Herrn Professor Dr. Gerhard Robbers, der mir sowohl bei der Wahl, als auch bei der Bearbeitung meines Themas weitgehende Freiheit gewährte. Die somit gegebene Chance über die Rechtssprache und die juristische Übersetzung zu promovieren ermöglichte mir, meinen bislang erworbenen diversen Erfahrungen in diesen Bereichen einen wissenschaftlichen Zusammenhalt zu verleihen. Herrn Professor Dr. Bernd von Hoffmann danke ich für seine sofortige Bereitschaft und zügige Erstellung des Zweitgutachtens. Für die Aufnahme der Arbeit in die Schriftenreihe danke ich den Herausgebern Prof. Dr. Claire Kramsch und Prof. Dr. Claus Luttermann.

Es ist mir darüber hinaus ein Anliegen, allen meinen Freunden und Kollegen, die mich auf dem Weg mannigfach unterstützt haben, von Herzen zu danken. Vor allem bin ich Frau Dr. Tanja Barton zutiefst dankbar für die hervorragenden sorgfältigen Korrekturarbeiten. Namentlich erwähnen möchte ich außerdem Frau Frauke Bronsema, Frau Dr. Ute Goergen, Frau Peggy Gornall-Thode, Frau Prof. Dr. Kerstin Odendahl und Frau Judith Marie Schwinger, die für alle meine unterschiedlichen Probleme immer ein offenes Ohr hatten.

Nicht zuletzt gilt mein ganz besonderer Dank meinem Mann, Alexander König, der nicht nur das gesamte Manuskript mehrfach kritisch korrigierte, sondern mich insbesondere die gesamte Zeit meiner Dissertation mit einer unglaublichen Geduld und Liebenswürdigkeit stets ertragen, unterstützt und ermuntert hat.

Trier, im Juni 2005   Christine Schmidt-König

Abstract

Although for lawyers the question of the significance of language was and still is a delicate issue, the subject of legal translations has for a long time been dealt with exclusively by linguists. But in the last few years lawyers, too, have shown an interest in the topic. In this context legal translations have been heavily criticised. Ahtpart from bare criticism it is, however, necessary to find reasons as well as solutions for this problem. The following text is devoted to the problematic nature of translating legal terminology especially from a lawyer's perspective. The subject of this dissertation is the transposition and translation of legal terms from one legal system to another, taking French and German terminology as an example.

The first chapter contains the systematic analysis of each terminology. Here the interaction is stressed between legal terminology and ordinary language, which is a clear indication of polysemy. Difficulties in translating also result from the specific characteristics of the legal language. This analyses leads on to the next chapter, the actual problem of legal translations. This is not to be seen as a specific phenomenon, nevertheless the relationship of law and language is immanent and the structural differences of the legal systems have many and divers facets which cause the translator considerable difficulties. The following text analyses the different translating methods with examples. The last chapter proposes practical solutions for the problems of translating, both for producing a transparent bi-lingual legal dictionary and for achieving a possible coherence for legal translations and their application. A recommendation for the lawyers regarding cautiousness towards translations represents not least another solution.

Inhaltsübersicht

Inhaltsverzeichnis

Einleitung

Die Frage nach der Bedeutung der Sprache für das Recht ist unter Juristen seit langem von großer Brisanz. Es handelt sich um eine allgemein bekannte Feststellung, dass es kein Recht ohne Sprache gibt[1], da die Sprache nicht nur den Boden, sondern auch das Werkzeug des Rechts bildet.[2] Die enge Beziehung des Rechts zur Sprache besteht nicht nur in bestimmten Situationen, sondern „umgibt den Juristen bei allem Tun"[3]. Diese Wechselwirkung stellt daher den Ausgangspunkt des Interesses der Juristen für die Rechtssprache im Allgemeinen dar. Dagegen ist die Frage nach der Übersetzung im juristischen Bereich sehr lang ausschließlich unter Linguisten diskutiert worden, wobei sich das Interesse der Juristen für das Thema der juristischen Übersetzung seit einigen Jahren sehr wohl intensiviert.[4] Die historisch größte Erweiterung in der Geschichte der Europäischen Gemeinschaft in jüngster Zeit hat darüber hinaus ein verstärktes Bewusstsein für die Problematik der Übersetzung hervorgerufen.

Juristen verbinden den Begriff „Übersetzung" vielfach mit einer Fülle von Problemen und üben umfangreiche negative Kritik. Zwar haben sich die Diskussionsbeiträge zu diesem Thema in den letzten Jahren gehäuft, es wurden jedoch nur wenige grundlegende und systematische Untersuchungen unternommen.[5] Schlichtweg zu behaupten, dass die juristische Übersetzung meist schlecht ist oder dass bestimmte übersetzte Begriffe nicht der wahren Bedeutung des zu übersetzenden

---

[1] Vgl. *Gunst*, Muttersprache 1975, 342 (342); *Großfeld*, NJW 1985, 1577 (1577); *Großfeld*, JZ 1984, 1 (1); *Neumann-Duesberg*, Sprache im Recht, 1949, S. 9; *Basedow*, JuS 2004, 89 (91); *Schwintowski*, NJW 2003, 632 (632); *Oksaar*, ARSP 1967, 91 (94); *Kirchhof*, Die Bestimmtheit und Offenheit der Rechtssprache, 1987, S. 6; *Nerson*, Exercices de vocabulaire, in: Mélanges Voirin, 1966, S. 603 (603); *Schnapp*, JZ 2004, 473 (473); *Luttermann*, EuZW 1998, 151 (151).

[2] Vgl. statt vieler *Mincke*, ARSP 1991, 446 (446).

[3] *Mincke*, a.a.O., 446 (446).

[4] Vgl. *Berteloot*, Der Rahmen juristischer Übersetzungen, in: de Groot/Schulze (Hrsg.), Recht und Übersetzen, 1999, S. 101 (101).

[5] So *Weyers*, Grenzen der Übersetzbarkeit juristischer Texte, in: Hendriks (Hrsg.), Language Needs in Business, 1994, S. 99 (99).

Begriffs entsprechen wird der gesamten Thematik nicht annähernd gerecht. Vielmehr sind sowohl Gründe, als auch Lösungen für dieses Problem zu suchen. Daher wird in der vorliegenden Arbeit die Problematik der Übersetzung juristischer Terminologie speziell aus der Perspektive des Juristen dargestellt. Da die sprachwissenschaftlichen Theorien auch aus juristischer Sicht nicht gänzlich außer Acht gelassen werden dürfen, wird sich ihre Darstellung auf das für diese Arbeit Wesentliche beschränken. Dies bedeutet, dass das besondere Augenmerk nicht auf den sprachwissenschaftlichen Aspekt, sondern auf den Beitrag dieser Theorien zur praktischen juristischen Übersetzung gerichtet wird.

Gegenstand dieser Untersuchung ist die Umsetzung von Begriffen der Rechtssprache eines Rechtssystems in die Rechtssprache eines anderen Rechtssystems. Diese Beschränkung auf die Problematik der Wiedergabe von Begriffen schließt somit die Schwierigkeiten des juristischen Stils aus. Ziel der Arbeit ist die Suche nach Lösungen, die in verschiedenen Texten anwendbar sind sowie nach Richtlinien sowohl für den juristischen Übersetzer, als auch für die Herstellung eines juristischen zweisprachigen Wörterbuches. Die vorliegende Arbeit bezieht sich auf das französische und auf das deutsche Rechtssystem, womit die Problematik der Übersetzung zwischen zwei Rechtssprachen unterschiedlicher Rechtssysteme untersucht wird. Gegenstand dieser Untersuchung ist folglich nicht die Problematik der Übersetzung im mehrsprachigen Raum wie beispielsweise innerhalb der Europäischen Gemeinschaft.

Eine Untersuchung der Übersetzung der juristischen Terminologie kann dennoch nicht ohne Darstellung ihres Gegenstandes auskommen. Das erste Kapitel befasst sich demzufolge mit einer systematischen Untersuchung der deutschen und französischen juristischen Terminologie. Dies erfordert nach der Definition der verwendeten Begriffe „Rechtssprache" und „juristische Terminologie" eine Darlegung der geschichtlichen Entwicklung der jeweiligen Rechtssprache mit anschließendem Vergleich. Auf dieser Grundlage werden die Kennzeichen ausführlich in Hinblick auf die deutsche und die französische Fachliteratur analysiert.

Kapitel I. Die Rechtssprache

Die juristische Terminologie, Gegenstand dieser Arbeit, stellt eine Komponente der Rechtssprache dar und gehört somit zu einem Komplex, der zuvor in seinem übergeordneten Kontext dargestellt werden muss. Dabei stellen sich vor allem folgende Fragen: Was ist unter dem Begriff „Rechtssprache" zu verstehen und was sind ihre Komponenten? Wie haben sich die französische und die deutsche Rechtssprache entwickelt und welche Kennzeichen besitzen sie heute? Diese Fragen werden im ersten Teil dieser Arbeit untersucht, um die notwendigen Grundlagen für den Fortgang der nachfolgenden Ausführungen zu schaffen.

I. Definition der Rechtssprache

A. Begriffserläuterungen

1. Verwendete Ausdrücke

Um jegliche Verwirrung aufgrund des nicht immer eindeutigen allgemeinen Sprachgebrauchs zu vermeiden, sollen hier zunächst einige kurze Definitionen aufgeführt werden. „Wort" wird hier nur als eine sprachliche Einheit von Lautung[6] verstanden; es handelt sich dementsprechend um die Hülle bzw. um den Wortlaut („signifiant") oder um die „Bezeichnung" bzw. „Benennung"[7]. Um den Wortinhalt („signifié") zu bezeichnen, wird von „Bedeutung" oder „Definition" gesprochen. Die Zusammenstellung des Wortlauts und des Wortinhalts wird in dieser Arbeit nicht mit „Wort", sondern mit „Terminus" ausgedrückt[8]. Um die eventuelle Fachlichkeit eines Terminus zu betonen, wird der Ausdruck „Terminus technicus" verwendet. Die Gesamtheit

---

[6] Vgl. Duden, Deutsches Universalwörterbuch, 2003, Stichwort „Wort".

[7] Vgl. DIN 2342: 1992-10, Teil 1, abgedr. in: Baxmann-Krafft/Herzog, Normen für Übersetzer und technische Autoren, 1999, S. 62, S. 112.

[8] Vgl. DIN 2342: 1992-10, Teil 1, abgedr. in: Baxmann-Krafft/Herzog, a.a.O., S. 62, S. 113.

der Termini wird als Terminologie bezeichnet[9]. Ähnlich zum Terminus wird „Begriff" als eine Zusammenstellung eines Wortlauts und eines Wortinhalts benutzt, wobei es sich dabei häufig um die Vorstellung eines gesamten komplexen gedanklichen Sachverhaltes handelt.[10]

2. Begriff „Rechtssprache"

Der Begriff „Rechtssprache" wird in den juristischen Wörterbüchern[11] nicht definiert, da es sich nicht um einen juristischen Terminus an sich handelt und eine allgemein erkannte Definition des Begriffs Rechtssprache nicht direkt in der Literatur zu finden ist. Für den französischen Verfasser *Cornu*[12] besteht die Rechtssprache („langage juridique") aus dem „vocabulaire juridique" und dem „discours juridique". Unter dem Begriff „vocabulaire juridique" versteht er „l'ensemble des termes qui ont, (au sein d'une langue), un ou plusieurs sens juridiques"; der „discours juridique" bildet „l'ensemble des énoncés du droit". Für *Neumann*[13] ist unter Rechtssprache „die Sprache zu verstehen, in der die Gesetze, die Regeln der Rechtsdogmatik und sonstige juristische Texte tatsächlich formuliert werden".

Die Rechtssprache kann dementsprechend an dieser Stelle als die Sprache der Juristen definiert werden, die als solche alle Termini enthält, die eine oder mehrere juristische Bedeutungen besitzen und einem besonderen Stil bzw. einer besonderen Ausdrucksweise unterliegt. Ihre beiden Hauptkomponenten sind daher die juristische Terminologie und der juristische Stil, wobei Letzterer nicht Bestandteil die-

---

[9]   Vgl. DIN 2342: 1992-10, Teil 1, abgedr. in: Baxmann-Krafft/Herzog, Normen für Übersetzer und technische Autoren, 1999, S. 62, S. 113.

[10] Vgl. *Wüster*, Einführung in die allgemeine Terminologielehre und terminologische Lexikographie, 1991, S. 8. Zur festgelegten Definition des „Begriffs" vgl. DIN 2342: 1992-10, Teil 1, abgedr. in: Baxmann-Krafft/Herzog, a.a.O., S. 62, S. 111.

[11] Für die deutsche Rechtssprache vgl. *Creifelds* (Begr.), *Weber* (Hrsg.), Rechtswörterbuch, 2004 (in den folgenden Ausführungen „Creifelds" benannt). Für die französische Rechtssprache vgl. *Cornu* (Hrsg.), Vocabulaire juridique, 2004.

[12] *Cornu*, Linguistique juridique, 2000, S. 21 f.

[13] *Neumann*, Juristische Fachsprache und Umgangssprache, in: Grewendorf (Hrsg.), Rechtskultur als Sprachkultur, 1992, S. 110 (111).

ser Arbeit ist[14]. Abschließend sei bemerkt, dass die Sprache der Juristen schließlich nicht nur juristisch aufgrund des angewandten Fachvokabulars oder des eigenen Stils, sondern auch aufgrund ihrer Zweckbestimmtheit entstanden ist[15].

B. Beziehung zwischen Rechtssprache und Allgemeinsprache

1. Enge Beziehung

„Die Sprache ist für (den Juristen) nicht nur der Boden, auf dem er steht, oder ein Werkzeug; sie ist das Medium, in dem und durch das er sich bewegt. Die Problematik von Sprache und Recht tritt nicht in bestimmten Situationen auf, sie umgibt den Juristen bei allem Tun."[16]

Das Recht ist nicht von der Sprache, in der es existiert, zu trennen[17]. Die Rechtssprache verfügt über eine besonders enge Beziehung zur Allgemeinsprache. Die Definition der juristischen Terminologie[18] als Gesamtheit aller Termini[19] die eine juristische Bedeutung haben, veranschaulicht, dass die Rechtssprache nicht nur Termini enthält, die ausschließlich der Fachsprache angehören, sondern auch alle Termini, die wenigstens eine Bedeutung in der Allgemeinsprache und eine Bedeutung in der Rechtssprache besitzen. Unter diesem Aspekt wird in der Literatur versucht, die juristischen Termini in verschiedene Klassifikationen zu unterteilen.

---

[14] Die Wechselwirkung zwischen beiden Komponenten verlangt eine ständige Heranziehung des juristischen Stils auch bei der Untersuchung der juristischen Terminologie.
Zur Problematik der Verständlichkeit eines juristischen Textes aufgrund seiner Form vgl. *Würstle*, Textlinguistik und Fachsprache, in: Kalverkämper (Hrsg.), Fachsprachen in der Romania, 1988, S. 130 (131).

[15] Vgl. *Cornu*, Linguistique juridique, 2000, S. 22.

[16] *Mincke*, ARSP 1991, 446 (446).

[17] Vgl. *Marburger*, Technische Begriffe und Rechtsbegriffe, in: Rüthers/Stern (Hrsg.), Freiheit und Verantwortung im Verfassungsstaat, 1984, S. 275 (277).

[18] Zur Definition der juristischen Terminologie vgl. *Cornu*, Linguistique juridique, 2000, S. 21; siehe oben Kap. I., I. A. 2., S. 4.

[19] Zur Definition der Terminologie, siehe oben Kap. I., I. A. 1., S. 3.

2. Klassifikation der juristischen Termini

a. Klassifikation von Lampe

Lampe unterscheidet zwischen sekundären und primären Rechtsbegriffen[20].

1) Sekundäre Rechtsbegriffe

Rechtsbegriffe, die „das Recht der natürlichen Sprache entnimmt"[21], werden laut diesem Verfasser als sekundäre Rechtsbegriffe bezeichnet. Die Rechtssprache kann die Bedeutung der Allgemeinsprache schlicht übernehmen oder dem Wort eine meist präzisere Bedeutung verleihen. Als Beispiele hierfür können „examen", „principe", „chose", „bien" also „Untersuchung", „Prinzip", „Sache" und „Gut" genannt werden.

Die Anwendung solcher Begriffe wird dem Juristen selten vorgeworfen, da sie in der Regel ein besseres Verständnis der juristischen Texte ermöglichen. Die Verleihung einer anderen Bedeutung im juristischen Rahmen trägt jedoch zur Polysemie[22] bei, was wiederum die Gefahr von Missverständnissen im Allgemeinen und insbesondere im Bereich der Übersetzung mit sich bringt.

2) Primäre Rechtsbegriffe

Die primären Rechtsbegriffe werden von *Lampe* wiederum in zwei Kategorien unterteilt. Es handelt sich zunächst um die „Begriffe, die auch in der natürlichen Sprache gebraucht werden wie ‚Eigentum', ‚Miete', ‚Diebstahl'". Die Übersetzung solcher Begriffe birgt ähnliche Probleme und Gefahren in sich wie die sekundären Rechtsbegriffe. Unter primären Rechtsbegriffen sind schließlich Fachtermini bzw. Termini technici zu verstehen, d.h. die „Begriffe, die der Rechtsspra-

---

[20] Vgl. *Lampe*, Juristische Semantik, 1970, S. 28.

[21] *Lampe*, a.a.O., S. 28.

[22] Vorhandensein mehrerer Bedeutungen zu einem Wort vgl. Duden, Das Fremdwörterbuch, 2005, Stichwort „Polysemie".

che vorbehalten sind wie ‚Anfechtung', ‚Geschäftsfähigkeit'"[23]. Der Gebrauch von Fachtermini wird den Juristen oft vorgeworfen, da er die juristische Sprache dem Laien bzw. der Allgemeinsprache entfremdet. Da sie weniger unter Polysemie leiden, ist ihr Gebrauch zum Teil von Vorteil bzw. sicherer für den Übersetzer.

Unter dem Aspekt der Verwechslungsgefahr zwischen der Vielzahl möglicher Bedeutungen juristischer Termini und in Hinblick auf die Polysemie, wäre eine Unterscheidung zwischen Fachtermini und anderen Rechtsbegriffen adäquater.

b. Klassifikation von Cornu

Eine solche Klassifikation bildet bei *Cornu* den Mittelpunkt seiner Theorie zur Einteilung der juristischen Termini[24]. Dieser Verfasser unterscheidet zwischen „exklusiver juristischer Zugehörigkeit" für Termini, die ausschließlich der Rechtssprache angehören einerseits[25] (diese entsprechen also der zweiten Klasse von primären Rechtsbegriffen) und „doppelter Zugehörigkeit" für Termini, die sowohl von der Rechtssprache als auch von der Allgemeinsprache benutzt werden andererseits[26]. *Cornu* differenziert innerhalb dieser zweiten Gruppe zwischen Termini, die eine primär juristische Bedeutung („primäre juristische Zugehörigkeit"[27]) und in der Allgemeinsprache eine davon abgeleitete Bedeutung aufweisen (diese entsprechen folglich der ersten Klasse von primären Rechtsbegriffe) und allen anderen Termini, die eine meist primäre allgemeine Bedeutung haben („andere Fälle der doppelten Zugehörigkeit"[28]) (sie entsprechen damit der Klasse von sekundären Rechtsbegriffen).

---

[23] *Lampe*, Juristische Semantik, 1970, S. 28.

[24] Vgl. *Cornu*, Linguistique juridique, 2000, S. 68 ff.

[25] Vgl. *Cornu*, a.a.O., S. 68 („appartenance juridique exclusive").

[26] Vgl. *Cornu*, a.a.O., S. 74 („double appartenance").

[27] Vgl. *Cornu*, a.a.O., S. 75 („appartenance juridique principale").

[28] Vgl. *Cornu*, a.a.O., S. 80 („autres cas de double appartenance").

c. Vergleich

Die Unterteilungen von *Lampe* und *Cornu* folgen den gleichen Kriterien und bestehen jeweils aus drei Gruppen, die lediglich anders zusammengestellt werden. Es existieren demzufolge Begriffe, die ausschließlich der Rechtssprache angehören und Begriffe, die sowohl zur Allgemeinsprache, als auch zur Rechtssprache gehören, wobei sie entweder der einen oder der anderen entstammen. Die zweite Kategorie bzw. das Vorhandensein von Termini mit einer doppelten Zugehörigkeit betont die Beziehung der Rechtssprache zur Allgemeinsprache. Die verschiedenen Arten von doppelter Zugehörigkeit wiederum zeigen die Wechselwirkung zwischen Rechtssprache und Allgemeinsprache und mündet damit unmittelbar in die Problematik der Polysemie.

3. Wechselwirkung zwischen Rechtssprache und Allgemeinsprache

Die Klassifikation der juristischen Termini hat deutlich gezeigt, dass zwischen Rechtssprache und Allgemeinsprache nicht nur eine enge Verbindung, sondern – wie *Neumann-Duesberg* es darstellt – auch eine Wechselwirkung besteht:

> „Einerseits erscheinen die umgangssprachlichen Begriffe in der Rechtssprache wieder bzw. wird ein Teil davon zu juristischen Begriffen präzisiert, oder ein noch kleinerer Teil davon neu formuliert (Terminologie), andererseits fließen manche neu geprägten Gesetzesausdrücke in die Alltagssprache zurück."[29]

Gunst vertritt sogar die Auffassung, dass die Rechtssprache unter allen Fachsprachen am stärksten die Allgemeinsprache beeinflusst und wiederum von dieser beeinflusst wird.[30]

---

[29]   *Neumann-Duesberg*, Sprache im Recht, 1949, S. 84.
[30]   Vgl. *Gunst*, Muttersprache 1975, 342 (342).

C. Rechtssprache – eine Fachsprache?

Köbler definiert die Rechtssprache schlicht als „die besondere Fachsprache der Juristen" [31]. Es ergibt sich aus dieser Definition, dass die Rechtssprache einerseits als Fachsprache bezeichnen werden kann, wobei es sich um einen strittigen Punkt in der Literatur handelt und dass sie andererseits als Sprache der Juristen eine vielseitige Sprache darstellt.

I. Ist die Rechtssprache eine Fachsprache?

Die Beziehung der juristischen Sprache zur Allgemeinsprache weist einen besonderen Status in Bezug zu den klassischen Fachsprachen auf, wobei sich insbesondere die Frage stellt, ob sie als Fachsprache bezeichnet werden kann. [32]

a. Keine autonome Sprache

Wenn beispielsweise Mathematiker oder Chemiker über ihre Wissenschaft oder ihr Fachgebiet sprechen, benutzen sie in der Regel eine eigene Sprache, die Fachwörter enthält und die der Laie häufig nicht versteht – allerdings auch nicht zu verstehen braucht. Es handelt sich dabei zum Teil um eine Art Formelsprache. Solche eigenen Sprachen werden zweifellos als Fachsprache bezeichnet. Die Rechtssprache bezieht sich im Gegensatz zu diesen Formelsprachen auf Texte und benutzt die Sprache als Instrument [33]. Sie beinhaltet zwar häufig viele Fachwörter, beruht jedoch auch zum Großteil auf der Allgemeinsprache. Da die Sprache der Juristen, auch wenn sie Besonderheiten auf-

---

[31] *Köbler/Pohl*, Deutsch-Deutsches Rechtswörterbuch, 1991, Stichwort „Rechtssprache".

[32] Diese Diskussion besteht sowohl in Frankreich, als auch in Deutschland; sie liegt in dem Charakter der Rechtssprache, die in dem Fall unabhängig vom jeweiligen nationalen Einfluss scheint.

[33] Vgl. statt vieler *Groffier/Reed*, La lexicographie juridique, 1990, S. 2; *Oksaar*, ARSP 1967, 91 (95); *Nussbaumer*, Gesetzestexte als juristische Fachtexte, in: Eriksen/Luttermann (Hrsg.), Juristische Fachsprache, 2002, S. 21 (22 f.).

weist, an sich keine eigenständige Sprache bildet[34], wird sie von verschiedenen Verfassern nicht als Fachsprache, sondern lediglich als fachlich geprägter Teil der Allgemeinsprache anerkannt[35].

b. Fachlicher Wortschatz

Es soll an dieser Stelle betont werden, dass für den Begriff „Fachsprache" in der Literatur keine einheitliche und daher verbindliche Definition besteht.[36] Da eine Darstellung der verschiedenen Definitionen dieses Begriffs im Rahmen dieser Untersuchung nicht angemessen wäre, wird die Definition des Duden aufgegriffen, die Folgendes besagt:

> „Fachsprache: Sprache, die sich im Wortschatz durch Fachausdrücke von der Allgemeinsprache unterscheidet."[37]

Es kann somit im Einklang mit der herrschenden Meinung[38] zusammengefasst werden, dass aufgrund des Bestehens ihres Fachvokabulars (und auch ihres zum Teil besonderen Stils) die Rechtssprache eine

---

[34] Vgl. *Visser'T Hooft*, APD 1974, Nr. 19, 19 (22); *Geyl*, Muttersprache 1972, 75 (76).

[35] Vgl. *Kirchhof*, Die Bestimmtheit und Offenheit der Rechtssprache, 1987, S. 1 f.; *Geyl*, Muttersprache 1972, 75 (76).

[36] Vgl. *Oksaar*, ZG 4.1989, 210 (218 f.); *Neumann*, Juristische Fachsprache und Umgangssprache, in: Grewendorf (Hrsg.), Rechtskultur als Sprachkultur, 1992, S. 110 (113).

[37] Duden, Deutsches Universalwörterbuch, 2003, Stichwort „Fachsprache".

[38] Für die französische Literatur vgl. *Cornu*, Linguistique juridique, 2000, S. 24; *Villey*, APD 1974, Nr. 19, 1 (4); *Gémar*, Le langage du droit au risque de la traduction, in: Snow/Vanderlinden (Hrsg.), Français juridique et science du droit, 1995, S. 123 (126 f.). Für die deutsche Literatur vgl. *Müller-Tochtermann*, Muttersprache 1959, 84 (89); *Marburger*, Technische Begriffe und Rechtsbegriffe, in: Rüthers/Stern (Hrsg.), Freiheit und Verantwortung im Verfassungsstaat, 1984, S. 275 (277); *Oksaar*, Kommunikation mit dem Bürger, in: Radtke (Bearb.), Die Sprache des Rechts und der Verwaltung, 1981, S. 170 (173 f.); *Fuchs-Khakhar*, Die Verwaltungssprache zwischen dem Anspruch auf Fachsprachlichkeit und Verständlichkeit, 1987, S. 39; *Simonnaes*, Zur Frage der rechtskulturellen Unübersetzbarkeit, in: Eriksen/Luttermann (Hrsg.), Juristische Fachsprache, 2002, S. 133 (135 f.) m.w.N.

Sprache innerhalb der Allgemeinsprache bildet, die fachlich ist. Die Rechtssprache unterscheidet sich zwar von manchen anderen Fachsprachen dadurch, dass sie Wörter und Ausdrücke der Allgemeinsprache in der gleichen Form verwendet, aber ihnen oft eine andere Bedeutung verleiht und ihnen damit eine fachliche Facette zuweist[39]. Zur Erläuterung soll hier kurz ein berühmtes Beispiel der französischen juristischen Terminologie aufgegriffen werden. Im Französischen verfügt man über den einfachen Begriff „meuble", der in der Allgemeinsprache nur die „meubles meublants" (Möbel) einbezieht, obwohl er in der Rechtssprache im Sinne einer beweglichen Sache beispielsweise auch eine Katze mit umfassen kann[40]. Die notwendige Präzision der Rechtssprache, die sich unter anderem durch ihr Fachvokabular ausdrückt, zeigt nicht zuletzt, dass es sich um eine Fachsprache handelt[41]. Die besondere Ausdrucksweise und bestimmte stilistische Formen, derer sich die Juristen bedienen, können ebenfalls die Rechtssprache als Fachsprache charakterisieren, wie die Juristen es für sich selbst beanspruchen[42].

2. Vielseitige Fachsprache

Die Rechtssprache ist zwar eine technische, nicht jedoch eine einheitliche Fachsprache[43]. Sie ist nicht die Sprache eines einzelnen Berufs, sondern vielmehr die Sprache eines Faches, der mehrere Bereiche

---

[39]   Vgl. *Oksaar*, Kommunikation mit dem Bürger, in: Radtke (Bearb.), Die Sprache des Rechts und der Verwaltung, 1981, S. 170 (173 f.); *Gémar*, Le langage du droit au risque de la traduction, in: Snow/Vanderlinden (Hrsg.), Français juridique et science du droit, 1995, S. 123 (126).

[40]   Die deutsche Rechtssprache benützt in diesem Fall den Begriff „bewegliche Sache", der für einen Laien nicht direkt zu einem Missverständnis führt.

[41]   Vgl. *Marburger*, Technische Begriffe und Rechtsbegriffe, in: Rüthers/Stern (Hrsg.), Freiheit und Verantwortung im Verfassungsstaat, 1984, S. 275 (277 f.).

[42]   Diese Tendenz scheint mit den ersten deutschen Werken über Rechtssprache erkennbar zu sein vgl. *Hatz*, Rechtssprache und juristischer Begriff, 1963; *Forsthoff*, Recht und Sprache, 1971. Zur Darstellung der Entwicklung dieser Tendenz vgl. *Bocquet*, T&T 2/3.1992, 271 (273).

[43]   Vgl. *Eriksen*, Einführung in die Systematik der juristischen Fachsprache, in: ders./Luttermann (Hrsg.), Juristische Fachsprache, 2002, S. 1 (2) m.w.N.

umfasst[44]. Da jeder dieser Bereiche einem Fachwort eine bestimmte Bedeutung beimessen und seinen juristischen Texten einen besonderen Stil verleihen kann, wäre es denkbar, von verschiedenen Rechtssprachen zu sprechen[45]. Innerhalb eines Rechtssystems sind zu finden: die Sprache des Gesetzgebers, des Richters, der Verwaltung, der juristischen Praxis (der Personen, die das Recht praktizieren) und die Sprache der Rechtswissenschaft[46]. Es handelt sich daher um eine sogenannte Gruppensprache.[47] Diese Möglichkeit bzw. Gefahr, dass ein Terminus eine unterschiedliche Bedeutung je nach juristischem Bereich aufweist, wird im Bereich der Problematik der juristischen Übersetzung besonders brisant.

D. Rechtssprache, „langue" oder „langage juridique"?

Das Problem der Bezeichnung der juristischen Sprache findet hauptsächlich im Französischen statt, obwohl die Frage der Polysemie des deutschen Begriffs „Sprache" auch kurz angesprochen werden könnte. Da im Rahmen dieser Arbeit keine sprachwissenschaftliche Untersuchung durchgeführt wird, soll diese Problematik nur kurz dargestellt werden, um die Wahl des Terminus begründen zu können.

---

[44] Vgl. *Villey*, APD 1974, Nr. 19, 1 (4); *Fuchs-Khakhar*, Die Verwaltungssprache zwischen dem Anspruch auf Fachsprachlickeit und Verständlichkeit, 1987, S. 45; *Gläser*, Bürgerferne Verwaltungssprache in den ostdeutschen Bundesländern, in: Eriksen/Luttermann (Hrsg.), Juristische Fachsprache, 2002, S. 77 (79 f.).

[45] Vgl. *Sandrini*, Terminologiearbeit im Recht, 1996, S. 12; *Bartsch*, AcP 153 (1954), 412 (412); *Grass*, La traduction juridique bilingue français-allemand, 1999, S. 19; *Koutsivitis,* La traduction juridique, 1988, S. 52.

[46] Diese verschiedenen Sprachen besitzen jedoch sehr ähnliche Kennzeichen und können mit dem Sammelbegriff „deutsche" oder „französische Rechtssprache" bezeichnet werden. Es wird dementsprechend in der folgenden Arbeit von „der Rechtssprache" und nicht von „einer (bestimmten) Rechtssprache" gesprochen.

[47] Vgl. *Cornu*, Linguistique juridique, 2000, S. 24; *Pelage*, La traduction juridique, 1995, S. 131; *Schnapp*, JZ 2004, 473 (478).

I. Französische Problematik

Der Versuch einer Übersetzung des Begriffs „Rechtssprache" ins Französische verrät die französische Problematik der Bezeichnung als „langue juridique" oder „langage juridique".[48] Es ist bereits unterstrichen worden[49], wie eng die Rechtssprache mit der Allgemeinsprache verbunden ist und dass sie nicht immer von ihr getrennt werden kann. Darum kann die Rechtssprache nicht völlig losgelöst als „langue juridique" bezeichnet werden. Die oben ausgeführte Feststellung, dass die Rechtssprache eine fachliche Sprache innerhalb der Allgemeinsprache darstellt, führt zur Bezeichnung „langage" als besondere Ausdrucksweise einer Gruppe[50]. Es ist somit schlüssig sich der herrschenden Meinung[51] anzuschließen und die Rechtssprache im allgemeinen Sinne mit dem Begriff „langage juridique" zu übersetzen.

2. Gibt es eine parallele deutsche Problematik?

Haba[52] zeigt in seinem Aufsatz, dass diese Problematik nicht ausschließlich in der französischen Sprache vorzufinden ist, da der Terminus „Sprache" selber nicht monosem[53] ist und sowohl den Begriff „langue", als auch den Begriff „langage" umfasst[54]. Eine Darstellung

---

[48]   Zur Darstellung des relevanten Streits zwischen den französischen Verfassern vgl. *Bocquet*, T&T 2/3.1992, 271 (275).
      Die französische Literatur benützt allerdings noch mehr Ausdrücke als „langue juridique" oder „langage juridique" wie „français juridique", „langue du droit", „langage du droit" oder „langage juridique".

[49]   Siehe oben Kap. I., I. B., S. 5 ff.; Kap. I., I. C. 1. a., S. 9.

[50]   So *Rey-Debove/Rey* (Hrsg.), Le Nouveau Petit Robert, 2004, Stichwort „langage".

[51]   So *Cornu*, Linguistique juridique, 2000, S. 23; *Sourioux/Lerat*, Le langage du droit, 1975, S. 9; *Gémar*, Meta 1991, Bd. 36, Nr. 1, 275 (280).

[52]   Vgl. *Haba*, APD 1974, Nr. 19, 257 (258 f.).

[53]   Der nur eine Bedeutung hat.

[54]   Für eine Zusammenfassung der Problematik vgl. *Müller-Tochtermann*, Muttersprache 1959, 84 (89).

dieser Diskussion ist jedoch an dieser Stelle nicht angemessen, da der Begriff „Rechtssprache" schon definiert worden ist[55].

Die „Rechtssprache" oder „langage juridique" ist die Fachsprache der Juristen, die sich auf die juristische Terminologie (oder Fachwortschatz) und auf die juristische Ausdrucksweise (oder Fachstil) bezieht. Eine unter anderem diachronische Untersuchung ihrer Geschichte, die die Entwicklung ihrer Kennzeichen erklären kann, ist an dieser Stelle förderlich, um anschließend die besonderen Gefahren bzw. Schwierigkeiten für juristische Übersetzungen abschätzen zu können.

II. Geschichtliche Entwicklung der jeweiligen Rechtssprache

„Langue et droit partagent la même historicité et le même caractère éminemment social; il y a une formidable analogie entre les origines, le développement et la structure du droit et de la langue"[56]

A. Entwicklung der Rechtssprache in Deutschland

Die geschichtlichen Wurzeln der Rechtssprache Deutschlands liegen – im Gegensatz zu vielen anderen Fachsprachen – weit zurück in der deutschen Geschichte. Einige Verfasser suchen sogar den Anfang der juristischen Fachsprache im germanischen Altertum[57]. Die Entwicklung kann nach *Frh. von Künßberg* und *Gönnenwein* in vier verschiedene Epochen unterteilt werden[58]. Vorwiegend betont werden sollen die Perioden und Texte, deren Sprache noch in der heutigen deutschen Rechtssprache Spuren hinterlassen haben sowie der Einfluss der lateinischen Sprache.

---

[55] Siehe oben Kap. I., I. A. 2., S. 4.

[56] *Koutsivitis*, La traduction juridique, 1988, S. 110.

[57] Vgl. *Müller-Tochtermann*, Muttersprache 1959, 84 (84).

[58] Vgl. *Erler/Kaufmann* (Hrsg.), HRG, Bd. IV, 1990, Art. Rechtssprache, Sp. 348; *Frh. von Künßberg*, ZfD 1930, 379 (383 ff.); *Gönnenwein*, Geschichte des juristischen Vokabulars, in: Wolff (Hrsg.), Beiträge zur Rechtsforschung, 1950, S. 36 (42).

1.   Entwicklungsstufe bis zum 13. Jahrhundert

Ursprünge der deutschen juristischen Sprache sind schon in der Zeit der Germanen zu finden, auch wenn diese Epoche als eine Zeit der Schriftlosigkeit bezeichnet wird.[59] Schriftliche Spuren der germanischen Gewohnheitsrechte[60] sind nur schwer zu finden. Infolgedessen bleiben die Berichte der römischen Schriftsteller von großer Bedeutung[61], die wiederum die Relevanz der lateinischen Sprache als Schriftsprache dieser Zeit betonen.

Schriftliche, von den Germanen selbst abgefasste Texte sind jedoch später zu finden, da sie sich (aus umstrittenen Gründen[62]) zwischen den V. und IX. Jahrhundert entschlossen, ihr Gewohnheitsrecht in geschriebener Form zu formulieren. Diese Zusammenstellungen der „Leges Barbarorum" sind dennoch selbst auch auf Latein zusammengefasst[63]. Der bekannteste und relevanteste Text der fränkischen Zeit und deren Volksrecht ist die „Lex Salica"[64], die das frühe Recht des Germanenstammes enthält[65] und aus meist kasuistischen Bußtaxenkatalogen besteht. Diese Lex wurde ebenfalls ursprünglich auf Lateinisch verfasst und im 9. Jahrhundert ins Althochdeutsche (ostfränkisch) übersetzt.[66]

---

[59]   So *Kaufmann*, Deutsches Recht, 1984, S. 15.

[60]   Das germanische Recht ist weder das Recht eines Volkes, noch eines Staates, sondern das Recht verschiedener Stämme vgl. *Fromont/Rieg*, Introduction au droit allemand, Bd. I, 1977, S. 49.

[61]   Insbesondere die Arbeiten von *Cäsar* und *Tacitus* vgl. *Kaufmann* a.a.O., S. 15; *Fromont/Rieg*, a.a.O., S. 50.

[62]   Vgl. *Kaufmann*, a.a.O., S. 17; *Fromont/Rieg*, a.a.O., S. 52.

[63]   Vgl. kritisch *Fehr*, Deutsche Rechtsgeschichte, 1962, S. 64.

[64]   Etwa um 510 n. Chr. abgefasst.

[65]   Vgl. *Kaufmann*, a.a.O., S. 18 f.

[66]   Vgl. *Kaufmann*, a.a.O., S. 19.

2. Blütezeit der deutschen Rechtssprache (13. Jh. bis zur Rezeption des römischen Rechts)

Die deutsche Sprache bzw. Volkssprache diente ab dem 13. Jahrhundert sowohl dem mündlichen juristischen Verkehr, als auch dem schriftlichen Verkehr. Gesetze, Urkunden, Rechtsbücher und Stadtrechte wurden zunehmend auf Deutsch abgefasst.[67]

a. Landfrieden

Die Zeiten des 10., 11. und 12. Jahrhunderts waren einerseits zunehmend von Fehden und Blutrachen gekennzeichnet, die die Grundlage der gesamten sozialen Ordnung zu erschüttern drohten[68], anderseits von den Landfrieden, die sich an die sogenannten Gottesfrieden der Kirche anknüpften und in der Regel nur für eine kurze verhandelte Zeit galten[69]. Aus diesem Grund und insbesondere weil sie überwiegend im Strafrecht als Rechtsquelle anerkannt sind, überliefern diese Texte keinen besonderen Beitrag zur deutschen Rechtssprache[70]. Nicht zuletzt ist es im Bereich der Rechtssprache wichtig, den Mainzer Reichslandfrieden zu erwähnen, „weil er das erste Reichsgesetz ist, das im Urtext – neben einem lateinischen Text – in deutscher Sprache überliefert ist"[71].

b. Rechtsbücher

Auch wenn Deutsch als schriftliche Sprache des Rechtsverkehrs benutzt wurde, gab es noch keine einheitliche deutsche Rechtssprache,

---

[67] Vgl. *Erler/Kaufmann* (Hrsg.), HRG, Bd. IV, 1990, Art. Rechtssprache, Sp. 348; *Gönnenwein*, Geschichte des juristischen Vokabulars, in: Wolff (Hrsg.), Beiträge zur Rechtsforschung, 1950, S. 36 (42); *Frh. von Künßberg*, ZfD 1930, 379 (383).

[68] Vgl. *Fehr*, Deutsche Rechtsgeschichte, 1962, S. 89; *Conrad*, Deutsche Rechtsgeschichte, Bd. I, 1962, S. 351.

[69] Mit der Ausnahme des 1495 abgeschlossenen „ewigen" Landfriedens, vgl. *Kaufmann*, Deutsches Recht, 1984, S. 20.

[70] Vgl. *Kaspers*, Vom Sachsenspiegel zum Code Napoléon, 1978, S. 130.

[71] *Kaufmann*, a.a.O., S. 21.

sie war und blieb landschaftlich verschieden.[72] Die territorial begrenzten Rechtsbücher leisteten jedoch einen besonderen Beitrag zur deutschen Rechtssprache, da sie die ersten zusammenfassenden „Darstellungen des mittelalterlichen deutschen Rechts in deutscher Sprache"[73] darstellten.

Der Sachsenspiegel[74] muss als das bedeutendste und älteste deutsche Rechtsbuch und besonders aufgrund seines bemerkenswerten Einflusses in allen Bereichen hervorgehoben werden. Er stellt keine Kodifikation dar, sondern eine Sammlung von Rechtssätzen[75] bzw. eine private Aufzeichnung des Gewohnheitsrechts und umschreibt das am Anfang des 13. Jahrhunderts geltende sächsische Stammesrecht und ostfälische Landrecht. Der Sachsenspiegel ist nicht nur ein rechtliches, sondern unbestritten auch ein sprachliches Werk.[76] *Eike von Repgau* schrieb den Text zuerst auf Latein und übersetzte ihn dann ins Deutsche. Die Bedeutung dieses Rechtsbuches beruht auf seiner Klarheit – sowohl in der Erfassung, als auch im Aufbau der Rechtsnormen. Dies führte dazu, dass es in verschiedene Sprachen und deutsche Mundarten übersetzt[77] und von vielen Gerichten wie ein Gesetzbuch benutzt wurde. Dieses Werk verkörpert einen den größten Schritte der deutschen Rechtssprache, da es von römischen Einflüssen völlig frei war und *Eike von Repgau* damit eine deutsche Rechtssprache schuf, „die gewaltig genug war, die lateinische allmählich zu verdrängen"[78]. Seine Bedeutung zeigt sich auch zuletzt in seiner starken Prägung und seines

---

[72]   Vgl. *Frh. von Künßberg*, ZfD 1930, 379 (383).

[73]   *Kaspers*, Vom Sachsenspiegel zum Code Napoléon, 1978, S. 31.

[74]   Verfasser ist *Eike von Repgau* zwischen 1215 und 1235.

[75]   Vgl. *Kaufmann*, Deutsches Recht, 1984, S. 22. Zu dem Begriff „Spiegel" vgl. *Creifelds* (Begr.), *Weber* (Hrsg.), Rechtswörterbuch, 2004, Stichwort „Sachsenspiegel"; *Erler/Kaufmann* (Hrsg.), HRG, Bd. IV, 1990, Art. Spiegel des Rechts, Sp. 1759; *Kaspers*, a.a.O., S. 31.

[76]   Vgl. *Fehr*, Deutsche Rechtsgeschichte, 1962, S. 159.

[77]   Vgl. *Kaspers*, a.a.O., S. 36.

[78]   *Fehr*, a.a.O., S. 159 f.; vgl. *Fromont/Rieg*, Introduction au droit allemand, Bd. I, 1977, S. 55 f.

Einflusses auf alle nachfolgenden Rechtsbücher[79], die, obwohl sie aus einzelnen privaten Initiativen stammten, häufig gesetzliche Kraft erhielten und als Gesetzbücher angewandt wurden[80].

c. Stadtrechte

Die Städte, die im 12. Jahrhundert an Bedeutung gewannen und einen eigenständigen Rechtskreis darstellten (insbesondere in Bezug auf die Länder)[81], übernahmen die Tendenz, geltendes Recht aufzuzeichnen. Deren Rechtsquellen wurden nur am Anfang (d.h. vom 12. Jh. bis ins 13. Jahrhundert) auf Lateinisch und sodann (ab dem 14. Jh.) auf deutsch verfasst.[82]

3. Zeit des Wiedereindringens der lateinischen Sprache in die deutsche Rechtssprache (Folge der Rezeption des römischen Rechts)

Die Rezeption des römischen Rechts, die sich aus der im Mittelalter vorzufindenen Rechtszersplitterung und der daraus folgenden rechtlichen Untersicherheit ergab[83], hat nicht nur das deutsche Rechtsleben wesentlich verändert – sie war auch von besonderer Bedeutung für die deutsche Sprachgeschichte.[84] Schon seit dem 12. Jahrhundert fühlten sich die deutschen Juristen von den italienischen Rechtsschulen und

---

[79] Für eine Darstellung der anderen Spiegel (Deutschenspiegel, Spiegel aller deutschen Leute, usw.) vgl. *Fromont/Rieg*, Introduction au droit allemand, Bd. I, 1977, S. 56; *Creifelds* (Begr.), *Weber* (Hrsg.), Rechtswörterbuch, 2004, Stichwort „Schwabenspiegel". Besonders zum Frankenspiegel vgl. *Fehr*, Deutsche Rechtsgeschichte, 1962, S. 161; *Fromont/Rieg*, a.a.O., S. 56.

[80] Vgl. *Fehr*, a.a.O., S. 161; *Kaufmann*, Deutsches Recht, 1984, S. 23.

[81] Vgl. *Fromont/Rieg*, a.a.O., S. 54 ff.

[82] Vgl. *Conrad*, Deutsche Rechtsgeschichte, Bd. I, 1962, S. 355.

[83] Vgl. statt vieler *Conrad*, Deutsche Rechtsgeschichte, Bd. II, 1966, S. 339; *Fehr*, a.a.O., S. 180.

[84] Vgl. *Frh. von Künßberg*, ZfD 1930, 379 (384); *ders.*, Rechtssprachgeographie, 1926, S. 9; *Elsener*, Deutsche Rechtssprache und Rezeption, in: FS Tübinger Juristenfakultät, 1977, S. 47 (55 f).

Universitäten angezogen. Die im römischen Recht ausgebildeten Juristen brachten sowohl das Wissen eines fremden Rechts, als auch dessen Sprache mit ins Heilige Römische Reichs. Dort wurden im 14. Jahrhundert ebenfalls juristische Universitäten gegründet, wo die Lehre des kanonischen und sodann auch des römischen Rechts ermöglicht wurde. Diese gelehrten Juristen drangen nach und nach in alle Bereiche des rechtlichen Lebens ein und wurden somit automatisch Träger der Rezeption. Diese Zeit ist auch dadurch gekennzeichnet, dass die lateinische Sprache auf dem Boden des Heiligen Römischen Reichs wieder erheblich an Einfluss gewann und das Eindringen von ungezählten Fremdwörtern in die Rechtssprache mit sich brachte.[85]

Dieser Schritt der Entwicklung zu einer volksfremden Rechtssprache[86] führte wiederum zum Widerstand in der Rechtsliteratur, der sich zum Beispiel in Rechtsbüchern äußerte, die das römische Recht in leicht zu verstehenden Sätzen in deutscher Sprache darzustellen versuchten.[87] Aus dieser Tendenz ergab sich eine gewisse „populärwissenschaftliche Literatur des fremden Rechts"[88]. Diese auf deutsch gefasste Literatur stellte einen noch bedeutsameren Schritt der deutschen Rechtssprache dar, da sie eine Menge von Übersetzungslehnwörtern aus dem römischen Recht mit sich brachte, die zum Teil heute noch im deutschen juristischen Wortschatz zu finden sind.[89]

4. Rechtskodifikationen (Ende 18. Jh.)

Der nächste Schritt in der Geschichte der deutschen Rechtssprache erfolgte mit der selbständigen Weiterentwicklung der Landesrechte vor und nach der Auflösung des „Heiligen Römischen Reichs Deut-

---

[85] Vgl. *Frh. von Künßberg*, ZfD 1930, 379 (384); *Elsener*, Deutsche Rechtssprache und Rezeption, in: FS Tübinger Juristenfakultät, 1977, S. 47 (56).

[86] Vgl. *Dahm*, Deutsches Recht, 1965, S. 100.

[87] Vgl. *Kaufmann*, Deutsches Recht, 1984, S. 27.

[88] *Conrad*, Deutsche Rechtsgeschichte, Bd. II, 1966, S. 349. Besonders bekannt der „Klagspiegel„ v. *Brandt* herausgebracht im 1516; der „Laienspiegel„ v. *Tengler* im 1509.

[89] Vgl. u.a. für Beispiele derartiger Übersetzungslehnwörter, *Frh. von Künßberg*, ZfD 1930, 379 (384).

scher Nation" (1806) – und besonders mit der großen Kodifikation des 18. Jahrhunderts.[90] Diese vierte Periode zeichnete sich dadurch aus, dass man beim Verfassen juristischer Texte nach einer gewissen Reinheit und Verständlichkeit strebte.

a. Bedürfnis von Einheit, Reinheit und Verständlichkeit

Diese Tendenz und dieser Wunsch nach einer besseren Verständlichkeit der juristischen Texte, auch wenn sie sich schon in der Zeit der Rezeption mit der populärwissenschaftlichen Literatur des fremden Rechts herausbildeten[91], resultierte nicht nur aus dem Widerstand gegen den Einfluss des römischen Rechts, sondern war nicht zuletzt durch das Vernunftrecht entstanden. Die Neufassung der Sozialphilosophie steht eng mit der Aufklärung des 17. und 18. Jahrhunderts in Verbindung[92]. Deren Ziele und Auswirkungen waren in Bezug auf das rechtliche Leben vielfältig. Die Aufklärung und ihre Naturrechtslehre strebte nach Einheitlichkeit, Volkstümlichkeit und Gemeinverständlichkeit der Gesetzgebung[93] und bezog sich in diesen Bereichen unter anderem auf die Grundsätze von *Montesquieu*[94]. Diese Grundsätze und die immer größer werdende Unabhängigkeit zum römischen Recht standen eng miteinander in Verbindung. Die deutsche Rechtssprache wurde dadurch aufs Neue belebt. Es sollten schließlich Gesetze geschaffen werden, die für größere Gebiete einheitlich galten, was selbstverständlich auch zu einer Vereinheitlichung der Rechtssprache beitrug.[95]

Diese Ziele ließen sich am besten durch eine einheitliche Kodifikation für den jeweils betroffenen Rechtskreis erreichen.

---

[90] Vgl. *Frh. von Künßberg*, ZfD 1930, 379 (385).

[91] Siehe oben Kap. I., II. A. 3., S. 18.

[92] Vgl. *Wieacker*, Privatrechtsgeschichte der Neuzeit, 1996, S. 312.

[93] Vgl. *Conrad*, Deutsche Rechtsgeschichte, Bd. II, 1966, S. 384.

[94] Vgl. *Montesquieu*, De l'Esprit des lois, Livre XXIX, Chapitre XVI.

[95] Vgl. *Frh. von Künßberg*, a.a.O., 379 (385).

b.   Gesetzgebungen und Kodifikationen

Den größeren deutschen Staaten gelang es zumeist ab Mitte des 18. Jahrhunderts, ihr Recht in Form einer einheitlichen Kodifikation festzuhalten, die den gerade genannten Anforderungen entsprach. Die bayerischen Codices[96] waren zeitlich die ersten und bildeten damit ein „würdiges Vorspiel der kommenden großen Kodifikationen"[97].

1)   *Allgemeines Landrecht für die Preußischen Staaten (ALR, 1794)*

Das Vorhaben, das nach langwieriger Vorgeschichte erst unter Friedrich den Großen blühte, strebte eine Vereinheitlichung des Rechts in den preußischen Staaten an.[98] Es nahm deutlich Abstand zum römischen Recht[99] und betonte den Wunsch, Gesetzgebung und Volk miteinander zu verbinden[100]. Das ALR stand eindeutig unter dem Einfluss der Naturrechtslehre und war in einer leicht verständlichen und volkstümlichen Sprache abgefasst worden[101], was einen sehr wichtigen Schritt in der Entwicklung der Rechtssprache darstellt. Der kasuistische Aufbau des ALR – mit dem Versuch, alle Fälle des täglichen Lebens anhand spezieller Vorschriften zu erfassen – muss darüber hinaus wegen seines Beitrags zur Rechtssicherheit und Gerechtigkeit betont werden.[102] Die Bedeutsamkeit dieses Werks wurde jedoch alsbald insbesondere durch das Prestige der französischen Gesetzgebungen gemindert.[103]

---

[96]   Z.B. das Zivilgesetzbuch „Codex Maximilineus Bavaricus civilis" (1756).

[97]   *Wieacker*, Privatrechtsgeschichte der Neuzeit, 1996, S. 327.

[98]   Vgl. *Conrad*, Deutsche Rechtsgeschichte, Bd. II, 1966, S. 387 ff.; *Fromont/Rieg*, Introduction au droit allemand, Bd. I, 1977, S. 68 f.

[99]   Vgl. *Conrad*, a.a.O., S. 388.

[100] Über die Wünsche und Gesetzvorstellungen von *Friedrich der Große* vgl. *Conrad*, a.a.O., S. 389.

[101] Vgl. *Kaufmann*, Deutsches Recht, 1984, S. 31.

[102] Vgl. *Kaufmann*, a.a.O., S. 31 ff.

[103] Vgl. *Fromont/Rieg*, a.a.O., S. 69.

2) Österreiches Allgemeines Bürgerliches Gesetzbuch (ABGB, 1811)

Die im 18. Jahrhundert in Österreich verfassten Gesetzbücher waren ebenfalls Werke der Aufklärung.[104] Auch wenn das ABGB erst im Jahre 1811 verkündet wurde, unterlag es nicht dem Einfluss des französischen Code Napoléon. Das AGBG, das zur einer Rechtsvereinheitlichung im Kaiserreich Österreich auf dem Gebiet des bürgerlichen Rechts führte, verfügte dennoch über Ähnlichkeiten mit dem Code civil. Diese beiden Werke, in denen man zu jener Zeit das geltende Recht im Wege einer Vielzahl von Kompromissen vereinheitlicht hatte, besitzen heute noch Geltung.[105]

c. Allgemeine Rechtskodifikation (Ende des 19. Jh.)

Im 19. Jahrhundert enstand die sogenannte Pandektenwissenschaft, die – nach der historischen Rechtsschule und deren Hauptvertreter *Savigny* – einen besonderen Beitrag zur Rechtssprache leistete und die noch unter dem römischen Einfluss stand[106]. Wegen der Übernahme der in Latein verfassten Rechtssprache und deren Übersetzung ins Deutsche, erreichten die Rechtsbegriffe einen hohen Grad an Abstraktion, so dass deren Abstand zur Allgemeinsprache immer größer wurde[107]. Die neue technische Rechtssprache und Rechtsanwendung verlor allmählich den Bezug zum Sozialleben.

Die deutsche allgemeine Kodifikation entstand später[108] als die Französische, die allein durch ihren zeitlichen Vorsprung die deutsche Entwicklung beeinflusste. Die politische Lage des Deutschen Reiches zu Beginn des 19. Jahrhunderts unterlag dem deutlichen Einfluss der

---

[104] Vgl. statt vieler *Conrad*, Deutsche Rechtsgeschichte, Bd. II, 1966, S. 391 ff.; *Fromont/Rieg*, Introduction au droit allemand, Bd. I, 1977, S. 69 f.

[105] Vgl. *Fromont/Rieg*, a.a.O., S. 70.

[106] Vgl. statt vieler *Ebert*, Rechtsvergleichung, 1978, S. 59.

[107] Vgl. *Stavraka*, Sach- und Sprachnorm in der französischen Rechtssprache, 1993, S. 27 f.

[108] Für eine deutliche Darstellung der Gründe für diese spätere Entstehung vgl. *Fromont/Rieg*, a.a.O., S. 70 f.

französischen Revolution und der Herrschaft Napoléons[109]. Große Teile des Landes unterstanden über einen langen Zeitraum hinweg dem Code civil. Die deutsche Kodifikationsbewegung entwickelte sich zuerst in den einzelnen Nationalstaaten. Zu nennen sind besonders die Leistungen, die der Deutsche Bund (1815-1866) und sodann der Norddeutsche Bund (1867-1870) erbrachten, auch wenn sie sich nur in einzelnen juristischen Bereichen durchsetzten.[110] Die einheitliche deutsche Kodifikation begann mit dem Strafgesetzbuch (1871) und endete mit dem mit Abstand wichtigsten Gesetzbuch des Deutschen Kaiserreichs: dem Bürgerliche Gesetzbuch (BGB) von 1897 (in Kraft getreten: 1900).

Das Bürgerliche Gesetzbuch entstand in einen Industriestaat und übernahm schon – im Unterschied zu dem Code civil – die daraus ergebende Entwicklung in seinen Rechtstexten. Das BGB „sprach jedoch nicht den Bürger an, sondern den juristischen Fachmann; es wollte deswegen nicht allgemein verständlich sein und auch nicht volkserzieherisch wirken."[111] Es bevorzugte eine abstrakt-begriffliche Sprache, deren Genauigkeit und Klarheit eine sichere Lösung zu jeder Rechtsfrage anbieten wollte. Dieses Muster an sprachlicher Exaktheit übte jedoch wenig Einfluss auf die ausländische Rechtswissenschaft aus, da seine abstrakt-begriffliche Sprache als kompliziert und nicht „exportfähig" empfunden wurde.[112]

B.   Entwicklung der Rechtssprache in Frankreich

Im Gegensatz zur deutschen Geschichte war die französische durch ein ununterbrochenes Verhältnis des Rechts zur geschichtlichen Entwicklung geprägt[113]. Ebenso wie der Verlauf der deutschen Sprachhistorie, kann die Entwicklung der französischen Rechtssprache in drei

---

[109]   Vgl. *Kaufmann*, Deutsches Recht, 1984, S. 33.
[110]   Vgl. *Fromont/Rieg*, Introduction au droit allemand, Bd. I, 1977, S. 71; *Kaufmann*, a.a.O., S. 33.
[111]   *Ebert*, Rechtsvergleichung, 1978, S. 60.
[112]   Vgl. *Ebert*, a.a.O., S. 61.
[113]   Vgl. *Stavraka*, Sach- und Sprachnorm in der französischen Rechtssprache, 1993, S. 38 ff.

verschiedene Epochen unterteilt werden. Bereits an dieser Stelle ist zu betonen, dass die Geschichte der französischen Rechtssprache einen gänzlich anderen Verlauf als die deutsche nahm, auch wenn sie bis zur Kodifikation ebenfalls eine Rechtszersplitterung erfuhr und dem Einfluss des römischen Rechts unterlag.

1. Entwicklung bis zum 12. Jahrhundert

Die Rechtsgeschichte des Gebietes des heutigen Frankreich ist an die Epoche der Völkerwanderung und derjenigen der übrigen Germanenreiche gebunden[114]. Als wichtiger Unterschied zum Gebiet des heutigen Deutschlands, wo damals ausschließlich germanische Volksrechte herrschten, ist festzuhalten, dass in Frankreich „auch nach dem Untergang des weströmischen Reiches im Süden des Landes das römische Recht fortgewirkt" hat[115].

Die Galle-Romanen – bisherige Einwohner der eroberten Gebiete – die selber keine besonderen Rechtsordnungen besaßen, lebten weiterhin nach römischem Recht. Das angewandte Recht bestand dennoch nicht aus dem klassischen römischen Recht, da dies mit lokalen Elementen vermischt wurde oder zum Teil den Juristen schlichtweg nicht (richtig) bekannt war und bildete dementsprechend ein Vulgarrecht[116]. Wichtig bleibt dennoch zu bemerken, dass – insofern diese Quellen schriftlich vorlagen – sie in lateinischer Sprache verfasst wurden. Die germanischen Erobererstämme lebten demgegenüber nach ihren Nationalgesetzen[117], die zuerst aus mündlichem und sodann auf Lateinisch verfasstem Gewohnheitsrecht bestand[118].

Ein wichtiges Kennzeichen der französischen Rechtsgeschichte ist das Bestehen des römischen Rechts und der germanischen Volksrechte.[119]

---

[114] Vgl. *Ferid/Sonnenberger*, Das Französische Zivilrecht, Bd. 1/1, 1994, Rn. 1 A 202.

[115] *Hübner/Constantinesco*, Einführung in das französische Recht, 2001, S. 1.

[116] Vgl. *Hübner/Constantinesco*, a.a.O., S. 1.

[117] „Lex Saliorum" für das Bekannteste.

[118] Vgl. *Olivier-Martin*, Histoire du droit français, 1984, S. 16.

[119] Vgl. *Ferid/Sonnenberger*, a.a.O., Rn. 1 A 203.

Diese Entwicklung der französischen Rechtssprache war in jener Zeit mit derjenigen der deutschen vergleichbar, da sie hauptsächlich dem mündlichen Verkehr diente und die Rechtsquellen (des römischen Rechts oder der germanischen Volksrechte) in lateinischer Sprache abgefasst waren.

2. Entwicklung bis zu den Ideen der Revolution

a. Trennungslinie zwischen „droit écrit" und „droit coutumier"

Die Unterteilung zwischen dem Gewohnheitsrecht im Norden und dem römischen Recht im Süden ergab im Laufe des 12. Jahrhunderts eine klare, im juristischen Bereich sehr relevante Trennlinie[120] zwischen dem „droit écrit" einerseits[121] und dem „droit coutumier" andererseits, [122] die auf der Höhe der Loire verlief[123] und die bis zur Revolution erhalten blieb. Im Süden fand im Wesentlichen das zwar auf dem römischen Recht basierende „droit écrit" Anwendung, das jedoch inhaltlich mittlerweile stark vom römischen Recht abwich und mit dem nachfolgend in Deutschland rezipierten Recht der Digesten nicht zu vergleichen war[124]. Im Norden galten verschiedene, auf den germanischen Nationalrechten basierende Gewohnheitsrechte, die sich unter dem Begriff „droit coutumier" zusammenfassen lassen, obwohl dieser Einzelbegriff „droit coutumier" durch eine starke Rechtszersplitterung geprägt ist.[125]

---

[120] Vgl. statt vieler *Hübner/Constantinesco*, Einführung in das französische Recht, 2001, S. 1 f.; *Stavraka*, Sach- und Sprachnorm in der französischen Rechtssprache, 1993, S. 41 ff.; *Olivier-Martin*, Histoire du droit français, 1984, S. 111 f.

[121] Etwa „schriftliches Recht".

[122] Etwa „Gewohnheitsrecht".

[123] Für eine Klarstellung der Linie, die nicht mit der linguistischen Trennungslinie zwischen „langue d'oïl" und „langue d'oc" verwechselt werden darf, vgl. *Olivier-Martin*, a.a.O., S. 112. Für Beispiele derartiger Verwechslung so *Krefeld*, Das französische Gerichtsurteil in linguistischer Sicht, 1985, S. 70 f.; *Stavraka*, a.a.O., S. 48.

[124] Vgl. *Hübner/Constantinesco*, a.a.O., S. 2.

[125] Vgl. *Hübner/Constantinesco*, a.a.O., S. 2; *Olivier-Martin*, a.a.O., S. 111 f.

1) *Wiederaufleben des römischen Rechts (Anfang 13. Jh.)*

Das Wiederaufleben (oder die Renaissance) des römischen Rechts in Frankreich spielt zwar eine wichtige Rolle in der Geschichte des französischen Rechts und dessen Sprache, ist jedoch keinesfalls mit der Rezeption in Deutschland zu vergleichen. Diese Renaissance des römischen Rechts in Frankreich betraf hauptsächlich die Rechtswissenschaft[126] – und war lediglich in den Regionen des „droit écrit" tatsächlich von Bedeutung, selbst wenn die anderen Regionen vom römischen Recht nicht völlig unbeeinflusst blieben[127]. Das römische Recht fand zudem nur dann Anwendung, wenn die betroffenen Volksgruppen es annahmen[128].

2) *Entwicklung des „droit coutumier"*

Die Rechtszersplitterung zeigt sich allein schon durch die große Anzahl der verschiedenen örtlichen „coutumes"[129]. Diese bis zu jenem Zeitpunkt ausschließlich mündlich überlieferten Gewohnheitsrechte entwickelten sich ab dem 15. Jahrhundert erheblich weiter (nachdem Karl VII. 1454 ihre schriftliche Aufzeichnung angeordnet hatte)[130]. Es ist jedoch hinsichtlich der Entwicklung der Rechtssprache wichtig zu betonen, dass schon im 13. Jahrhundert schriftliche private Aufzeichnungen von „coutumes" (die sog. „Coutumier") anzutreffen sind[131], die mit den deutschen „Weistümern" oder den verschiedenen „Spiegeln" vergleichbar, zunächst auf Latein verfasst und dann erst ins Französische übersetzt wurden[132].

---

[126] Vgl. *Olivier-Martin*, Histoire du droit français, 1984, S. 120.

[127] Vgl. *Ferid/Sonnenberger*, Das Französische Zivilrecht, Bd. 1/1, 1994, Rn. 1 A 210.

[128] Vgl. *Olivier-Martin*, a.a.O., S. 122.

[129] Vgl. *Ferid/Sonnenberger*, a.a.O., Rn. 1 A 211.

[130] Vgl. *Hübner/Constantinesco*, Einführung in das französische Recht, 2001, S. 2. Zur besonderen Bedeutung der „Coutume de Paris" vgl. *Ferid/Sonnenberger*, a.a.O., Rn. 1 A 213.

[131] U.a. das „Très ancien coutumier de Normandie", Ende 12. Anfang 13. Jh.

[132] Vgl. *Olivier-Martin*, a.a.O., S. 116.

3)   Entwicklung eines französischen Rechts (17./18. Jh.)

Die Wiedererstarkung der Zentralgewalt und die Tendenz zur Rechtsvereinheitlichung führten im 17. und 18. Jahrhundert allmählich zur
Entwicklung eines französischen Rechts, anfangs vor allem in Gestalt
der königlichen „Ordonnances"[133]. Dieses Recht unterlag ebenfalls
dem Einfluss der Aufklärung und des Naturrechts[134].

b.   Entwicklung der Rechtssprache

Auch wenn die französische Rechtssprache dieser Entwicklung des
Rechtssystems größtenteils folgte, sollen an dieser Stelle noch einige
kurze Ausführungen zur juristischen Sprache gemacht werden.

1)   Immer größerer Abstand zum Lateinischen

Die von Franz I. am 15. August 1539 erlassene „ordonnance" von
Villers-Cotterêts kann als Grundsteinlegung der französischen Rechtssprache[135] betrachtet werden, da sie insbesondere in ihren Art. 110 und
111 den Gebrauch der französischen Sprache im juristischen Bereich
vorschrieb[136]. Diese Regelung trug nicht nur zum Einzug des Französischen in die Rechtssprache zu Lasten des Lateinischen bei, sondern
wurde zudem von den französischen Königen als Grundlage ihrer
aggressiven Sprachpolitik gegenüber den Dialekten und Minderhei-

---

[133]   Zur besonderen Rolle der unter *Ludwig XIV.* und *XV.* ergangenen Ordonnances
vgl. *Hübner/Constantinesco*, Einführung in das französische Recht, 2001, S. 2 f.

[134]   Vgl. *Hübner/Constantinesco*, a.a.O., S. 3.

[135]   Deren Einfluss ist bis zur Kodifikation spürbar.

[136]   „Art. 110 Afin qu'il n'y ait cause de douter sur l'intelligence des arrêts de justice,
nous voulons et ordonnons qu'ils soient faits et écrits si clairement, qu'il n'y ait,
ni puisse avoir, aucune ambiguïté ou incertitude, ni lieu à demander interprétation.
Art. 111 Et pour ce que telles choses sont souvent advenues sur l'intelligence des
mots latins contenus dans lesdits arrêts, nous voulons dorénavant que tous arrêts,
ensemble toutes autres procédures, soit de nos cours souveraines (...), et autres
quelconques actes et exploits de justice, soient prononcés, enregistrés et délivrés
aux parties, en langage maternel français et non autrement."

tensprachen benutzt[137]. Darüber hinaus muss auch betont werden, dass die Gerichtsverhandlungen seit Beginn des französischen Königreichs auf Französisch[138] abgehalten wurden und dass das ca. im Jahre 1250 gegründete „Parlement de Paris" stets in französischer Sprache verhandelte. Latein ist unter anderem wegen einer schlechteren allgemeinen Verständlichkeit nie die Sprache der Rechts- und Gerichtspraxis gewesen. Es blieb jedoch bis zum 16. Jahrhundert die Sprache der schriftlichen Abfassung der für das gesamte Königreich geltenden gerichtlichen Entscheidungen.

2) Entwicklung und Kritiken der französischen juristischen Fachsprache

Die französische Rechtssprache kann erst ab dem 16. Jahrhundert tatsächlich als Fachsprache bezeichnet werden. Jedoch war sie zu jener Zeit bereits derart fest etabliert, dass sie teilweise schon archaisch betrachtet wurde.[139] Die Anforderungen an die allgemeine Verständlichkeit wurden gewissermaßen vom technischen Charakter der Rechtssprache überholt. Das 16. Jahrhundert brachte parallel zur Entwicklung der Fachsprache zahlreiche Satiren und Klagen – insbesondere in Bezug auf die Unverständlichkeit – der Sprache hervor.[140] Insbesondere durch die Gründung der „Académie Française" im Jahre 1635, deren Aufgabe es war und ist, eine gewisse Sprachästhetik zu pflegen[141], gewann das „bon usage" (Sprachideal) in der französischen Gesellschaft zunehmend an Bedeutung. Trotz zahl-

---

[137] Vgl. *Krefeld*, Das französische Gerichtsurteil in linguistischer Sicht, 1985, S. 60.

[138] Bzw. in der „langue d'oïl".

[139] Vgl. *Brunot*, La langue du Palais et la formation du „bel usage", in: Mélanges Chabeneau, 1973, S. 677 (678).

[140] Um eine der bekanntesten Kritiken der Rechtssprache zu zitieren: „Pourquoy est-ce, que nostre langage commun, si aisé à tout autre usage, devient obscur et non intelligible, en contract et testament?", *Montaigne*, Les Essais, 1595, Livre III, Chapitre XIII.

[141] Art. XXIV Satzung der Académie française: „la principale fonction de l'Académie sera de travailler avec tout le soin et toute la diligence possibles à donner des règles certaines à notre langue et à la rendre pure, éloquente et capable de traiter les arts et les sciences".

reicher Kritik und der genannten Bestrebungen folgten die Juristen diesem Ideal nicht[142]. Sie waren weiterhin Adressat umfangreicher und verheerender Kritik in Anbetracht ihrer Sprache, die als archaisch, unschön und wenig flüssig galt[143].

3. Allgemeine Rechtskodifikation (Anfang 19. Jh.)

a. Ideen der Französischen Revolution (1789)

Die am Vorabend der Revolution immer noch bestehende Trennung zwischen dem „droit écrit" und dem „droit coutumier" (und dessen verschiedenen Gewohnheitsrechten) führte zu einer Rechtszersplitterung, die schon seit langer Zeit nicht mehr der Wiedererstarkung der Zentralgewalt entsprach. Auch wenn verschiedene, sogar der königlichen Seite[144] entspringende Ideen zur französischen Rechtsvereinheitlichung schon im 15. Jahrhundert vorzufinden sind, brachte erst die Revolution von 1789 und Napoléon den großen Umbruch in der Vereinheitlichung des französischen Rechts.[145] Der revolutionäre Hauptgedanke der Einheit der Nation führte zu ersten konkreten Plänen einer Rechtskodifikation, die Verfassung 1791 kündigte die Schaffung eines Code civil an[146]. Die direkt nach der Revolution herrschende politische Lage ermöglichte jedoch keine Annahme eines Codes. Der Vorrang wurde zunächst dem Staats- und Verfassungsrecht gegeben. Die erste Rechtskodifikation fand ihre konkrete Gestalt im Code civil von 1804. Die napoleonischen Werke haben über den Code civil hinaus einen grundlegenden Beitrag zur aktuellen Gesetzgebung geleistet, auch wenn sie im Laufe den zwei letzten Jahrhunderte einige Ände-

---

[142] Vgl. *Krefeld*, Das französische Gerichtsurteil in linguistischer Sicht, 1985, S. 66 f.

[143] Für Zitate mehrerer Satiren der Rechtssprache vgl. *Krefeld*, a.a.O., S. 67 f.

[144] Vgl. die ordonnance von Montils-Les-Tours v. *Karl VII* (1454), in welcher zum ersten Mal die Aufzeichung der regionalen germanisch-fränkisch-normannischen Rechtsregeln vorgeschrieben wurde.

[145] Vgl. statt vieler *Sonnenberger/Autexier*, Einführung in das französische Recht, 2000, S. 20.

[146] Vgl. statt vieler *Hübner/Constantinesco*, Einführung in das französische Recht, 2001, S. 3; *Sonnenberger/Autexier*, a.a.O., S. 20.

rungen erfuhren[147]. Unmittelbar danach folgten der Code de procédure civile (1806), der Code de commerce (1807), der Code d'instruction criminelle (1808) und der Code pénal (1810).

Abschließend soll der Einfluss Napoléons auf die sprachliche Entwicklung unterstrichen werden. Auch wenn der Gebrauch des Lateins nicht mehr aktuell war, litt Frankreich unter seiner Sprachenvielfalt, da die Regionalsprachen zum Teil immer noch in öffentlichen Urkunden benutzt wurden. Napoléon vollendete die seit der Zeit Ludwigs XIV. begonnene Entwicklung und verordnete den Gebrauch der französischen Sprache auch für notarielle Urkunden und eintragungspflichtige Privaturkunden.[148]

b.   Grundbedeutung des Code civil (1804)

Der napoleonische Code übte international einen derart großen Einfluss aus wie dies bei keinem anderen Zivilgesetzbuch der Fall war und ist[149]. Seine herausragende Bedeutung ist nicht zu leugnen[150], obwohl diese erste einheitliche Privatrechtsnorm Frankreichs keinen richtigen Bruch mit der Tradition bedeutete[151]. Der Code civil entstand im Rahmen einer juristischen Kontinuität, die die damaligen deutschen Nationalstaaten als solche nie gekannt haben.[152] Mit ihm gelang ein harmonischer Ausgleich zwischen dem „droit coutumier" und dem „droit écrit". Dementsprechend enthält er mehr germanische Rechtsgedanken als das deutsche Bürgerliche Gesetzbuch[153].

---

[147]   Vgl. *Hübner/Constantinesco*, Einführung in das französische Recht, 2001, S. 4.

[148]   Vgl. *van Goethem*, Die Sprachenpolitik in Frankreich zwischen 1620 und 1804, in: Ecker/Hattenhauer (Hrsg.), Sprache – Recht – Geschichte, 1991, S. 169 (194).

[149]   Vgl. *Ferid/Sonnenberger*, Das Französische Zivilrecht, Bd. 1/1, 1994, Rn. 1 A 338 ff.

[150]   Zur Einstellung Napoléon seinem Werk gegenüber vgl. *Stavraka*, Sach- und Sprachnorm in der französischen Rechtssprache, 1993, S. 56.

[151]   Vgl. *Ferid/Sonnenberger*, a.a.O., Rn. 1 A 301.

[152]   Vgl. *Stavraka*, a.a.O., S. 54.

[153]   Vgl. *Ebert*, Rechtsvergleichung, 1978, S. 47.

Seiner Rechtssprache, die nicht Gegenstand von Satiren war, wird Klarheit, Einfachheit und Eleganz beigemessen[154], womit sie für jedermann verständlich war. Der Code civil verfügt über einen eigenen literarischen Stil und eine klare epigrammatische Sprache, die sogar *Stendhal* als Vorbild diente. Dieses französische Volksgefühl einer warmen Zuneigung oder inneren Verbundenheit in Bezug auf den Code civil war in den deutschen Staaten damals auch bei Juristen nicht zu finden.[155] Der Code ist nicht kasuistisch und strebt keine Vollständigkeit und Unabänderlichkeit an. So lässt er beispielsweise zahlreiche Lücken und Ungenauigkeiten in den Gesetzestexten, um die spätere Auslegung und zeitliche Anpassung zu ermöglichen. Dieses Kennzeichen führte jedoch zu Unklarheit und Mehrdeutigkeit seiner Sprache; der napoleonische Code erreicht den hohen Abstraktionsgrad des BGB nicht und seine Terminologie, die zwar allgemein als „schön" empfunden wurde, ist nicht technisch und verliert dadurch an Präzision. Der Code civil bleibt nichtsdestotrotz das Symbol französischer Rechtskodifikation, nicht zuletzt weil er zehn Verfassungen überlebt hat. Obwohl er oft als veraltet bezeichnet worden ist, hat er in den letzten zwei Jahrhunderten insgesamt weniger Änderungen erlebt, als vergleichsweise das BGB während seiner jahrhundertlangen Geltungsdauer[156].

C. Vergleichendes Fazit

1. Einfluss der lateinischen Sprache

Die Bevölkerung der deutschen Nationalstaaten hatte jahrhundertlang tatsächlich zwei Rechtssprachen: im Mündlichen deutsch und in der Schriftsprache Latein. Dieses Schicksal der Doppelsprachigkeit (das die Vorfahren im heutigen Deutschland mehr als 700 Jahre prägte) hat

---

[154] Vgl. *Beudant*, Cours de Droit civil français, 1934, S. 13 [zit. nach: Nerson, Exercices de vocabulaire, in: Mélanges Voirin, 1966, S. 603 (605)].

[155] Vgl. *Zweigert*, Einige Überlegungen zu Recht und Sprache, in: FS Schmidt, 1976, S. 55 (57).

[156] Vgl. *Ferid/Sonnenberger*, Das Französische Zivilrecht, Bd. 1/1, 1994, Rn. 1 A 337.

in diesem Umfang Frankreich nie betroffen[157], auch wenn die lateinische Sprache in Frankreich eine wichtige Rolle spielte. Von der deutschen Rechtssprache wird sogar teilweise behauptet, dass sie „bis heute ein ins Deutsche übertragenes Juristenlatein" war und blieb[158]. Die französische Sprache ist stark von Kontinuität und nationalem Bewusstsein geprägt und verfügte – im Gegensatz zur Deutschen – über weitaus mehr Möglichkeiten, sich auf allen Ebenen zu etablieren und weiterzuentwickeln[159]. Sie schaffte es darüber hinaus – viel früher als dies im heutigen Deutschland der Fall war – sich als Volkssprache Zugang zu den wissenschaftlichen und vor allem juristischen Bereichen zu verschaffen.[160] Französisch war schon im 16. Jahrhundert auch im speziellen Bereich des Rechts etabliert, wobei die deutschen Juristen noch im 18. Jahrhundert darüber nachdachten, ob das klare und präzise Juristenlatein durch die deutsche Sprache ersetzt werden sollte[161].

Der lateinische Einfluss in der heutigen deutschen Gesetzessprache sollte jedoch nicht überbewertet werden. Im deutsprachigen Raum hat man sich bemüht, die Gesetze weitestmöglich ohne die Benutzung lateinischer Fremdwörter zu verfasssen[162], auch wenn die deutsche rechtswissenschaftliche Sprache heute immer noch viele lateinische Ausdrücke und Rechtssprüche enthält, „die entweder unmittelbar der Sprache des römischen Rechts entstammen oder hiernach gebildet sind" (z.B. „dolos", „lex specialis", „in dubio pro reo", „falsus procurator")[163]. Die französische Rechtssprache kann nicht ihre lateinische Abstammung abstreiten, wobei dies nicht eine Eigenartigkeit der Rechtswissenschaft bildet. Die französischen Rechtsbegriffe, die einen lateinischen Ursprung besitzen, entstammen jedoch nicht unbedingt mittelbar aus der Sprache des römischen Rechts.

---

[157] Vgl. *Bartsch*, AcP 153 (1954), 412 (413).

[158] *Hattenhauer*, JZ 2000, 545 (546).

[159] Vgl. *Stavraka*, Sach- und Sprachnorm in der französischen Rechtssprache, 1993, S. 48.

[160] Vgl. *Stavraka*, a.a.O., S. 48 f.

[161] Vgl. *Hattenhauer*, a.a.O., 545 (546).

[162] Vgl. *Müller-Tochtermann*, Muttersprache 1959, 84 (84 f.).

[163] *Müller-Tochtermann*, a.a.O., 84 (86).

2. Einfluss des römischen Rechts und Rezeption

Die Rezeption des römischen Rechts nahm in den beiden Ländern ebenfalls einen unterschiedlichen Verlauf. Das deutsche Rechtssystem nahm das römische Recht in seiner Gänze an. Auch wenn dies nur subsidiär zur Anwendung kam – es galt nur insoweit, als das deutsche Recht der Länder, Städte und Stände nicht eine eigene Regelung geschaffen hatte – so prägte es dennoch das deutsche Rechtssystem in seiner Gesamtheit[164], nicht zuletzt aufgrund der Ausbildung deutscher Juristen an den bedeutsamen Hochschulen Norditaliens[165]. Der Einfluss war und ist von besonderer Bedeutung für die deutsche Rechtssprache, wie *Agostini* es treffend beschreibt:

> „Pour décrire en un mot la réception du droit romain par l'Allemagne, on pourrait dire qu'ils ont gardé les mots et rejeté la chose tout en perfectionnant la technique."[166]

Die französische Rezeption des römischen Rechts lässt sich nicht ohne weiteres mit der deutschen vergleichen. Das Wort „Rezeption" wird in Frankreich sogar kaum in dem Zusammenhang benutzt; es handelt sich vielmehr um ein „Wiederaufleben" des römischen Rechts[167], das nur im Bereich des „droit écrit" einen beschränkten Einfluss erlangte. Ein wichtiges Kennzeichen des französischen Rechtssystems ist, dass es einen Kompromiss zwischen römischem Recht und Gewohnheitsrecht darstellt.[168]

Die römischen Wurzeln sind in den französischen Rechtsbegriffen nicht immer erkennbar. Auch wenn der Übersetzer römische oder lateinische Ursprünge in einem französischen Rechtsbegriff ausfindig macht, kann er nicht zwangsläufig davon ausgehen, dass ein deutscher

---

[164] Vgl. *Durand*, Regards français sur l'histoire du droit en Allemagne, in: Beaud/Heyen (Hrsg.), Eine deutsch-französische Rechtswissenschaft?, 1999, S. 11 (20).

[165] Vgl. *Herschel*, SF 1982, 42 (43).

[166] *Agostini*, Droit comparé, 1988, S. 18.

[167] Siehe oben Kap. I., II. B. 2. a. 1), S. 26.

[168] Vgl. *Agostini*, a.a.O. S. 18.

Begriff mit ähnlichen oder identischen Ursprüngen heutzutage die gleiche Bedeutung hat und demgemäß die „perfekte" Übersetzung darstellt[169]. Diese möglicherweise ähnliche Abstammung von Begriffen kann bei der Übersetzung zwar hilfreich sein, eine automatische Übersetzung sollte jedoch vermieden werden, da die jeweiligen Geschichte sich in verschiedenen Richtungen entwickelt, und ihre Gemeinsamkeiten zum Teil verloren haben.

3. *Kurzer Vergleich der zivilrechtlichen Gesetzbücher (Code civil und BGB)*

Auch wenn die Sprachen des Code civil und des BGB nicht vollständig der französischen und deutschen Rechtssprache entsprechen, kann ein kurzer Vergleich der beiden Werke von besonderem Interesse für die Darstellung der Kennzeichen der jeweiligen Rechtssprache sein.

Die Verfasser des Code civil haben versucht – größtenteils mit Erfolg – eine Sprache zu benutzen, die allgemein verständlich ist, um sich eines wundervollen populärwissenschaftlichen Instruments zu bedienen[170]. Der Code civil benutzt präzise und verständliche Formulierungen, nur wenige Verweise und wenige juristische technische Fachausdrücke. Im Gegensatz dazu wendet sich das BGB nicht an den Bürger, sondern an die juristischen Fachkreise. Es verzichtet absichtlich auf Allgemeinverständlichkeit und eine volkserzieherische Wirkung und darüber hinaus auf die konkret-anschauliche Kasuistik zugunsten einer abstrakt-begrifflichen Sprache.[171] Das BGB kann daher zwar nicht als Sprachkunstwerk, jedoch als „das Privatrechtsgesetzbuch mit der präzisesten, konsequentesten Rechtssprache vielleicht aller Zeiten"[172] bezeichnet werden. Im Gegenzug dazu haben dem Code civil die Klarheit und der Glanz seiner Sprache seinen Ruf eingebracht. Sein Stil besitzt sogar literarische Qualitäten, die nicht nur

---

[169] Die Bemerkung ist ebenso für eine Übersetzung eines solchen deutschen Begriffs ins Französische anwendbar.

[170] Vgl. *Nerson*, Exercices de vocabulaire, in: Mélanges Voirin, 1966, S. 603 (605).

[171] Vgl. *Zweigert*, Einige Überlegungen zu Recht und Sprache, in: FS Schmidt, 1976, S. 55 (56).

[172] Vgl. *Zweigert*, a.a.O., S. 55 (56).

Stendhal inspirierten. Diese Qualitäten führen jedoch dazu, dass manche Verfasser diese Sprache nicht als juristische Fachsprache betrachten wollen.[173] Der Nachteil der einfachen, jedoch zum Teil eleganten Terminologie des Code civil besteht letztendlich in ihrem Mangel an Präzision und Deutlichkeit; er erreicht dementsprechend nicht den hohen Abstraktionsgrad des BGB.

4. *Rechtskreise und Rechtsfamilie*

Der Begriff „Rechtsfamilie" soll an dieser Stelle in Anlehnung an *Wieacker*[174] und *Constantinesco*[175] als eine Zwischenkategorie zwischen Rechtsordnung und Rechtskreis[176] verstanden werden. Wegen ihrer Gemeinsamkeiten, unter anderem der Rezeption des Corpus Iuris, des vernunftrechtlichen Systems und dessen allgemeinen Rechtsbegriffen, wird in Europa zwischen dem anglo-amerikanischen und dem kontinentalen Rechtskreis unterschieden.[177] Aufgrund ihrer oben genannten geschichtlichen Verwandtschaft[178] umfasst der Letztere die französische und deutsche Rechtsordnung. Gerade in Hinblick auf die Untersuchung der juristischen Terminologie und ihrer Übersetzung sind speziell die Unterschiede zwischen diesen beiden Rechtsordnungen relevant. Es soll daher innerhalb dieses Rechtskreises, zum Beispiel nach dem unterschiedlichen Wesen und Ausmaß des Einflusses des römischen Rechts, in verschiedenen Rechtsfamilien unterschieden werden. Der kontinentale Rechtskreis umfasst somit die romanische,

---

[173] *Zweigert*, Einige Überlegungen zu Recht und Sprache, in: FS Schmidt, 1976, S. 55 (56).

[174] Vgl. *Wieacker*, Privatrechtsgeschichte der Neuzeit, 1996, S. 496 ff.

[175] Vgl. *Constantinesco*, Rechtsvergleichung, Bd. III, 1983, S. 74 ff.

[176] Vgl. *Constantinesco*, a.a.O., S. 77. Für ein anderes Verständnis des Begriffs „Rechtskreis" vgl. *Zweigert/Kötz*, Einführung in die Rechtsvergleichung, 1996, S. 130 f.; *Ebert*, Rechtsvergleichung, 1978, S. 43.

[177] Vgl. *Wieacker*, a.a.O., S. 496 f., S. 500; *Brand*, JuS 2003, 1082 (1088).

[178] Siehe oben Kap. I., II. C. 2., S. 33.

mitteleuropäische (deutsche), skandinavische und russische Rechtsfamilie.[179]

III. Kennzeichen der juristischen Terminologie

Die geschichtliche Entwicklung der französischen und deutschen
Rechtssprache wirkt bis zu ihren aktuellen Merkmalen fort. In Hin-
blick auf die daraus resultierenden Schwierigkeiten für die juristische
Übersetzung sollen diese Kennzeichen ausführlich untersucht werden.

A. Polysemie

Die besondere Beziehung der Rechtssprache zur Allgemeinsprache[180]
ist ein wesentliches Merkmal der juristischen Terminologie. Sie drückt
sich einerseits dadurch aus, dass die Sprache der Juristen keine wirklich autonome Sprache darstellt[181] und weist andererseits auf die Problematik der Polysemie ihres Wortschatzes bzw. auf das Vorhandensein
mehrerer Bedeutungen für ein und dasselbe Wort hin[182]. Aufgrund des
allgemeinen Gebotes der Klarheit und der Genauigkeit der Rechtssprache sollen dennoch die juristischen Termini eine genaue, präzise
und definierte Bedeutung haben. Aus diesem Grund verleiht die
Rechtssprache den verwendeten Termini der Allgemeinsprache oft
eine etwas andere oder ganz andere Bedeutung. Die Polysemie der
juristischen Terminologie beruht nicht ausschließlich auf ihrem Verhältnis zur Allgemeinsprache; es gibt auch Termini, die selbst innerhalb der Rechtssprache mehrere Bedeutungen besitzen. Unterschiede
innerhalb der Polysemie sollen demzufolge in Anlehnung an *Cornu*[183]
zwischen der sogenannten externen Polysemie und der internen Polysemie gemacht werden. Erstere ergibt sich aus dem Vorhandensein
mehrerer Bedeutungen eines Wortes in der Rechtssprache einerseits

---

[179] Vgl. *Wieacker*, Privatrechtsgeschichte der Neuzeit, 1996, S. 496 f., S. 500 ff.;
Constantinesco, Rechtsvergleichung, Bd. III, 1983, S. 77 f.

[180] Siehe oben Kap. I., I. B., S. 5 ff.

[181] Siehe oben Kap. I., I. C. 1. a., S. 9; Kap. I., I. C. 1. b., S. 10.

[182] Vgl. Duden, Das Fremdwörterbuch, 2005, Stichwort „Polysemie".

[183] Vgl. *Cornu*, Linguistique juridique, 2000, S. 21.

und der Allgemeinsprache andererseits, wobei sich die Zweite auf die gleiche Tatsache innerhalb der Rechtssprache beschränkt.

1. *Externe Polysemie*

Die Tatsache, dass die juristische Terminologie ebenfalls alle Termini umfasst, die wenigstens eine Bedeutung in der Allgemeinsprache und eine Bedeutung in der Rechtssprache besitzen, führt automatisch zur Problematik der externen Polysemie[184]. Es wäre kaum möglich, die Liste der sowohl deutschen, als auch französischen betroffenen Wörtern aufzuführen, da die Mehrheit der juristischen Termini auch meist eine andere Bedeutung in der Allgemeinsprache aufweisen[185]. Die unentbehrliche Anknüpfung des Rechts an die Allgemeinsprache aufgrund seiner Beziehung zu den konkreten Lebenszusammenhängen[186] verstärkt das Gewicht dieser Tatsache und zeigt ebenfalls, dass eine Verbesserung der Situation kaum denkbar ist, wie es folgende Zitate veranschaulichen:

> „... le rêve (de réduire la polysémie externe par la spécialisation du vocabulaire juridique) est utopique parce que la spécialisation ne peut passer par l'élimination des termes courants dans la désignation des notions du droit. (...) Il est exclu que l'ensemble des notions juridiques puisse être exprimé par des termes d'appartenance juridique exclusive ou même principale, lesquels sont en nombre défini et limité. (...) Il n'y a d'autre issue que de vivre avec la polysémie externe comme avec une donnée linguistique de base."[187]

---

[184] Vgl. *Cornu*, Linguistique juridique, 2000, S. 21; siehe oben Kap. I., I. A. 2., S. 4.

[185] Vgl. *Sourioux/Lerat*, Le langage du droit, 1975, S. 34; *Reinfried*, Deutsches Rechtsbuch, 1983, S. 125 f.

[186] Es geht dabei um die Beziehung des Rechts zur Sprache in struktureller, nicht in formeller Hinsicht.

[187] *Cornu*, a.a.O., S. 91.

„Die häufig zu beobachtende unterschiedliche Bedeutung derselben Wörter in der Gemeinsprache und der Rechtssprache ist
nicht zu vermeiden, ...“[188]

Das Vorhandensein mehrerer Bedeutungen eines Terminus in der
Rechtssprache und der Allgemeinsprache bildet auf diese Weise eine
der größten Schwierigkeiten und Gefahren in Hinblick auf das Verständnis der juristischen Terminologie für den Laien und insbesondere
für den Übersetzer. Die Vielseitigkeit der externen Polysemie und
deren Schwierigkeiten für das Verständnis der Begriffe und deren
Übersetzung kann anhand verschiedener Beispiele dargestellt werden.

a.   Beispiel: „Leihe“

1)   Verwechselung mit dem Begriff „Darlehen“

Der Begriff „Leihe“ stellt ein bekanntes – und unter verschiedenen
Ansichten interessantes – Beispiel[189] der deutschen Rechtssprache für
die externe Polysemie dar. Die amüsanten Erläuterungen von *Neu-*
mann[190] bilden hier ein treffendes Beispiel:

> „Wenn sich Frau Müller von Frau Meier sechs Eier geborgt
> hat, dann können beide diesen Vorgang zutreffend dahinge-
> hend umschreiben, dass Frau Meier Frau Müller diese Eier *ge-*
> *liehen* hat. Kommt die Sache vor Gericht, weil Frau Müller
> sich weigert, Frau Meier sechs Eier zurückzugeben, dann wird
> das Gericht zutreffend feststellen, es habe sich nicht um eine
> *Leihe*, sondern um ein *Darlehen* gehandelt. Denn: Bei der Lei-
> he wird die Rückgabe gerade der entliehen Sache geschuldet
> (§ 604 Abs. 1 BGB), beim Darlehen die Rückerstattung ent-

---

[188]   *Duve/Weirich*, Die Verständigung zwischen dem Bürger und den Juristen kann
verbessert werden, in: Radtke (Bearb.), Die Sprache des Rechts und der Verwaltung, 1981, S. 119 (121).

[189]   Dieses Beispiel ist von verschiedenen Verfassern erwähnt; vgl. *Reinfried,* Deutsches Rechtsbuch, 1983, S. 126; *Schwintowski*, NJW 2003, 632 (632).

[190]   *Neumann*, Juristische Fachsprache und Umgangssprache, in: Grewendorf (Hrsg.),
Rechtskultur als Sprachkultur, 1992, S. 110 (110).

sprechender Sachen in gleichen Qualität und Menge (§ 607 Abs. 1 BGB). Hätte Frau Müller sich die Eieruhr von Frau Meier ausgeborgt, hätte es sich insoweit auch rechtlich um eine Leihe gehandelt.

Der Witz an diesem Beispiel ist, dass Frau Müller und Frau Meier, wenn sie das Borgen der Eier als „Leihe" bezeichnen, keineswegs zu einer fehlerhaften Formulierung greifen, Fehler lassen sich nur unter Bezug auf die einschlägigen Regeln identifizieren."

Dieses Beispiel zeigt, dass die Rechtssprache und die Allgemeinsprache (betrachtet man in erster Linie die Auslegung des Begriffs durch Frau Müller und Frau Meier) dem Begriff „Leihe" eine ähnliche Bedeutung beimessen. In beiden Fällen handelt es sich darum, eine Sache zu borgen. Frau Meier und Frau Müller haben sich auch verstanden und Frau Meier erwartet keineswegs die Rückgabe der ursprünglichen Eier (Leihe im Sinne von § 604 BGB), sondern die Rückgabe von sechs Eier (die eigentlich die gleiche Größe und Qualität haben sollen) (Darlehen im Sinne von § 607 BGB). Sie haben „einfach" nicht den Unterschied gemacht, wie es das Gesetz zwischen dem Begriff Leihe und Darlehen tut. Daraus soll jedoch nicht zu schnell geschlossen werden, dass die Allgemeinsprache eine defizitäre, weil ungenaue Variante der Rechtssprache bildet.[191] Zwischen den beiden Frauen gab es hier kein Missverständnis und der Richter konnte anhand der Situation unproblematisch die allgemeinsprachliche Erklärung in eine rechtssprachliche Erklärung „übersetzen".

Die von den beiden Frauen benutze Bezeichnung „Leihe" könnte jedoch allgemeinsprachlich als fehlerhaft betrachtet werden[192]. So wird die Bedeutung der „Leihe" beim Borgen von Eiern in der Tat allgemeinsprachlich nicht sehr oft benutzt. Gegebenenfalls könnte der von *Neumann* geschilderte Tatbestand anders ausgelegt werden. Im allgemeinen Sprachgebrauch und täglichen Leben erwartet Frau Müller eigentliche eine „Schenkung" von Frau Meier, wenn sie sich Eier

---

[191] *Neumann*, Juristische Fachsprache und Umgangssprache, in: Grewendorf (Hrsg.), Rechtskultur als Sprachkultur, 1992, S. 110 (110).

[192] Im Gegensatz zur Bemerkung von *Neumann*.

„ausleihen will", da sie sehr wahrscheinlich die Eier nicht zurück-
geben wird (wie es unter Nachbarn oft üblich ist). Das Wort „Schenkung" (auch wenn es in der Allgemeinsprache bekannt ist) wird in
dem Fall absichtlich aus Höflichkeit nicht benutzt und das Wort „Leihe" entsprechend absichtlich missbraucht. Diese Auslegung weist zum
Teil auf das Problem der verschiedenen „Konnotationen" hin und auch
auf die Tatsache, dass die Begriffe der Allgemeinsprache zum Teil per
se mehrdeutig, nicht präzise und gefühlsbeladen sind[193].

Das Beispiel von *Neumann* verliert jedoch nicht seine Relevanz, da
das Wort „Leihe" immer wieder in der Allgemeinsprache statt „Darlehen" im Zusammenhang mit Geld benutzt wird.

2) Verwechselung mit dem Begriff „Miete"

Das Beispiel „Leihe" veranschaulicht noch einen weiteren Aspekt der
externen Polysemie. Auch wenn dieser Begriff allgemeinsprachlich
lediglich als Gebrauchsüberlassung einer Sache (mit Rückgabepflicht
der entliehenen Sache) ausgelegt wird, kann es sich sowohl um eine
unentgeltliche, als um eine entgeltliche Überlassung handeln. Eine
Leihe ist gleichwohl rechtssprachlich ausschließend eine unentgeltliche Gebrauchsüberlassung, worauf auch bei *Creifelds* deutlich hingewiesen ist:

> „Sobald ein Entgelt für die Gebrauchsüberlassung zu zahlen
> ist, liegt – trotz fälschlicher Bezeichnung (‚Leihbücherei') – ein
> Mietvertrag, bei verbrauchbaren Sachen ein (Sach-)
> Darlehensvertrag vor."[194]

Der „Fehler" oder die Verwechslung zwischen Leihe und Miete wird
sehr oft in der Allgemeinsprache begangen. Im Gegensatz zum ersten
Teil des Beispiels kann diese fälschliche Bezeichnung zu Problemen
und Gefahren führen. Handelt es sich um eine Leihe oder ein Miete
der Eieruhr (im Fall einer nicht verbrauchbaren Sache)? Erwartete
Frau Meier ein Entgelt? Der unpräzise allgemeine Sprachgebrauch

---

[193] Vgl. *Müller-Tochtermann*, Muttersprache 1959, 84 (87).
[194] *Creifelds* (Begr.), *Weber* (Hrsg.), Rechtswörterbuch, 2004, Stichwort „Leihe".

lässt sich nicht immer im Wege einer einfachen Auslegung der Tatsachen klären und kann entsprechend zu Missverständnissen zwischen den Parteien führen.

3) Vergleich mit der französischen juristischen Terminologie

Es bleibt zuletzt noch zu untersuchen, ob die deutsche Problematik des Begriffs „Leihe" auf die französische Terminologie übertragbar ist, dessen direkte Übersetzung „prêt" zu sein scheint[195]. Der Begriff „prêt" wird im Art. 1874 Code civil definiert:

> „Il y a deux sortes de prêt:
> Celui des choses dont on peut user sans les détruire;
> Et celui des choses qui se consomment par l'usage qu'on en fait.
> La première espèce s'appelle prêt à usage ou commodat;
> La deuxième s'appelle prêt de consommation, ou simplement prêt."

Der Begriff „prêt" umfasst einerseits den „prêt à usage" für nicht verbrauchbare Sachen, der in Anlehnung an die Leihe ausschließlich ohne Entgelt erfolgen soll (Art. 1876 C. civ.). Wenn die „Leihe" einer solchen Sache erfolgt, soll – im Unterschied zur „Miete" – der Begriff „louage" verwand werden. Der Begriff „prêt" umfasst andererseits den „prêt de consommation" für verbrauchbare Sachen (Art. 1892 C. civ.). Es kann sich sowohl um eine unentgeltliche, als auch um eine entgeltliche Überlassung handeln[196]. Der „prêt de consommation" ist in diesem Bereich folglich mit dem „Darlehen" (§ 607 BGB) vergleichbar. Die französische juristische Terminologie kennt daher eine ähnliche inhaltliche Unterteilung wie die deutsche. Bezüglich der Polysemie ist das französische Beispiel anders zu bewerten, da die einfache Bezeichnung „prêt" die beiden Bedeutungen der Leihe und des Darlehens umfasst. Der zweideutige Gebrauch dieses Wortes ist daher

---

[195] Vgl. *Potonnier/Potonnier*, Wörterbuch für Wirtschaft, Recht und Handel, Bd. I, 1997, Stichwort „Leihe" (i. allg.).

[196] Vgl. *Cornu* (Hrsg.), Vocabulaire juridique, 2004, Stichwort „prêt".

rechtssprachlich als unpräzise, jedoch nicht als fehlerhaft anzusehen. Eine Anwendung des entgeltlichen „prêt" in der Allgemeinsprache für eine nicht verbrauchbare Sache wäre wiederum aus Sicht der juristischen Terminologie als Fehler anzusehen.

b. Beispiel: „ordonnance"

Ein Beispiel der französischen Rechtssprache, das sowohl unter externe Polysemie fällt, als auch unter interne Polysemie fallen könnte, stellt der französische Begriff der „ordonnance" dar. Das Wort „ordonnance" rührt vom Lateinischen „ordinare" her und enthält an sich die Bedeutung „anordnen" und „verordnen". Eine „ordonnance" ist im allgemeinen Sinne das ärztliche Rezept („verordnen") oder die Anordnung von Wörtern, Blumen usw. („anordnen"). Sie kann jedoch auch ein besonderer Reiter sein und noch verschiedene Bedeutungen im militärischen Bereich haben.[197] Der Begriff „ordonnance" leidet schon unter einer internen Polysemie innerhalb der Allgemeinsprache. Rechtlich gesehen ist eine „ordonnance" ein von der Exekutive erlassener „Verwaltungsakt", ein von einem einzelnen Richter erlassener Beschluss, eine von einem Beamten erlassene Auszahlungsanordnung oder ein besonderer von dem „préfet de police de Paris" erlassener „Verwaltungsakt".[198] Die Bedeutung „Anordnung" steckt in jedem dieser Begriffe, es scheint auf den ersten Blick nur ein Problem der Identifikation des Verfassers der Anordnung. Eine Übersetzung mit „Anordnung erlassen von ..." wäre demzufolge denkbar. Die Unterschiede zwischen den verschiedenen Begriffen von „ordonnance" sind jedoch komplizierter und feiner und betreffen unter anderem die Problematik der Übersetzung von Verwaltungsakten, die hier nicht erläutert wird. Der Begriff „ordonnance" weist also auch innerhalb der Rechtssprache mehrere Bedeutungen auf. Es ist demzufolge sachdienlich, von einer allgemeinsprachlichen internen Polysemie, von einer rechtssprachlichen internen Polysemie und auch von einer externen Polysemie zu sprechen.

---

[197] Vgl. *Rey-Debove/Rey* (Hrsg.), Le Nouveau Petit Robert, 2004, Stichwort „ordonnance".

[198] Vgl. *Cornu* (Hrsg.), Vocabulaire juridique, 2004, Stichwort „ordonnance".

c.　　Intensität der externen Polysemie

Die externe Polysemie kann wiederum nach dem Grad der Intensität unterteilt werden. Es handelt sich einerseits um die „extrem" externe Polysemie, die durch völlig konträre Bedeutungen in der Allgemeinsprache und der Rechtssprache gekennzeichnet ist. Andererseits existiert eine Art „sanftere" externe Polysemie, die nur geringfügig andere Bedeutungen im Vergleich zwischen der Allgemein- und Rechtssprache aufweist.

1)　Extreme externe Polysemie

Cornu nimmt eine besonders detaillierte Unterteilung innerhalb der externen Polysemie vor[199], deren „extremster" Grad an dieser Stelle erwähnenswert ist. Er nennt diese Stufe „rupture de sens"[200] („Bedeutungsbruch"). Es handelt sich dabei um Begriffe, deren juristische Bedeutung keine ausreichende bzw. gar keine erkennbare Bindung zur allgemeinsprachlichen Bedeutung besitzt. Es besteht infolgedessen ein semantischer Bruch zwischen dem juristischen und dem allgemeinsprachlichen Wortschatz aufgrund des Mangels an Verständlichkeit. *Cornu* unterscheidet wiederum je nach Intensität zwei Arten von Bedeutungsbrüchen: die „faux amis" und die „termes étrangers".[201]

a)　„Faux amis" („falsche Freunde")

In diesen Fällen besteht noch eine Bindung zwischen der juristischen Bedeutung und der allgemeinsprachlichen Bedeutung, die jedoch trügerisch ist. Die Bedeutungen scheinen jedenfalls beim ersten Hören ähnlich (sogar gleich) zu sein, obwohl sie in Wahrheit sehr unterschiedlich sind.

---

[199]　Vgl. *Cornu*, Linguistique juridique, 2000, S. 80 ff.
[200]　Vgl. *Cornu*, a.a.O., S. 87.
[201]　Vgl. *Cornu*, a.a.O., S. 87 ff.

(1)   Beispiel: „Frucht"

Ein interessantes deutsch-französisches Beispiel für „faux amis" ist der Begriff „Frucht" (bzw. Früchte).[202] Die Definition von „Frucht" lautet allgemeinsprachlich:

> „a) Aus dem Fruchtknoten entstehender Teil der Pflanze, der den Samen bis zur Reife umschließt.
>
> b) (landsch.) Getreide."[203]

Es handelt sich immer um einen pflanzlichen Ertrag bzw. einen Ertrag aus der Erde. Interessant ist, dass das französische Wort „fruit" die gleiche Bedeutung in der Allgemeinsprache aufweist. Das Wort „Frucht" verfügt hingegen in der Rechtssprache über eine ähnliche, jedoch erweiterte Bedeutung. § 99 BGB lautet:

> „(1) Früchte einer Sache sind die Erzeugnisse der Sache und die sonstige bestimmungsgemäße Ausbeute, welche aus der Sache ihrer Bestimmung gemäß gewonnen wird.
>
> (2) Früchte eines Rechtes sind die Erträge, welche das Recht seiner Bestimmung gemäß gewährt, insbesondere bei einem Rechte auf Gewinnung von Bodenbestandteilen die gewonnenen Bestandteile.
>
> (3) Früchte sind auch die Erträge, welche eine Sache oder ein Recht vermöge eines Rechtsverhältnisses gewährt."

„Früchte" sind in der Rechtssprache nicht nur Erträge aus der Erde, sondern auch Erträge einer Sache (es kann sich dabei sowohl um Obst, aber auch beispielsweise um Milch, Wolle, ein Kalb oder einen Stein aus einem Steinbruch handeln) und eines Rechts (z.B. die Einnahmen aus einer Vermietung einer Sache). Die Bedeutung von „Frucht" ist folglich in der Rechtssprache viel umfassender – jedoch nicht konträr – im Vergleich zur Allgemeinsprache.

---

[202] Vgl. *Cornu*, Linguistique juridique, 2000, S. 88.

[203] Duden, Deutsches Universalwörterbuch, 2003, Stichwort „Frucht".

Die französische Rechtssprache bezeichnet Folgendes als „fruits":

> „Art. 583 C. civ. Les fruits naturels sont ceux qui sont le produit spontané de la terre. Le produit et le croît des animaux sont aussi des fruits naturels.
>
> Les fruits industriels sont ceux qu'on obtient par la culture.
>
> Art. 584 C. civ. Les fruits civils sont les loyers des maisons, les intérêts des sommes exigibles, les arrérages des rentes.
>
> Les prix des baux à ferme sont aussi rangés dans la classe des fruits civils."

Die „fruits" stellen in der französischen Rechtssprache ebenfalls Erträge einer Sache oder eines Rechts dar. Die Problematik der „faux amis" ist in diesem Fall folglich in der deutschen und in der französischen Sprache gleichermaßen vorzufinden, wodurch eine fehlerhafte Übersetzung des Begriffs vermieden wird (da „Frucht" immer mit „fruit" übersetzt werden kann, egal ob der Begriff in seiner allgemeinsprachlichen oder rechtssprachlichen Bedeutung verwendet wird[204]). Diese Beispiele werden sowohl in der deutschen, als auch in der französischen Allgemein- und Rechtssprache als sogenannte „faux amis" bezeichnet, selbst wenn sie – wie im aufgeführten Beispiel – dem Übersetzer keinerlei Schwierigkeiten bereiten.

(2)   Weitere Beispiele

„Meuble" bedeutet – wie bereits erörtert[205] – allgemeinsprachlich „Möbel" (z.B. Stuhl, Schrank etc.), obwohl damit in der Rechtssprache beispielsweise auch eine Katze gemeint sein kann. Es wäre daher ein Fehler, „meuble" mit dem Begriff „Möbel" zu übersetzen. Vielmehr muss der Begriff „meuble" in diesem Fall mit „bewegliche Sache" übersetzt werden.

---

[204]   Eine genaue juristische Untersuchung der Begriffe wäre jedoch nötig, um diese Schlussfolgerung als richtiges Ergebnis annehmen zu können.

[205]   Siehe oben Kap. I., I. C. 1. b., S. 10.

Wenn eine Person „absente" ist, ist sie rechtlich nicht nur „abwesend", sondern auch „verschollen" (im Sinne des Art. 112 C. civ.).

(3)   Fazit

Die „faux amis" stellen für den juristischen Übersetzer eine Gefahr dar, weil eine fehlerhafte Übersetzung nach Maßgabe der allgemeinsprachlichen Bedeutung nicht automatisch zu einem „absurden Ergebnis" führt und daher nicht direkt erkennbar ist. Es gehört dementsprechend zur Aufgabe des Übersetzers herauszufinden, um welche Bedeutung genau es sich im Einzelfall handelt. Diese Aufgabe kann dadurch erschwert werden, dass es sich um die Übersetzung von Texten handelt, die nicht direkt juristischer Natur sind, jedoch zum Teil juristische Termini verwenden.

b)   „Termes étrangers" („Fremdtermini")

Der semantische Bruch ist dann größer, wenn keinerlei Bindung mehr zwischen der allgemeinsprachlichen und der juristischen Bedeutung besteht. Die juristische Bedeutung des Begriffs ist somit für den Laien nicht nachvollziehbar und die Verwendung der allgemeinsprachlichen Bedeutung statt der juristischen Bedeutung würde zur Sinnlosigkeit oder Absurdität führen.

Ein sehr berühmtes französisches Beispiel hierfür ist der Begriff „minute". Eine „minute" ist allgemeinsprachlich auf französisch (und auf deutsch) der Zeitraum von sechzig Sekunden, wohingegen die „minute" juristisch eine Originalurkunde darstellt, die in den Archiven der ausgestellten Behörde verbleibt. Hier ist eindeutig, dass beide Bedeutungen keinerlei Gemeinsamkeiten aufweisen. Als weiteres Beispiel kann hier das Wort „grosse" dienen. Allgemeinsprachlich bezeichnet „grosse" eine weibliche dicke Frau oder Sache und juristisch den Namen der Kopie einer öffentlichen vollstreckbaren Urkunde.

Diese Beispiele sind insgesamt sehr einprägsam, da die allgemeinsprachliche Bedeutung der jeweiligen Begriffe zum täglichen Leben gehören und dennoch in ihrer juristischen Anwendung für den Laien absolut nicht nachvollziehbar sind (aufgrund ihrer sehr spezifischen

Anwendung im Verfahrensrecht) wie *Gridel*[206] es sehr deutlich erläutert:

> „Exposez gravement, devant des personnes non averties, que la grosse est une expédition particulière de la minute, et l'auditoire se demandera quel est l'établissement psychiatrique le plus adapté à votre cas."

Eine fehlerhafte Übersetzung solcher Begriffe anhand der allgemeinsprachlichen Bedeutung anstelle der rechtssprachlichen Bedeutung führt oftmals zu einem „absurden Ergebnis" und weist den Übersetzer dadurch sehr schnell auf seinen Irrtum hin. Eine derartige Übersetzung des genannten Beispiels („la grosse est une expédition particulière de la minute") wäre daher: „die Dicke ist eine besondere Expedition der Minute"[207]. Fehler sind diesbezüglich schnell und sehr viel leichter erkennbar als in den Fälle der „faux amis".

2) *Unterschiedliche Konnotation (besonderer Fall der einfachen extremen Polysemie)*

Das andere Extrem der externen Polysemie bilden Fälle der unterschiedlichen Konnotation ein und desselben Begriffs, die zur „einfachen" (sehr einfachen) Polysemie gehören.

a) Beispiel: „Vorsatz"

Allgemeinsprache und Rechtssprache benutzen teilweise auch Begriffe mit gleicher Bedeutung, jedoch mit einer (geringfügig bis erheblich) anderen Konnotation[208]. Der Begriff „Vorsatz" entspricht beispielsweise allgemeinsprachlich und rechtsprachlich dem Bewusstsein, eine bestimmte Handlung zu tätigen bzw. tätigen zu wollen. Der

---

[206] *Gridel*, Introduction au droit et au droit français, 1994, S. 23.
[207] Derartige absurden Ergebnisse erfolgen jedoch häufig bei maschinellen Übersetzungen.
[208] Vgl. *Koutsivitis*, La traduction juridique, 1988, S. 123.

Vorsatz kann in der Allgemeinsprache sowohl einer guten Tat (z.B. „gute Vorsätze" für das neue Jahr), als auch einer schlechten (oder gar bösartigen) Tat entsprechen. Im Strafrecht wird der Vorsatz regelmäßig mit einem negativen Beiklang (z.b. vorsätzliche Körperverletzung) belegt, wobei er im klassischen Sinne den subjektiven Teil des Tatbestandes ausmacht. Das Beispiel lässt sich größtenteils ins Französische übertragen. Der Begriff „intention" ist allgemeinsprachlich das Bewusstsein, etwas zu tun. Im französischen Strafrecht wird er dagegen ausschließlich in Verbindung mit der Schuld benutzt; es wird insofern von „intention criminelle" oder „intention délictueuse"[209] gesprochen (Vorsatz, eine Straftat zu begehen[210]).

b)   Relevanz für die Übersetzung

Es handelt sich dabei um geringfügige Unterschiede, die nicht zwangsläufig zu Fehlern bei der Übersetzung führen, obwohl verschiedene Konnotationen teilweise zu Missverständnissen führen können[211]. Es stellt sich also die Frage, welche Konnotation der Verfasser seinem Begriff verleihen wollte. Diese Frage kann in manchen Texten und deren Übersetzung relevant werden und die Antwort hängt unter anderem von der Art des Textes ab. Bei einem Gesetzestext oder einer Entscheidung zum Beispiel wird es sich regelmäßig um den Begriff mit juristischer Konnotation handeln (dabei bleibt die Frage des richtigen Verständnisses für den Übersetzer jedoch noch bestehen). Bei einem Aufsatz über Rechtsphilosophie hingegen ist diese Tendenz nicht mehr so deutlich und mithin eine Auslegung notwendig, da die Konnotation bei einem solchen Text besondere Bedeutung gewinnen könnte.

---

[209]   Dieses Beispiel zeigt wieder, dass die französische Fachsprache anhand von Adjektiven präzise wird. Siehe oben Kap. I., III. A. 1. a. 3), S. 41.
[210]   Art. 121-3 C. pén.
[211]   Vgl. *Oksaar*, ZG 4.1989, 210 (224).

2. Interne Polysemie

Die interne Polysemie bezeichnet das Vorhandensein mehrerer Bedeutungen eines Begriffs innerhalb der Rechtssprache[212] (wobei die mögliche interne Polysemie innerhalb der Allgemeinsprache an dieser Stelle nebensächlich bleiben wird). Im Gegensatz zur externen Polysemie kann die Tatsache der internen Polysemie in der deutschen und französischen Rechtssprache nicht gemeinsam untersucht werden, da die Anforderungen an die Eindeutigkeit in der Übersetzung jeweils unterschiedlich sind[213].

a. Französische interne Polysemie

1) *Ausmaß in der französischen juristischen Terminologie*

Die französische Rechtssprache bietet eine Vielzahl von Beispielen für interne Polysemie. *Cornu* betont die übermäßige Relevanz der Polysemie innerhalb der juristischen Terminologie[214]. Es handelt sich um ein häufiges Problem, da die mehrdeutigen juristischen Begriffe[215] zahlreicher als die eindeutigen juristischen Begriffe sind. Das bedeutet, dass ungefähr zwei Drittel der von der juristischen Terminologie verwendeten Begriffe mehrdeutig sind[216]. Die Problematik betrifft darüber hinaus zentrale französische Begriffe wie „loi", „jugement", „contrat" und „société". Dies zeigt deutlich, dass es sich dabei nicht um ein nebensächliches, sondern um ein ausschlaggebendes Kennzeichen der französischen Rechtssprache handelt.[217]

Auch wenn sie nicht stets monosem[218] sind[219], scheint die interne Polysemie weniger die Termini, die ausschließlich der Rechtssprache

---

[212] Vgl. *Cornu*, Linguistique juridique, 2000, S. 95.

[213] Siehe oben Kap. I., II. C. 4., S. 34.

[214] Vgl. *Cornu*, a.a.O., S. 98.

[215] Begriffe, die in der Rechtssprache mehrere Bedeutungen haben (unabhängig davon, ob sie in der Allgemeinsprache verwendet werden).

[216] Vgl. *Cornu*, a.a.O., S. 98 f.

[217] Vgl. *Cornu*, a.a.O., S. 99.

[218] Die nur eine Bedeutung haben (im Gegensatz zu polysem).

[219] Vgl. *Cornu*, a.a.O., S. 99.

angehören bzw. die Termini technici zu betreffen. Das geschilderte Ausmaß der internen Polysemie der französischen juristischen Terminologie betrifft vielmehr hauptsächlich Begriffe, die sowohl in der Rechtssprache, als auch in der Allgemeinsprache verwendet werden (wie das Beispiel „ordonnance").

2) Beispiel: „judiciaire"

Abschließend soll hier noch ein französisches Beispiel aufgeführt werden, das eine besondere Seite der internen Polysemie aufzeigt. Das Adjektiv „judiciaire" ist zwar hauptsächlich juristisch geprägt, wird jedoch auch in der Allgemeinsprache verwendet. Dieses Adjektiv ist schon für den Juristen problematisch, da in der Rechtssprache zwei Hauptbedeutungen bestehen:

> „1. (dans un sens vague). Qui appartient à la justice, par opposition à législatif et administratif. (…).

> 2. (dans un sens précis). Qui concerne la justice rendue par les tribunaux judiciaires."[220]

Diese beiden Bedeutungen ergeben sich aus dem engeren oder dem weiteren Sinne. Im weiteren Sinn bezeichnet „judiciaire" alles was mit der Justiz zu tun hat (im Sinne der Gewaltenteilung) und umfasst zum Beispiel jedes Handeln des Richters (Zivilrichter, als auch Verwaltungsrichter). Im engeren Sinn handelt es sich jedoch nur um die Justiz der ordentlichen Gerichtsbarkeit und grenzt somit die gesamte Verwaltungsgerichtsbarkeit aus.

Es geht hierbei nicht um eine „extreme" Polysemie in dem Sinne, dass die beiden Bedeutungen unabhängig von einander sind. Da die enge Bedeutung ein Bestandteil der weiten Bedeutung ist, handelt sich hierbei lediglich um feine Unterschiede, die der Problematik der unterschiedlichen Konnotation ähnelt. Wenn der weitere Sinn hauptsächlich in der Allgemeinsprache und der engere Sinn in der Rechtsspra-

---

[220] *Cornu* (Hrsg.), Vocabulaire juridique, 2004, Stichwort „judiciaire".

che benutzt würde[221], könnte der Übersetzer vermuten, dass die Bedeutung des juristischen Textes dem engeren Sinne entspricht. Dieses Beispiel zeigt jedoch, dass die Juristen sich beider Bedeutungen bedienen. Solche feinen Bedeutungsunterschiede innerhalb eines Rechtsbereichs stellen daher eine zusätzliche Schwierigkeit für den Übersetzer dar, durch die seine Auslegungsfertigkeiten in besonderem Maße gefordert werden.

b. Deutsche interne Polysemie

In der geschichtlichen Entwicklung der deutschen Rechtssprache war man stets bestrebt, dem Gebot der Genauigkeit und Klarheit gerecht zu werden. Die deutsche Rechtssprache kann heute wegen ihrer besonderen sprachlichen Exaktheit von der französischen Terminologie unterschieden werden[222]. Diese Qualität drückt sich darin aus, dass sie nur über wenige Beispiele einer internen Polysemie verfügt, sei es für die Termini technici, als auch für die Termini der Rechtssprache, die auch in der Allgemeinsprache verwendet werden.

1)   Oberbegriffe

Polysemie betrifft in der deutschen Rechtssprache hauptsächlich Termini, die als Oberbegriffe dienen und die sich entsprechend „deklinieren" lassen. Es handelt sich dabei um verschiedene Bedeutungsvarianten in unterschiedlichen Rechtsbereichen wie zum Beispiel „Prozess", „Verfahren" oder „Forderung", die eine juristische Hauptbedeutung haben – im Zivilrecht, Strafrecht und Verwaltungsrecht jedoch über eine andere, präzisere Definition verfügen. Dies führt nur zur geringfügigen Verwechselungsgefahr für den juristischen Übersetzer, der anhand des betroffenen Rechtsbereichs die jeweilige präzise Definition ausfindig machen kann.

---

[221]   So auch beim „Vorsatz", siehe oben Kap. I., III. A. 1. c. 2), S. 47 f.
[222]   Siehe oben Kap. I., II. A. 4. c., S. 22; Kap. I., II. C. 3., S. 34.

2)   Beispiel: „Schuld"

Nicht alle Rechtsbegriffe, die unterschiedliche Bedeutungen in verschiedenen Rechtsbereichen aufweisen, sind zugleich auch Oberbegriffe. Der Begriff „Schuld" zum Beispiel ist kein Oberbegriff. Ihm
wird im Zivilrecht und Strafrecht jeweils eine völlig unterschiedliche
Bedeutung beigemessen und er verfügt nicht über eine allgemeine
Hauptbedeutung. Aus diesem Grund tritt eine Verwechselung seltener
auf.

„Schuld" ist im Strafrecht die Voraussetzung der Strafbarkeit; sie ist
die Ursache der Straftat. Dieser Begriff wird in der Allgemeinsprache
meist mit seiner strafrechtlichen Bedeutung benutzt („schuldig sein")
und wird ins Französische mit „faute" übersetzt.

Die zivilrechtliche „Schuld" bezieht sich hingegen auf das „Schuldverhältnis" und weist nicht den Sinngehalt der Verantwortung für eine
bösartige Tat auf, sondern der „schuldrechtlichen Beziehung zwischen
zwei oder mehreren Personen"[223]. Es handelt sich dabei um die Beziehung zwischen dem Schuldner und dem Gläubiger, aufgrund derer der
Erste dem Anderen gegenüber etwas schuldig ist bzw. zu etwas verpflichtet ist (z.B. etwas zu leisten, etwas zu geben etc.). Der Begriff
„Schuld" wird in diesem Fall mit dem französischen Wort „dette"
übersetzt.

Eine Verwechslung solch unterschiedlicher Bedeutungen bzw. Begriffe ist für den juristischen Übersetzer in der Regel einfach zu vermeiden, da er anhand des Textes solche grundlegenden Unterschiede der
Bereiche erkennen kann.

---

[223] *Creifelds* (Begr.), *Weber* (Hrsg.), Rechtswörterbuch, 2004, Stichwort „Schuldverhältnis".

3. *Fazit*

a. Sprachliche Bemerkungen zur Wortbildung

1) Möglichkeiten der deutschen Sprache

Die deutschen Juristen streben regelmäßig eine eindeutige Rechtssprache an und versuchen demgemäß Fälle der internen Polysemie zu vermeiden. Die unterschiedlichen Ergebnisse lassen sich nicht nur auf die geschichtliche Entwicklung zurückführen – sie haben vielmehr einen sprachlichen Grund. Die deutsche Sprache bietet die Möglichkeit, Wörter zu bilden, die der französischen Sprache schlichtweg nicht zur Verfügung stehen. Der Grund liegt darin, dass das Recht „Dinge" bezeichnen muss, für die die Allgemeinsprache keine oder nicht ausreichend Termini besitzt[224]. Die deutsche Rechtssprache bildet vielfach neue Fachausdrücke dadurch, dass sie allgemeinsprachliche Wörter neu zusammensetzt; auf diese Weise sind zum Beispiel Wörter wie „Wohn-sitz", „Willens-mangel", „Geschäfts-fähigkeit" und „Gewalt-verhältnis" entstanden[225]. Die deutsche Sprache verfügt damit über eine unerschöpfliche Möglichkeit neue Wörter zu bilden, um den Bedürfnissen des Rechts gerecht zu werden – auch wenn diese Vorgehensweise keinen vollständigen Schutz vor Polysemie bietet.

2) Möglichkeiten der französischen Sprache

Die französische Rechtssprache weist aufgrund ihrer Geschichte nicht die selbe Präzision und den selben technischen Charakter auf wie die deutsche[226]; sie ist darüber hinaus ihrer Natur entsprechend wortärmer als diese[227]. Die französische Rechtssprache versucht diesen Mangel damit auszugleichen, dass sie ebenfalls Wörter zusammensetzt bzw. ableitet (sog. „dérivation")[228]. Ein neues Wort wird gebildet, indem es von einem bestehenden Wort abgeleitet wird (die Bildung z.B. eines

---

[224] Vgl. *Battifol*, Observations sur la spécificité du vocabulaire juridique, in: Mélanges Marty, 1978, S. 35 (35 f.).

[225] Vgl. *Müller-Tochtermann*, Muttersprache 1959, 84 (86).

[226] Siehe oben Kap. I., II. C. 3, S. 34.

[227] Vgl. *Malblanc*, Stylistique comparée du français et de l'allemand, 1980, S. 209.

[228] Vgl. *Cornu*, Linguistique juridique, 2000, S. 160 ff.

54

Substantivs anhand eines Verbs, aus „adopter", „Adoptant" oder „Adopté" oder aus „vendre", „Vendeur", usw.). Die Technik findet jedoch sehr schnell ihre Grenzen und ist nicht mit der deutschen Wortzusammensetzung vergleichbar. Die französische Fachsprache verwendet andererseits häufig die Kombination eines Substantivs mit einem Adjektiv (Art der sogenannten „composition")[229]. Der Begriff „prêt" zeigt diese Möglichkeit der Präzisierung eines Begriffs („prêt à usage" und „prêt de consommation")[230]. Das Adjektiv ermöglicht eine spezielle Eingrenzung des Bedeutungsumfangs des Substantivs und kann somit eine spezielle Fachbedeutung erlangen.[231] Das Adjektiv ist der wichtigste Teil der Wortkomposition wie zum Beispiel bei „aide judiciaire", „force majeure" oder „ordre public".[232] Diese Technik ist mit der deutschen Wortzusammensetzung dadurch vergleichbar, dass diese beiden Wortkombinationen die determinierende Merkmaleinschränkung ermöglichen.

3) Folge für die Übersetzung ins Französische

Das Bestehen dieser unterschiedlichen linguistischen Möglichkeiten der jeweiligen Sprache führt insbesondere bei der Übersetzung deutscher zusammengesetzter Begriffe ins Französische zu Schwierigkeiten[233]. Der Übersetzer muss zunächst die Logik der Verknüpfung zwischen den Komponenten der Komposita richtig erkennen und verstehen. Anschließend muss er eine brauchbare französische Übersetzung finden, wobei eine Äquivalenz in Form einer französischen Wortgruppe relativ selten zu finden ist.

Zunächst werden diese Wörter sehr häufig in der deutschen juristischen Fachsprache verwendet, darüber hinaus bergen sie aber eine Vielzahl von Übersetzungsschwierigkeiten für den französischen

---

[229] Vgl. *Cornu*, Linguistique juridique, 2000, S. 175.
[230] Siehe oben Kap. I., III. A. 1. a. 3), S. 41.
[231] Vgl. *Freitag*, Domaine public – ouvrage public, 1978, S. 137.
[232] Vgl. *Cornu*, a.a.O., S. 175.
[233] Vgl. *Allignol*, Lebende Sprache 2/1998, 64 (64 ff.).

Übersetzer in sich. Als Beispiele sollen abschließend folgende genannt werden:

„Steuerabzugsverfahren: procédure de la perception de l'impôt par voie de retenue à la source."

„Absichtsverwirklichungsdelikt: délit caractérisé par un acte témoignant de la volonté délictueuse de l'auteur."[234]

Diese Beispiele zeigen, dass die Komposita hier nur durch einen kompletten Satz bzw. eine Umschreibung übersetzt werden können.

b.   Zusammenfassung

Diese Darstellung der Polysemie hat gezeigt, wie vielschichtig die Problematik in diesem Bereich sein kann. Es handelt sich um ein unlösbares Problem der juristischen Terminologie, mit dem der Übersetzer stets zu kämpfen hat und haben wird[235].

Diese Vielschichtigkeit lässt sich nicht einfach im Wege der Einteilung in externe und interne Polysemie aufzeigen. Vielmehr bestehen innerhalb dieser beiden Kategorien diverse Stufen der Intensität, die jeweils eine eigene Problematik im Bereich der Verständlichkeit und/oder der Übersetzung nach sich ziehen[236]. Die externe Polysemie betrifft sowohl die deutsche, als auch die französische Terminologie und kann aufgrund der engen Beziehung der Rechtssprache zur Allgemeinsprache kaum verhindert werden. Im Gegensatz dazu stellt die interne Polysemie hinsichtlich ihres Ausmaßes innerhalb der französischen juristischen Terminologie eine Besonderheit dar. In dem Sprachpaar Französisch-Deutsch oder Deutsch-Französisch bilden beide Polysemien dadurch Übersetzungsschwierigkeiten in sich, dass

---

[234]   *Potonnier/Potonnier*, Wörterbuch für Wirtschaft, Recht und Handel, Bd. I, 1997, Stichwort „Steuerabzugsverfahren", „ Absichtsverwirklichungsdelikt".

[235]   Vgl. *Gémar*, Le langage du droit au risque de la traduction, in: Snow/ Vanderlinden (Hrsg.), Français juridique et science du droit, 1995, S. 123 (143).

[236]   Für die Problematik der Verwendung von Großbuchstaben in der französischen Rechtssprache, um z.B. manchen Begriffen einen allgemeineren Sinn zu verleihen, vgl. *Grass*, La traduction juridique bilingue français-allemand, 1999, S. 39.

die unterschiedlichen Bedeutungskonstellationen selten einander gegenüber gestellt werden können. Das heißt mit anderen Worten, dass eine 1:1-Entsprechung zwischen einem französischen und einem deutschen Begriff in allen juristischen Bereichen kaum zu finden sein wird[237].

Die vielschichtige Problematik der Polysemie verlangt letztlich besondere Sorgfalt bei der juristischen Übersetzung, wobei sich der Übersetzer stets versichern muss, dass er die richtige Bedeutung des Begriffs auch tatsächlich erfasst hat.[238] Hinzu kommen Schwierigkeiten, die sich aus juristischen Kennzeichen ergeben.

B. Juristische Kennzeichen

Die Verständnisschwierigkeiten eines juristischen Textes beschränken sich nicht nur auf das Vorhandensein von Termini technici oder auf die Problematik der Polysemie. Der Übersetzer muss vielmehr die gesamte juristische Bedeutung des Begriffs im jeweiligen Kontext verstehen.[239]

1. Zweckbestimmtheit der Rechtssprache

a. Rechtliche Bedeutung eines Rechtsbegriffs

Die Rechtssprache weist nicht nur aufgrund ihres Wortschatzes, sondern auch wegen ihrer Zweckbestimmtheit den Charakter des Juristischen auf; sie wird gewissermaßen dadurch juristisch, dass sie die „Erschaffung" oder die Verwirklichung des Rechts zum Zweck hat.[240]

---

[237] Auch wenn die Beispiele „Leihe" und „prêt" oder „Früchte" und „fruits" eine scheinbar Ausnahme bilden können. Siehe oben Kap. I., III. A. 1. a. 3), S. 41; Kap. I., III. A. 1. c. 1) a) (1), S.44.

[238] Vgl. *Gémar*, Le langage du droit au risque de la traduction, in: Snow/ Vanderlinden (Hrsg.), Français juridique et science du droit, 1995, S. 123 (143).

[239] Vgl. *Koutsivitis*, La traduction juridique, 1988, S. 43.

[240] Vgl. statt vieler *Cornu*, Linguistique juridique, 2000, S. 22.

Die Rechtsbegriffe gelten dann, wenn sie etwas Rechtserhebliches bedeuten.[241] Sie bezeichnen nicht einfache oder reale Tatsachen, sondern Rechtstatsachen oder Rechtswirkungen. Der Unterschied liegt darin, dass das Recht, auch wenn es sich auf eine konkrete Sache (z.B. ein Haus) bezieht, diese Sache immer in ein Verhältnis zu einer Rechtsnorm setzt und ihr demzufolge eine Rechtswirkung verleiht. Die Rechtsterminologie als Schnittpunkt zwischen Sprache und Recht bildet folglich „die sprachliche Hülle eines Kerns aus Rechtsbegriffen und Rechtsauffassungen"[242].

Dieses Kennzeichen verlangt daher besondere Sorgfalt bei der Übertragung in eine andere Sprache. Die juristische Übersetzung setzt nicht nur die Übersetzung von Wörtern, sondern auch die Übertragung von Rechtsbegriffen mit ihren juristischen Bedeutungen voraus.[243] Diese Erkenntnis bildet den Kern der Problematik der juristischen Übersetzung.

b.   Verbindliche Funktion eines Rechtsbegriffs

Die Sprache des Rechts unterscheidet sich von den anderen Fachsprachen durch ihre Verbindlichkeit.[244] Der Ausgangspunkt, dass Rechtsbegriffe etwas Rechtliches bedeuten, besagt mit anderen Worten, dass jeder juristische Begriff eine normative Funktion innehat. Ein Rechtsbegriff lässt „sich infolgedessen in seinem Bedeutungsgehalt nicht allein auf Seinsbestimmungen, sondern stets auch auf Sollensbestimmungen zurückführen"[245].

Die Verbindlichkeit der Rechtssprache setzt jedoch voraus, dass ihr Inhalt ausreichend eindeutig und bestimmt ist und so vom Adressaten verstanden werden kann[246]. Dieses Prinzip der Eindeutigkeit findet

---

[241] Vgl. *Lampe*, Juristische Semantik, 1970, S. 18.

[242] *Constantinesco*, Rechtsvergleichung, Bd. II, 1972, S. 166.

[243] Vgl. statt vieler *Constantinesco*, a.a.O., S. 167.

[244] Vgl. statt vieler *Kirchhof*, Die Bestimmtheit und Offenheit der Rechtssprache, 1987, S. 14.

[245] *Lampe*, a.a.O., S. 25.

[246] Vgl. *Kirchhof*, a.a.O., S. 14.

nicht nur in der Polysemie seine Grenze, sondern auch in der für die Verbindlichkeit erforderlichen Abstraktion der Rechtssprache.

2. Abstraktion

Trotz aller Bemühungen in beiden Ländern im Laufe ihrer Geschichte[247] und Gegenwart wird der Rechtssprache im Allgemeinen immer noch eine schlechte Verständlichkeit vorgeworfen[248]. Der Grund dafür liegt häufig in der Abstraktion.

a. Gründe/Notwendigkeit der Abstraktion

1) Allgemein

Das von *Reinfried* geschilderte Beispiel veranschaulicht die Thematik besonders deutlich[249]:

> „Das bunte, vielschichtige Geschehen der Welt wird auf allgemeine Oberbegriffe reduziert. (...) Der Gesetzgeber kann nicht jeden Fall, wie er in einmaliger Weise konkret und farbig abläuft, in allen Einzelheiten regeln. Er kann z.B. nicht sagen: ‚Wer ein Haus kauft und nach 6 Monaten feststellt, dass der Dachstuhl vom Holzbock befallen ist und zudem nach starkem Regen Wasser durch Wände und Dach eindringt, kann zu demjenigen, von dem er es erworben hat, sagen: ‚Gib mir mein Geld zurück, du kannst das Haus wieder zurück haben! Oder, wenn dir das lieber ist, erlasse mir den Geldbetrag, um den das Haus weniger wert ist.''

Der Gesetzgeber regelt einen solchen Fall abstrakt so:

> ‚(1) Der Verkäufer einer Sache haftet dem Käufer dafür, dass sie zu der Zeit, zu welcher die Gefahr auf den Käufer übergeht, nicht mit Fehlern behaftet ist, die den Wert oder die Tauglichkeit zu dem gewöhnlichen oder dem nach dem Vertrage vor-

---

[247] Siehe oben Kap. I., II. A. 4. a., S. 20; Kap. I., II. B. 2. b. 1), S. 27.
[248] Siehe oben Kap. I., II. C. 3., S.34.
[249] *Reinfried*, Deutsches Rechtsbuch, 1983, S. 123.

ausgesetzten Gebrauch aufheben oder mindern. Eine unerhebliche Minderung des Wertes oder der Tauglichkeit kommt nicht in Betracht.' (§ 459 BGB)

‚Wegen eines Mangels, den der Verkäufer nach den Vorschriften der §§ 459, 460 zu vertreten hat, kann der Käufer Rückgängigmachung des Kaufes (Wandelung) oder Herabsetzung des Kaufpreises (Minderung) verlangen.' (§ 462 BGB)."

Dieses Beispiel zeigt deutlich, dass Gesetze keine Details eines bestimmten Tatbestandes erfassen können oder anders ausgedrückt, dass der Gesetzgeber nicht jedes bunte und vielschichtige Geschehen vorhersehen kann – jedoch für alle erdenklichen Konstellationen eine rechtliche Lösung vorsehen sollte. Gesetze, die zu detailliert sind, bereiten oft besonders große Schwierigkeiten, weil der Rechtsanwender es mit einem nicht vorhersehbaren Fall zu tun haben kann[250]. Um ein ausreichendes Maß an Rechtssicherheit und eine langdauernde Anwendungsmöglichkeit der Vorschriften zu gewährleisten, sollten Gesetze möglichst allgemeingültig gefasst sein – und demzufolge alle denkbaren gegenwärtigen und zukünftigen Einzelfälle umfassen; das heißt mit anderen Worten, dass sie abstrakt formuliert sein müssen.[251] Vielfach wird die Einschätzung geäußert, dass das BGB nur durch seinen hohen Abstraktionsgrad die ereignisreichen Wandlungen der Gesellschaft überhaupt durchstehen konnte.[252] Die Abstraktion der Gesetze betrifft nicht nur ihrer Formulierung bzw. ihren Stil, sondern auch die verwendeten Begriffe bzw. die Rechtsbegriffe.

---

[250] Vgl. *Battifol*, Observations sur la spécificité du vocabulaire juridique, in: Mélanges Marty, 1978, S. 35 (44).

[251] Vgl. statt vieler *Larenz*, Methodenlehre der Rechtswissenschaft, 1991, S. 439.

[252] Vgl. *Duve/Weirich*, Die Verständigung zwischen dem Bürger und den Juristen kann verbessert werden, in: Radtke (Bearb.), Die Sprache des Rechts und der Verwaltung, 1981, S. 119 (120).

2) Deutsche und französische Rechtssprache im Vergleich

Obwohl die Abstraktion ein Kennzeichen der Rechtssprache im Allgemeinen ist (da ein gewisses Maß an Abstraktion der Rechtssprache von Natur aus immanent ist), ist der Grad der Abstraktion in der deutschen Juristik erheblich größer als im Vergleich zur französischen. Hinter dieser Tatsache steht zunächst eine politische Entscheidung im Verlauf ihrer Geschichte.[253] Das BGB verzichtet beispielsweise absichtlich auf Allgemeinverständlichkeit und auf die konkret-anschauliche Kasuistik zugunsten einer abstrakt-begrifflichen Sprache[254], wobei die Verfasser des Code civil ein wundervolles populär-wissenschaftliches Instrument erschaffen wollten[255]. Die französische Sprache schätzt auch „dans son goût de la mesure" kein hohes Maß an Abstraktion[256]. Diese Unterschiede basieren schließlich auch auf sprachlichen Gründen, da die deutsche Sprache beispielsweise wesentlich häufiger Substantive verwendet als die französische (u.a. wegen der Möglichkeit, deutsche Wörter entsprechend zusammenzusetzen[257]) und folglich über wesentlich mehr abstrakte Substantive verfügt[258].

b.   Abstrakte Begriffe

Trotz dieser Unterschiede zwischen der französischen und der deutschen Rechtssprache ist es möglich und zweckmäßig, die abstrakten Begriffe im Allgemeinen zu untersuchen.

Abstraktion der Sprache bedeutet, dass sie schematisch verallgemeinert ist und dass sie damit der materiellen Gleichheit dient.[259] Diese Verallgemeinerung drückt sich im Bereich der Begriffe wie folgt aus:

---

[253]   Für einen Vergleich zwischen der Abstraktion des BGB und des C. civ., siehe oben Kap. I., II. C. 3., S. 34.

[254]   Vgl. *Zweigert*, Einige Überlegungen zu Recht und Sprache, in: FS Schmidt, 1976, S. 55 (56).

[255]   Vgl. *Nerson*, Exercices de vocabulaire, in: Mélanges Voirin, 1966, S. 603 (605).

[256]   Vgl. *Malblanc*, Stylistique comparée du français et de l'allemand, 1980, S. 209.

[257]   Siehe oben Kap. I., III. A. 3. a. 1), S. 53.

[258]   Vgl. *Malblanc*, a.a.O., S. 207.

[259]   Vgl. *Kirchhof*, Die Bestimmtheit und Offenheit der Rechtssprache, 1987, S. 19.

„Sie heißen ‚abstrakt', weil sie aus Merkmalen gebildet werden, die von den Gegenständen, an denen sie auftreten, losgelöst, abstrahiert und in ihrer Verallgemeinerung sowohl gegen-
einander wie gegenüber den Gegenständen, an denen sie stets
in einer bestimmten Weise verbunden sind, isoliert, vereinzelt
werden."[260]

Abstrakte Rechtsbegriffe ermöglichen es der rechtlichen Regelung,
nicht bestimmte einzelne Gegenstände oder Geschehen zu umfassen,
sondern vielmehr eine Art von Gegenständen oder von Geschehen.
Gemäß § 90 BGB sind beispielsweise „Sachen" im Sinne des Gesetzes nur körperliche Gegenstände. Eine bestimmte Sache ist nicht abstrakt, sondern sie ist vielmehr wahrnehmbar und „fühlbar". Sie kann
ein Schraubenzieher, ein zweistöckiges Haus oder ein Auto sein. Das
Gesetz betrachtet nicht die konkreten Erscheinungsformen oder die
Verwendungszwecke der Sache. Entscheidend ist gemäß § 90 BGB
ausschließlich, dass es sich um einen körperlichen Gegenstand handelt. Das heißt mit anderen Worte, dass die Sache aufgrund einer bestimmten Eigenschaft verallgemeinert wird.

Die Übersetzung eines abstrakten Begriffs verlangt nicht nur die Übertragung seiner Eigenschaft, sondern auch die Übertragung seines Anwendungsbereichs. Es ist sehr schwer bis unmöglich, einen parallelen
abstrakten Begriff zu finden, der in der Zielsprache denselben Bedeutungsumfang wie der zu übersetzende Begriff aufweist.

c.   Konsequenzen der Abstraktion: unbestimmte Rechtsbegriffe
       und Generalklauseln

Die juristische Fachsprache enthält nicht nur Begriffe, die aufgrund
ihrer internen oder externen Polysemie entsprechend ausgelegt werden
müssen[261], sondern auch über Begriffe, die „mit gezielter Absicht unbestimmt und sinnausfüllungsbedürftig gestaltet sind"[262].

---

[260]   *Larenz*, Methodenlehre der Rechtswissenschaft, 1991, S. 439.
[261]   Die deutsche Literatur bleibt im Bereich der internen Polysemie im Vergleich zur
        Französischen sehr zurückhaltend, wobei sie dagegen reichlich über die Proble-

1)   *Definition*

Ein Begriff ist unbestimmt, wenn er einer Auslegung bedarf und wenn diese Auslegung „als eine besonders schwierige und problematische Aufgabe angesehen wird"[263]. Unbestimmte Rechtsbegriffe besitzen meistens eine Bedeutung in der Allgemeinsprache und sind nicht aufgrund irgendeines technischen Charakters schwer verständlich. Man hat daher von vornherein eine etwaige Vorstellung, was sie ungefährt bedeuten mögen. Die Schwierigkeit besteht darin, dass sie lediglich in Verbindung mit einem bestimmten Zusammenhang einen konkreten juristischen Sinn ergeben. Als Beispiele können „Zuverlässigkeit", „Billigkeit", „équité" und „intérêt" genannt werden[264]. Dasselbe wie bei den unbestimmten Rechtsbegriffen gilt auch für unbestimmte Ausdrücke, die als „Generalklauseln" bezeichnet werden (z.B. „Treu und Glauben", „öffentliches Interesse", „sécurité publique", „ordre public"[265]). Die Generalklauseln bestehen aus einer Zusammenstellung von Begriffen, die in diese Kombination unbestimmt sind. Da sie sich jedoch nicht grundlegend von den unbestimmten Rechtsbegriffen unterscheiden, werden diese beiden Kategorien von der Literatur gemeinsam dargestellt und untersucht[266].

Die unbestimmten Rechtsbegriffe weisen keinen Mangel an Deutlichkeit des Gesetzes auf, sie sollen vielmehr offen für alle Arten von Fällen sein, die wegen ihrer mannigfaltigen Konstellationen nur innerhalb dieses Rahmens eingegrenzt werden können. Sie haben im Gesetz den Zweck, „die Differenzierung und Konkretisierung des

---

matik der unbestimmten Rechtsbegriffe berichtet; siehe oben Kap. I., III. A. 2. b., S. 51.

[262] *Reinfried,* Deutsches Rechtsbuch, 1983, S. 130.

[263] *Müller-Tochtermann,* Muttersprache 1959, 84 (88).

[264] Die in diesem Absatz zitierten deutschen und französischen Beispiele sind lediglich als Beispiele von unbestimmten Rechtsbegriffen und nicht als mögliche Übersetzungen zu betrachten.

[265] Zur Problematik der Anwendung solcher Begriffe im Gemeinschaftsrecht und deren Verständnis, vgl. *Haß,* Brisanter Text, in: Busse/Niehr/Wengeler (Hrsg.), Brisante Semantik, 2005, S. 293 (300 f.).

[266] Manche Verfasser vertreten die Ansicht, dass alle unbestimmten Rechtsbegriffe eine Art von Generalklauseln darstellen. Vgl. *Reinfried,* a.a.O., S. 132.

Rechtssatzes im Einzelfall je nach den örtlichen, zeitlichen oder anderen rechtserheblichen Umständen dem jeweiligen Rechtsanwender offen zu lassen"[267]. Diese Generalklauseln oder unbestimmten Rechtsbegriffe räumen daher dem Richter oder Rechtsanwender die Möglichkeit ein, die Gesetzesbestimmungen unter Berücksichtigung der Einzelumstände zweckmäßig auszulegen.

2) Klassifikation

Reinfried nimmt eine Klassifikation der unbestimmten Rechtsbegriffe vor, deren Unterteilung den Fällen der Polysemie ähnelt[268]. Er unterscheidet zwischen den unbestimmten Begriffen, die auch in der Allgemeinsprache verwendet werden einerseits und den unbestimmten juristischen Fachbegriffen andererseits.[269]

a) Unbestimmte Begriffe der Allgemeinsprache

Die Rechtssprache verwendet eine Vielzahl unbestimmter Begriffe tatsächlicher Art, das heißt solche, die nicht nur in der Rechtssprache, sondern auch in der Allgemeinsprache unbestimmt sind. Diese Begriffe weisen also von sich aus das Merkmal der Unbestimmtheit auf – ohne dass es bei ihrer Verwendung durch den Gesetzgeber auf dessen Wille zur Unbestimmtheit ankäme.

Unzählige derartiger Rechtsbegriffe finden sich in der Straßenverkehrsordnung, wie zum Beispiel in § 17 Straßenverkehrs-Ordnung (StVO):

> „§ 17 StVO (1) Während der Dämmerung, bei Dunkelheit oder wenn die Sichtverhältnisse es sonst erfordern, sind die vorgeschriebenen Beleuchtungseinrichtigungen zu benutzen. (...)"

---

[267] *Müller-Tochtermann*, Muttersprache 1959, 84 (88).

[268] Unterteilung zwischen externer und interner Polysemie, dazu siehe oben Kap. I., III. A., S. 36.

[269] Vgl. *Reinfried*, Deutsches Rechtsbuch, 1983, S. 127 ff.

Der Begriff „Dämmerung" kann zeitlich nicht genau definiert werden
– genauer gesagt ist der konkrete Anfang der Dämmerung fraglich.
Auch wenn der Zeitraum der Dämmerung in der Rechtsprechung seine
äußere Grenze im Zeitpunkt des Sonnenunterganges und dem des
Sonnenaufganges findet, bleibt angesichts der konkreten örtlichen und
meteorologischen Verhältnissen noch ein Auslegungsspielraum
bestehen[270]. Die Anwendung eines solchen Begriffs bedarf also stets
der Auslegung ebenso wie der Begriff der „Dunkelheit". In einer
vergleichbaren Vorschrift enthält der Code de la route ähnliche
unbestimmte Begriffe der Allgemeinsprache wie zum Beispiel:

> Art. R.416-4 Code de la route: „La nuit, ou le jour lorsque la
> visibilité est insuffisante, tout conducteur d'un véhicule doit,
> dans les conditions définies à la présente section, faire usage
> des feux dont le véhicule doit être équipé en application des
> dispositions du livre III."

Es stellt sich hier die Frage, ab wann genau diese sogenannte „visibili-
té insuffisante" besteht.

b)   Unbestimmte Begriffe der Rechtssprache

Die Rechtssprache enthält ebenfalls juristische Fachbegriffe, die mit
voller Absicht unbestimmt und „sinnausfüllungsbedürftig" sind.
Reinfried unterteilt diese zweite Kategorie wiederum in vier
Gruppen[271]:

- „Begriffe, die die Achtung des Sittengebots gebieten" (z.B. „die
guten Sitten"; „bonnes mœurs");

- „Begriffe, die ein bestimmtes Sozialverhalten (Gesinnungsethik)
voraussetzen" (z.B. „Treu und Glauben"; „bonne foi");

- „Begriffe, die eine bestimmte Verantwortungsethik (Tatethik) verlangen" (z.B. „grober Fahrlässigkeit"; „faute non intentionnelle");

---

[270] Vgl. KG Berlin, 17.10.1974, VerkMitt 1975, 52 (53).
[271] Vgl. *Reinfried*, Deutsches Rechtsbuch, 1983, S. 130 ff.

- „Begriffe, die für eine ‚gerechte' Anwendung des Gesetzes Sorge tragen" (z.B. „billigendes Ermessen"; „grobe Unbilligkeit"; „pouvoir discrétionnaire"; „équité").

c) Konsequenzen für den juristischen Übersetzer

Das Beispiel von „ordre public"[272] im Internationalen Privatrecht zeigt, dass sich hinter der Schwierigkeit, eine Generalklausel zu übersetzen, die Problematik der Übersetzung ihrer Bedeutung, Rechtswirkung, Rechtsgeschichte und desgleichen mehr verbirgt. Der Bedeutungsgehalt einer Generalklausel oder eines unbestimmten Rechtsbegriffs ist darüber hinaus um so größer, desto abstrakter er ist.

Da solche „elastischen" Begriffe der Auslegung des Richters im Einzelfall bedürfen, verlangen sie dementsprechend von juristischen Übersetzern fundierte Kenntnisse der zugehörigen Rechtsprechung.

3. Stetige Entwicklung der juristischen Terminologie

Die Verfasser des BGB aus dem Jahre 1896 stellten die Forderung an ein Gesetz, „es müsse das Erhaltenswerte bewahren, den Bedürfnissen der Gegenwart Rechnung tragen und gegenüber Neuentwicklungen in der Zukunft offen sein".[273] Die Offenheit der Gesetze kann nicht ausschließlich anhand abstrakter Rechtsbegriffe gewährleistet werden. Die enge Beziehung des Rechts zur Gesellschaft erfordert daher die ständige Anpassung der rechtlichen Bestimmungen an deren Bedürfnisse[274].

---

[272] Die deutschen Juristen haben auf eine Übersetzung von „ordre public" verzichtet und benutzen den französischen Ausdruck, damit der Rechtsanwender sicher sein kann, dass es sich um diesen internationalen privatrechtlichen Begriff und nicht um die nationale öffentliche Ordnung handelt.

[273] *Haibach*, Familienrecht in der Rechtssprache, 1991, S. 4.

[274] Vgl. *Haibach*, a.a.O., S. 3 f.

a.   Sprachliche und/oder inhaltliche Änderung eines Rechtsbegriffs

Diese Entwicklungen des Rechts äußern sich dadurch, dass sich die Definitionen der Rechtsbegriffe ändern und/oder dass die Wörter bzw. die sprachlichen Hüllen, insbesondere aus politischen Gründen geändert werden. Deshalb kann die Rechtssprache auch als dynamische Fachsprache bezeichnet werden[275].

Die verschiedenen Probleme und Ebenen der Entwicklung der juristischen Terminologie sollen an dieser Stelle hauptsächlich anhand von Beispielen des deutschen und französischen Familienrechts dargestellt werden, da dieses einerseits eine enge Beziehung zur Gesellschaft besitzt und andererseits sozialen, politischen und auch wirtschaftlichen Einflüssen unterliegt[276].

1)   *Problematik und Beispiele*

a)   **Sprachliche Änderung**

Wörter spiegeln negative oder positive Gefühle einem Begriff gegenüber wider, die sich im Laufe der Zeit unterschiedlich entwickeln können. Wegen seiner gegenwärtigen negativen Konnotation kann sich der Gesetzgeber beispielsweise zur Änderung eines Wortes entschließen, ohne die Definition des Begriffs ändern zu wollen.

Art. 1 Nr. 4 des Kindschaftsrechtsreformgesetzes vom 16. Dezember 1997[277] ist ein solches Beispiel.[278] Aus den ehemals „nichtehelichen Kindern" wurden „Kinder, deren Eltern nicht miteinander verheiratet sind oder waren". In diesem Fall geht es ausschließlich um eine redaktionelle Änderung, die sowohl dazu dient, die noch bestehenden Unterschiede zwischen ehelichen und nichtehelichen Kinder abzuschaffen, als auch den negativ betonten Begriff „nichtehelich" aus dem

---

[275]   Vgl. *Eriksen*, IDV-Rundbrief 54.1995, 30 (34).

[276]   Zur Entwicklung des BGB im Bereich des Familienrechts vgl. *Horn*, NJW 2000, 40 (42).

[277]   Gesetz zur Reform des Kindschaftsrechts (Kindschaftsrechtsreformgesetz - KindRG), v. 16.12.1997 (BGBl. 1998 I S. 2942).

[278]   Vgl. *Maurer*, in: FamRefK, 1998, § 1615a BGB, Rn. 2.

Gesetz zu streichen. Durch sprachliche Umstellung auf das Verheiratetsein der Eltern sollte die negative Konnotation vom Kind auf die Eltern verschoben und dadurch abgemildert werden.[279]

Im Einklang mit dieser Entwicklung befindet sich auch die Änderung des französischen Gesetzes vom 5. Juli 1996[280] über die Adoption. Dieses Gesetz hat sieben Artikel des Code civil im Bereich der „déchéance de l'autorité parentale"[281] geändert, um das Wort „déchéance" durch „retrait total" zu ersetzen. Dem Verfasser des Gesetzesentwurfs zufolge sollte es diese Änderung ermöglichen, den betroffenen Kindern nicht das Schuldgefühl aufzubürden, für die Sorgerechtsentziehung auf Seiten der Eltern verantwortlich zu sein.[282] Diese Änderung hatte ebenfalls den Zweck des Schutzes von Kindern der Gesellschaft gegenüber.

Nicht alle sprachlichen Änderungen der Gesetzgebung beschränken sich auf eine negative Konnotation des benutzenden Wortes[283]. Dem Gesetzgeber steht es auch frei, ein Wort abzuschaffen, weil er ein anderes Wort mit positiver Konnotation bevorzugt, oder weil es zu problembeladen – vor allem mit Blick auf die Vergangenheit – ist. Die Bezeichnung „avortement"[284] ist beispielsweise im Gesetz vom 1975 zur Legalisierung der Abtreibung[285] mit „interruption volontaire de grossesse"[286] ausgedrückt worden, da das vorbezeichnete Wort an

---

[279] Die Änderungswünsche des Gesetzgebers werden jedoch nicht immer sogleich in die Tat gesetzt. Der Ausdruck „nichteheliches Kind" ist z.B. in der deutschen Rechtssprache noch vorhanden.

[280] Loi n° 96-604 du 5 juillet 1996 relative à l'adoption (JO v. 06.07.1996 S. 10208).

[281] Etwa „Entziehung der Erziehungs- und Sorgeberechtigung".

[282] Vgl. *Leveneur*, Le choix des mots en droit des personnes et de la famille, in: Molfessis (Hrsg.), Les mots de la loi, 1999, S. 11 (21).

[283] Für eine detaillierte Untersuchung im Bereich des französischen Familienrechts vgl. *Leveneur*, a.a.O., S. 11 (13 ff.).

[284] Etwa „Abtreibung".

[285] Loi n° 75-17 du 17 janvier 1975 relative à l'interruption volontaire de grossesse (JO v. 18.01.1975 S. 739).

[286] Etwa „beabsichtigte Schwangerschaftsunterbrechung".

heimliche und unglücklich verlaufene Abtreibungen der Vergangenheit erinnerte.[287]

Die Änderung kann ebenso einer Entwicklung des Sprachgebrauchs folgen. Der französische Nouveau Code de procédure civile verzichtete auf das Wort „exploit d'huissier de justice"[288] zugunsten von „acte d'huissier de justice"[289] oder „acte de procédure"[290]. Die Bezeichnung „exploit" stellte dabei ein veraltetes Wort dar, das den Bürger nicht mehr ansprach und das durch einen der Allgemeinsprache bekannten juristischen Begriff ersetzt wurde. Es kann sehr viel Gründe geben, warum ein Wort aus der Rechtssprache gestrichen wird. Ein solcher Prozess geschieht in der deutschen oder französischen juristischen Terminologie jedoch nicht häufig, ohne von einer inhaltlichen Änderung begleitet zu sein.

b) Sprachliche und inhaltliche Änderung eines Rechtsbegriffs

Sprachliche Änderungen innerhalb der juristischen Terminologie gründen dennoch vorwiegend auf einer inhaltlichen Abweichung und sind folglich sehr oft miteinander verbunden. Der Entschluss für eine Änderung lässt sich mit den gleichen oben genannten Gründen erklären, wobei der Gesetzgeber darüber hinaus das „alte" Wort ersetzen kann, wenn die inhaltlichen Änderungen schwerwiegend sind und/oder die neue Definition nicht mehr vom „alten" Wort „getragen" werden kann[291].

---

[287] Vgl. *Leveneur*, Le choix des mots en droit des personnes et de la famille, in: Molfessis (Hrsg.), Les mots de la loi, 1999, S. 11 (22).

[288] „Exploit d'huissier de justice" oder „acte d'huissier de justice" sind etwa „Amtshandlungen" bzw. „zugestellte Schriftstücke" des „huissier de justice".

[289] Vgl. z.B. Art. 55 NCPC.

[290] Vgl. z.B. Art. 112 NCPC.

[291] Vgl. *Leveneur*, a.a.O., S. 11 (11).

Das französische Gesetz vom 3. Januar 1968[292] über die Reform des Rechts der volljährigen Geschäftsunfähigen ersetzte den Ausdruck „incapable majeur" durch „majeur protégé". Die sprachliche Änderung hatte einen menschlichen Zweck, da sie den erniedrigenden Begriff „incapable" ersetzte. Inhaltlich umfasst der neue Begriff „protection" eine neue Zusammenstellung von Betreuungsmaßnahmen für den Volljährigen, womit der „incapable majeur" kein Synonym für den „majeur protégé" bildet.[293]

Eine sehr ähnliche Änderung ist im deutschen Recht vorzufinden. Das Betreuungsgesetz von 12. September 1990[294] setzte anstelle von „Entmündigung", der „Vormundschaft über Volljährige" und der „Gebrechlichkeitspflegschaft" das einheitliche Rechtsinstitut der „Betreuung". Der neue Terminus sollte die alten „bisher verwendeten, nach modernen Sprachgefühl an die negativ empfundene Bevormundung erinnernden" Ausdrücke ersetzen.[295]

c) Inhaltliche Änderung eines Rechtsbegriffs

Nicht zuletzt besteht die Entwicklung der juristischen Terminologie aus der ständigen Neudefinition und Auslegung ihrer Begriffe durch den Gesetzgeber, der Rechtsprechung und der Rechtswissenschaft. Die unbestimmten Rechtsbegriffe[296] stellen für diese Kategorie eine Reihe von Beispielen auf. Von der Entwicklung der höchstrichterlichen Rechtsprechung des Bundesverfassungsgerichts sind Definitionen der aus dem Grundgesetz stammenden Begriffe wie „Entfaltung der Persönlichkeit"[297], „Presse"[298], „Rundfunk"[299] oder „Eigentum"[300]

---

[292] Loi n° 68-5 du 3 janvier 1968 portant réforme du droit des incapables majeurs (JO v. 04.01.1968 S. 114).

[293] Vgl. *Leveneur*, Le choix des mots en droit des personnes et de la famille, in: Molfessis (Hrsg.), Les mots de la loi, 1999, S. 11 (25).

[294] Gesetz zur Reform des Rechts der Vormundschaft und Pflegschaft für Volljährige (BtG), v. 12.09.1990 (BGBl. 1990 I S. 2002).

[295] Vgl. *Haibach*, Familienrecht in der Rechtssprache, 1991, S. 2.

[296] Siehe oben Kap. I., III. B. 2. c., S. 61.

[297] Art. 2 Abs. 1 GG.

[298] Art. 5 Abs. 1 S. 2 GG.

betroffen. Da die überwiegende Mehrheit der inhaltlichen Änderungen nicht mit einer sprachlichen Abweichung gekoppelt wird, ist die Kategorie von besonderer Relevanz für die Problematik der Übersetzung.

2)   *Schwierigkeiten und Gefahren für den Übersetzer*

Der juristische Übersetzer muss zunächst diese Änderungen erkennen können, damit er gegebenenfalls die Gültigkeit der alten Übersetzungsvorschläge in Frage stellen kann.

a)   **Erkenntnis der Änderung**

Je nachdem, ob sie das Ausgangssystem[301] oder das Zielsystem[302] betrifft, ist diese Erkenntnis von unterschiedlichen Standpunkten aus zu betrachten.

(1)   *Ausgangssystem*

Solange die Änderung sprachlich ist, wird sie für den Übersetzer offenkundig und stellt daher keine besondere Gefahr dar. Der Übersetzer kann möglicherweise das neuerdings verwendete Wort im Ausgangstext nicht erkennen und ist somit dazu angehalten, die gegebenenfalls neue Definition nachzuschlagen. Die regelmäßig aktualisierten einsprachigen juristischen Wörterbücher[303] können hierzu eine große

---

[299]   Art. 5 Abs. 1 S. 2 GG.

[300]   Art. 14 GG.

[301]   Rechtssystem des zu übersetzenden Textes; demnach ist die Ausgangssprache die Sprache des Ausgangssystems bzw. die Sprache, in der der Ausgangstext verfasst ist. Vgl. DIN 2345: 1998-04, abgedr. in: Baxmann-Krafft/Herzog, Normen für Übersetzer und technische Autoren, 1999, S. 7.

[302]   Rechtssystem des übersetzten Textes; demnach ist Zielsprache die Sprache des Zielsystems bzw. die Sprache, in der der Ausgangstext zu übertragen ist. Vgl. DIN 2345: 1998-04, abgedr. in: Baxmann-Krafft/Herzog, a.a.O., S. 7.

[303]   Einsprachige Rechtswörterbücher werden häufiger als zweisprachige Rechtswörterbücher aktualisiert und bieten etwa jährlich eine neue Auflage an. Vgl. *Cornu* (Hrsg.), Vocabulaire juridique, 6. Aufl., 2004 (1. Aufl. in 1987) oder *Creifelds* (Begr.), *Weber* (Hrsg.), Rechtswörterbuch, 18. Aufl., 2004 (1. Aufl. in 1968).

Hilfe sein. Die Schwierigkeit und dementsprechende Gefahr besteht dann, wenn es sich ausschließlich um eine für den Übersetzer nicht unmittelbar erkennbare inhaltliche Änderung handelt. Dies verlangt von ihm eine ständige Aktualisierung seiner juristischen terminologischen Kenntnisse.

(2)   Zielsystem

Unabhängig davon, ob sie sprachlich oder inhaltlich ist, stößt die Änderung innerhalb des Zielsystems automatisch auf den möglicherweise mangelhaften Kenntnisstand auf Seiten des Übersetzers. Da er sich auf seine zweisprachigen Wörterbücher[304] hinsichtlich aktueller Änderungen nicht verlassen kann, muss er selbst für die Aktualisierung seiner juristischen terminologischen Kenntnisse auch im Zielsystem sorgen.

b)   Gültigkeit der alten Übersetzungsvorschläge

(1)   Sprachliche Änderung

Da im Fall einer ausschließlich sprachlichen Änderung die Anwendung des „veralteten" Wortes juristisch nicht als Fehler eingestuft wird, kann sie übergangsweise – ähnlich dem unkorrekten Sprachgebrauch mancher Juristen[305] – geduldet werden.

Ein Teil der Problematik solcher rein sprachlicher Änderungen besteht darüber hinaus darin, dass die Praxis oder die Gesellschaft im weiteren Sinne nicht immer diese Änderungen übernehmen. Dies erklärt sich mit der Länge des angebotenen Ausdruckes oder weil die Wortwahl zum Beispiel aus ausschließlich politischen Gründen zuungunsten der

---

[304] Zweisprachige juristische Wörterbücher werden im Sprachpaar Deutsch-Französisch nicht häufig aktualisiert. Für einen Einblick des Zeitpunktes der letzten Auflage vgl. *Potonnier/Potonnier*, Wörterbuch für Wirtschaft, Recht und Handel, Bd. I, 1997 oder *dies.*, Wörterbuch für Wirtschaft, Recht und Handel, Bd. II, 2001; *Doucet/Fleck*, Wörterbuch der Rechts- und Wirtschaftssprache, Bd. I, 1997 oder *dies.*, Wörterbuch der Rechts- und Wirtschaftssprache, Bd. II, 2002.

[305] Siehe oben das Beispiel „nichteheliches Kind", Kap. I., II. B. 3. a. 1) a), S. 66.

juristischen Richtigkeit getroffen wurde.[306] Es stellt sich folglich die Frage für den Übersetzer, ob er den unter anderem vom Gesetzgeber vorgeschlagenen Sprachänderungen folgen sollte oder nicht. Dies verlangt letztlich Kenntnisse des Übersetzers von der gängigen Rechtspraxis.

(2)   Inhaltliche Änderung

Wenn es sich um eine inhaltliche Änderung handelt (unabhängig davon, ob sie von einer sprachlichen Abweichung begleitet ist oder nicht), stellt sich die Frage der Gültigkeit der alten Übersetzungsvorschläge in ihrem vollen Umfang. Diese Änderung innerhalb eines der beiden Rechtssysteme kann in der Tat je nach Ausmaß der Änderung die möglicherweise bestehende Äquivalenz zwischen dem Ausgangs- und dem alten Zielbegriff stören. Dieses Ausmaß bestimmt außerdem auch die Schwere der fehlerhaften Übersetzung. Eine inhaltliche Änderung kann demnach zu einer neuen Übersetzung führen (jedoch ohne zweisprachiges Rechtswörterbuch).

Die Problematik besteht darin, dass für den Übersetzer überhaupt die Möglichkeit bestehen muss, sich solche Kenntnisse anzueignen. Dies verlangt von ihm, dass er fortlaufend die Übersetzungsvorschläge seiner zweisprachigen juristischen Wörterbücher in Frage stellt und er sich über alle inhaltlichen Änderungen im Ausgangs- und im Zielrechtssystem informiert. Ein solcher Anspruch ist zwar verständlich, dennoch überhöht, da ein Übersetzer häufig in mehr als zwei Sprachen tätig ist.

c)   Fazit

Das Kennzeichen der Rechtssprache als dynamische Fachsprache drückt sich in einer häufig vorkommenden inhaltlichen Änderung innerhalb der französischen oder der deutschen Terminologie aus.

---

[306] Für verschiedene Beispiele des französischen Arbeitsrechts vgl. *Lyon-Caen*, Le langage en droit du travail, in: Molfessis (Hrsg.), Les mots de la loi, 1999, S. 1 (3).

Dies ist sowohl für die Ausgangs-, als auch für die Zielsprache relevant.

Die daraus resultierende Schwierigkeit besteht in der Erkenntnis dieser Problematik und der Kenntnis der Änderungen. Der Übersetzer hat daher eine besondere Verpflichtung zur Aktualisierung seiner juristischen terminologischen Kenntnisse – sowohl im Ausgangs-, als auch im Zielrechtssystem. Es handelt sich nicht nur um eine Verpflichtung zur juristischen Ausbildung, sondern auch zu einer ständigen juristischen terminologischen Weiterbildung.

Nach dieser Hürde des Erkennens der Änderung muss der Übersetzer ihren Umfang erfassen, um sich so die Frage einer möglicherweise erforderlichen neuen Übersetzung zu stellen.

b.   Sonstige Fälle

Die Entwicklung der Rechtssprache besteht nicht nur aus der Änderung aktueller Rechtsbegriffe, sondern vereinzelt auch aus Entstehung oder Streichung selbiger.

1)   Streichung von Rechtsbegriffen

Das Ende einer Rechtsinstitution ist stets mit der Streichung ihrer sprachlichen Hülle verbunden. Die Wörter „bagne" oder „pénitencier" sind aus der heutigen französischen juristischen Terminologie gestrichen worden, da diese Zwangsarbeitsanstalten in Frankreich nicht mehr existieren. Diese Art von Änderung stellt keine Gefahr oder Problematik für die juristische Übersetzung dar, weil es im Unterschied zu den oben genannten Fällen in der Beziehung zwischen Wortlaut und Wortinhalt keinen Bruch gibt. Aus diesem Grund bleibt die Äquivalenz zwischen Ausgangs- und Zielbegriff bestehen und die Übersetzung von dieser Änderung unberührt. Wenn vergleichbare Zwangsarbeitsanstalten in Deutschland bestehen würden, könnten die Begriffe „bagne" oder „pénitencier" dennoch als Übersetzungsvorschläge in der französischen Zielsprache verwendet werden.

2) *Entstehung von Rechtsbegriffen*

Das immer komplexer werdende heutige Recht führt auch zur Entstehung von neuen Rechtsbegriffen, die insbesondere auch internationalen und europäischen Einflüssen unterliegen.

a) **Einfluss des englischen und des amerikanischen Rechts**

Sowohl das deutsche als auch das französische Rechtssystem wird in erheblicher Weise vom englischen und amerikanischen Recht beeinflusst, insbesondere was den Bereich des Wirtschaftsrechts anbetrifft. Für aus diesen Rechtssystemen neu eingeführte Rechtsinstitute finden sich verständlicherweise keine äquivalenten Begriffe in der französischen oder in der deutschen Rechtssprache.

(1) *Deutschland*

Die heutige deutsche juristische Terminologie übernimmt häufig einfach die englischen Rechtstermini, da sie aufgrund der vielfach ausgeprägten Fremdsprachenausbildung und da Englisch die Verkehrssprache ist, deutschen Ohren nicht fremd vorkommt.[307] Die deutsche juristische Terminologie enthält heute Begriffe wie „Leasing", „Factoring" oder „Joint-venture".

(2) *Frankreich*

Die französische Rechtssprache (wie die französische Sprache im Allgemeinen) ist im Vergleich zur deutschen sehr zurückhaltend mit einer solchen Übernahme englischer Rechtstermini. Sie versucht stattdessen soweit wie möglich eine französische Übersetzung für die neuen Rechtsinstitute zu finden. Dies gelingt ihr jedoch nicht immer oder die Praktiker benutzen trotzdem wiederholt die englischen Begriffe, um unter anderem jegliche Verwechselung zu französischen Begriffen

---

[307] Vgl. *Eriksen*, IDV-Rundbrief 54.1995, 30 (32), (34).

zu vermeiden. Folgende Definitionen von „Leasing" oder „Factoring" unterstreichen das Bestehen der französischen und englischen Bezeichnungen:

> „Leasing: Terme anglais rendu en français par l'expression crédit-bail et souvent utilisé dans la pratique, pour désigner le crédit-bail mobilier (emploi contestable du fait que le crédit-bail correspond seulement à l'opération spécifique réglementée par la loi française et non à la notion générique que recouvre le terme anglo-saxon)."[308]

> „Factoring: Mot anglais officiellement rendu en français par le terme affacturage (…), mais souvent utilisé dans la vie des affaires."[309]

Diese Beispiele belegen erneut deutlich, dass einige sprachlichen Entscheidungen des Gesetzgebers schlichtweg nicht von den Praktikern befolgt werden. Solche Verhaltensweisen sind in Hinblick auf die Einheitlichkeit der juristischen Terminologie zu bedauern. Die von den Deutschen vielfach geübte Praxis eines allgemeinen Übersetzungsverzichts der ausländischen Rechtsbegriffe wäre daher im französischen Rahmen vor allem in Hinblick auf die Internationalisierung des Rechts und besonders auf eine einheitliche terminologische Linie wünschenswert.

b) Einfluss der Europäischen Gemeinschaft

Die Entwicklung der Europäischen Gemeinschaft spiegelt sich anhand der immer größer werdenden Zahl ihrer rechtlichen Bestimmungen wider, die wiederum in die jeweiligen Mitgliedstaaten drängen und somit ihre nationalen Rechtssprachen bereichern.[310] Zur deutschen

---

[308] *Cornu* (Hrsg.), Vocabulaire juridique, 2004, Stichwort „leasing".

[309] *Cornu* (Hrsg.), a.a.O., Stichwort „factoring".

[310] Zur Europäisierung der nationalen Rechtssprachen, vgl. *Kjaer*, „Eurospeak", in: Erisken/Luttermann (Hrsg.), Juristische Fachsprache, 2002, S. 115 (120).
Zur gemeineuropäischen Begriffsbildung durch den EuGH, vgl. *Luttermann*, JZ 1998, 880 (883); *ders.*, Die Bilanzrechtliche Generalnorm im europäischen Spra-

oder französischen juristischen Terminologie gehören heute Begriffe wie „Gemeinsamer Markt" bzw. „marché commun" oder „Dienstleistungsverkehrsfreiheit" bzw. „liberté de circulation des services". Diese Erweiterung der juristischen Terminologie trägt nicht nur zur Entstehung neuer Rechtsbegriffe, sondern auch zur Polysemie bestehender nationaler Rechtsbegriffe bei. Die gemeinschaftsrechtliche Terminologie bedient sich häufig nationaler Begriffe und verleiht ihnen teilweise neue Definitionen. Der Terminus „Gemeinschaft" oder „communauté" beispielsweise besaß bereits mehrere Bedeutungen in der deutschen oder französischen Rechtssprache und ist heute sowohl in der deutschen, als auch in der französischen Gemeinschaftsrechtssprache polysem.[311] Darüber hinaus übt die französische Sprache wegen ihrer maßgeblichen Bedeutung als lange Zeit einzige Arbeitssprache in der Europäischen Gemeinschaft[312] einen nicht unerheblichen Einfluss auf die deutsche juristische Terminologie aus. An dieser Stelle können Begriffe benannt werden wie „effet utile" oder „acquis communautaire", die einfach als solche in der deutschen Rechtssprache benutzt werden[313].

Der Einfluss der Europäischen Gemeinschaft auf die nationalen juristischen Terminologien vereinfacht die Arbeit des juristischen Übersetzers nicht, da er mit neuen oder mehrdeutigen Rechtsbegriffen konfrontiert wird. Die Übersetzung von Gemeinschaftsbegriffen in der nationalen Sprache bleibt an sich jedoch ein besonderer Fall, der in dieser Arbeit nicht behandelt wird.

---

chenspiel, in: de Groot/Schulze (Hrsg.), Recht und Übersetzen, 1999, S. 115 (120 f.).

[311] Der Begriff „Gemeinschaft" oder „communauté" verursachte Auslegungs- und Anwendungsprobleme u.a. nach Abschluss des Vertrages von Maastricht, in dem das Wort abwechselnd als Singular oder als Plural mit einer anderen Bedeutung angewendet werden konnte. Für eine sehr hilfreiche Auflistung derartiger Probleme in der EG-Sprache vgl. *Losson*, T&T 3.1995, 9 (9 ff.).

[312] Vgl. *Eriksen*, IDV-Rundbrief 54.1995, 30 (35); *Pfeil*, ZfRV 1996, 11 (13 f.).

[313] *Herdegen*, Europarecht, 2004, § 9, Rn. 200, Rn. 160.

3) Anmerkungen zur deutschen Wiedervereinigung

Es ist schon mehrmals festgestellt worden, dass das Recht und seine Sprache in einem ständigen Wandel begriffen sind, was sich dadurch noch beschleunigt, dass das Rechtssystem im Laufe der Zeit maßgebliche Änderungen erfährt (wie z.b. die Entstehung einer neuen Republik in Frankreich in 1958). Eine solche Beschleunigung ergab sich in Deutschland, als am 3. Oktober 1990 der Beitritt der Deutschen Demokratische Republik (DDR) zur Bundesrepublik vollzogen wurde. Der Einigungsvertrag (EV)[314] bestimmt die rechtlichen Grundlagen für die Wiedervereinigung und das deutsche Grundgesetz sowie das bundesdeutsche Recht traten – im Kern nahezu unverändert – in den fünf neuen Bundesländer in Kraft. Die Wiedervereinigung brachte erhebliche Änderungen der Rechtssprache in den neuen Ländern mit sich, da deren Recht eine umfassende Umstrukturierung erlebte; die Änderungen betrafen jedoch auch die Rechtssprache der Bundesrepublik, da der Beitritt nicht nur die rechtlichen Bestimmungen (z.b. das Grundgesetz), sondern auch das rechtliche und politische Verstehen (Bewusstseinslage) veränderte. Eine offenkundige Änderung ist bei dem Begriff „Bundesrepublik" festzustellen, der heute mehr Bundesländer umfasst als noch vor 1990. Die politische oder gesetzgeberische Diskussionen in der aktuellen Bundesebene beispielsweise über den Begriff „Volk" (in Verbindung mit Begriffen wie „Volksinitiative" oder „Volksentscheid") wurden von anderen Geistesströmungen beEinflusst. Der Begriff „Volk" war in der ehemaligen DDR zwar in der Gesetzgebung häufig verwendet, jedoch sollte das „Volk" alles sein und war nichts.[315] Es handelt sich hierbei um feine Nuancen, die ebenfalls nicht immer von den juristischen Wörterbüchern betrachtet werden[316].

---

[314] Vertrag zwischen der Bundesrepublik Deutschland und der Deutschen Demokratischen Republik über die Herstellung der Einheit Deutschlands – Einigungsvertrag, v. 31.08.1990 (BGBl. 1990 II 1990 S. 889).

[315] Vgl. *Heitmann,* Rechtliche Probleme der deutschen Einheit, in: Verhandlungen des 59. DJT, Bd. II, 1992, L26.

[316] Für eine Ausnahme vgl. *Köbler/Pohl,* Deutsch-Deutsches Rechtswörterbuch, 1991.

C. Nationales Kennzeichen: Systemgebundenheit der juristischen Terminologie

„Il est fatal que chaque civilisation engendre sa propre culture juridique, son propre système normatif, son propre corps de législation. Le droit ne constituant pas autre chose que le reflet et le modèle de l'ordre social auquel il a vocation à s'appliquer ..."[317]

1. Grundsätzliche Systemgebundenheit der juristischen Terminologie

Das Recht ist und bleibt national und spiegelt dabei die Geschichte und die Kultur eines Landes wider. Die Zuordnung unterschiedlicher Bedeutungen zu einem Begriff innerhalb eines Rechtssystems ist bereits unter der internen Polysemie behandelt worden[318]. Ein Terminus kann weiterhin andere Bedeutungen haben, wenn die gleiche Sprache in einem anderen Rechtssystem als Rechtssprache benutzt wird.[319]

a. Deutsche Rechtssprache

Obwohl Deutschland und Österreich die deutsche Sprache als Muttersprache und als einzige Rechtssprache verwenden und beide zum Teil über eine gemeinsame Geschichte verfügen, bestehen einige Besonderheiten in der Rechtssprache. Diese drücken sich dadurch aus, dass entweder die gleiche Definition durch einen anderen Wort verkörpert wird [wie „herrenlose Sache" gemäß § 958 BGB vergleichbar mit „freistehender Sache" gemäß § 382 des österreichischen Allgemeinen Bürgerlichen Gesetzbuches (ABGB)][320] oder ein gleiches Wort anders definiert wird (z.B. „Sache"). „Sache" ist nach § 285 ABGB „alles, was von der Person unterschieden ist, und zum Gebrauche der Men-

---

[317] *Agostini*, Droit comparé, 1988, S. 9.

[318] Siehe oben Kap. I.,III. A. 2. b., S. 49.

[319] Vgl. *de Groot*, T&T 3.1991, 279 (286).

[320] Für eine Gegenüberstellung von österreichischen und deutschen Rechtsbegriffen vgl. *Lohaus*, Recht und Sprache in Österreich und Deutschland, 2000, S. 245.

schen dient", wobei „Sache" wiederum gemäß § 90 BGB nur der körperliche Gegenstand ist.[321] Solche Beispiele verdeutlichen dass, obwohl beide Länder sich der gleichen Sprache bedienen, sich die Rechtsbegriffe innerhalb des nationalen Rechtssystems anders entwickelt haben und betonen auf diese Weise die Systemgebundenheit der juristischen Terminologie.

Eine bestimmte Sprache kann daher die Grundlage von so vielen Rechtssprachen bilden wie es Rechtssysteme gibt, die diese Sprache als Rechtssprache benutzen[322]. Die deutsche Sprache wird als Rechtssprache in Deutschland, Österreich, in der Schweiz, aber auch in Belgien, Liechtenstein und in Südtirol verwendet. Jede nationale Rechtssprache ist vom jeweiligen Rechtssystem geprägt, wobei ein und dasselbe Rechtssystem darüber hinaus mehrere Sprachen kennen kann. Die Schweiz und Belgien sind Beispiele für mehrsprachige Staaten mit einem einheitlichen Rechtssystem. Die dortige Entwicklung der Rechtssprachen ist nicht nur von der jeweiligen Rechtsgeschichte, sondern auch von den anderen nationalen Sprachen geprägt. Der Fall der deutschen Rechtssprache in Belgien ist bemerkenswert, da diese einem starken französischen Einfluss unterliegt, der sich in einer Vielzahl typischer Belgizismen[323] wie „Domizilierung", „Soziale Sicherheit" („Sozialsicherheit") oder „Kollektives Arbeitsabkommen" ausdrückt.[324]

b.   Französische Rechtssprache

Die französische Sprache wird ebenfalls in verschiedenen Rechtssystemen als Rechtssprache benutzt, und zwar vor allem in Frankreich[325],

---

[321]   Vgl. *Lohaus*, Recht und Sprache in Österreich und Deutschland, 2000, S. 101.

[322]   Vgl. *de Groot*, Das Übersetzen juristischer Terminologie, in: ders./Schulze (Hrsg.), Recht und Übersetzen, 1999, S. 11 (13); *ders.*, Rechtsvergleichung als Kerntätigkeit bei der Übersetzung juristischer Terminologie, in: Haß-Zumkehr (Hrsg.), Sprache und Recht, 2002, S. 222 (225 f.).

[323]   Auch „Belgismen" genannt, vgl. *Combüchen*, T&T 2.1998, 241 (259).

[324]   Vgl. *Combüchen*, a.a.O., 241 (259).

[325]   Es wäre richtiger zu sagen, dass die französische Sprache als Rechtssprache vom französischen Rechtssystem bedient wird, da das letzte nicht nur in Frankreich

Belgien, in der Schweiz, in Luxemburg[326] und in Kanada. In jedem dieser Rechtssysteme hat sich dementsprechend eine selbständige französische juristische Terminologie entwickelt. Ähnliche Beispiele mit Unterschieden in der jeweiligen juristischen Terminologie können darüber hinaus noch angeführt werden.

Die Anwendung der europäischen Datenbank „Eurodicautom"[327] ist bei der Betonung derartiger Unterschiede hilfreich. Die einfache Suche nach einer französischen Übersetzung des Begriffs „Bürgermeister" ergibt beispielsweise eine Vielfalt an Übersetzungsvorschlägen. Als französische Ergebnisse werden für die Schweiz, wenn es sich um die „personne qui dirige l'assemblée bourgeoise/bourgeoisiale" handelt, folgende Begriffe angeboten: der/die „président/e de l'assemblée bourgeoise" für die schweizerischen Kantons Bern und Jura; der/die „président/e de la bourgeoisie" im Kanton Wallis; der „syndic" oder „madame le syndic" für den Kanton Freiburg oder der/die „président/e communal/e" im Kanton Wallis, wenn es sich um eine kleine Gemeinde handelt. Die gleichen Tätigkeiten werden in ganz Frankreich vom „maire" erledigt.

c. Fazit

Es gibt keine einheitliche deutsche oder französische Rechtsterminologie. Es gibt nicht einmal eine internationale oder europäische juristische Fachsprache[328]. Auch wenn das Gemeinschaftsrecht als selbstän-

---

("France métropolitaine"), sondern auch in den „départements et territoires d'outre-mer" (DOM und TOM) Anwendung findet.

[326] Auch wenn die luxemburgische Sprache die offizielle Sprache des Landes ist, werden die Gesetzestexte auf französisch geschrieben und veröffentlicht.

[327] Eurodicautom ist eine multilinguale terminologische Datenbank der Übersetzungsabteilung der Europäischen Kommission. Es handelt sich dabei um eine fachübergreifende Datenbank, die mit über 120 000 juristischen Einträgen insbesondere im Bereich der Rechtssprache Übersetzungsmöglichkeiten für 12 Sprachenpaare anbietet. Vgl. *Übersetzungsabteilung der Europäischen Kommission*, Eurodicautom (Datenbank), in: Das Portal der Europäischen Union, http://europa. eu.int/eurodicautom/Controller, Stichwort „Bürgermeister" (Abfrage: 11.11. 2004).

[328] Vgl. *Weir*, ZEuP 1995, 368 (368); *Luttermann*, JZ 1998, 880 (880).

diges, supranationales Recht betrachtet wird, entwickeln alle Mitgliedstaaten eine eigene europäische Terminologie, die wiederum von der nationalen Rechtssprache beeinflusst wird. Es gibt folglich auch sowohl eine deutsche als auch eine französische Rechtssprache der Europäischen Gemeinschaft, so dass die Übersetzung des Gemeinschaftsrechts seine Schwierigkeiten in sich birgt, obwohl es sich um die Übertragung in verschiedene Sprachen von Termini einer übergreifenden Regelung (vergleichbar mit dem internationalen Recht) handelt[329].

2. *Konsequenzen der Systemgebundenheit für die juristische Übersetzung*

Die Systemgebundenheit führt zur Bezeichnung der juristischen Übersetzung als Export einer nationalen juristischen Terminologie in eine andere Sprache, die selbst Träger einer Rechtssprache und somit eines besonderen Rechtssystems ist.[330] Die Frage der Wiedergabe der französischen juristischen Terminologie aus dem französischen Rechtssystem in die deutsche juristische Terminologie des deutschen Rechtssystems und umgekehrt bildet somit den Kernpunkt dieser Arbeit.

Diese Schwierigkeit wird jedoch sehr oft in der Praxis umgangen und folglich nicht eingehend betrachtet, da nicht aus einer bestimmten Rechtssprache in eine andere, sondern aus einer Sprache in eine andere übersetzt wird.[331] Es bedarf zur Ergründung der aufgezeigten Schwierigkeit jedoch lediglich zweier Rechtssprachen und demzufolge zweier Rechtssprachen bestimmter Rechtssysteme, die in Verbindung gesetzt werden müssen. Die Übersetzung juristischer Terminologie verlangt stets die Entscheidung über die Wahl des Rechtssystems der Zielrechtssprache. Wenn die Zielrechtssprache in verschiedenen

---

[329] Vgl. *de Groot*, Das Übersetzen juristischer Terminologie, in: ders./Schulze (Hrsg.), Recht und Übersetzen, 1999, S. 11 (19).

[330] Vgl. statt vieler *Kerby*, La traduction juridique, in: Gémar (Hrsg.), Langage du droit et traduction, 1982, S. 3 (5).

[331] Vgl. *de Groot*, a.a.O., S. 11 (18); *ders.*, Rechtsvergleichung als Kerntätigkeit bei der Übersetzung juristischer Terminologie, in: Haß-Zumkehr (Hrsg.), Sprache und Recht, 2002, S. 222 (226).

Rechtssystemen benutzt wird – wie es der Fall mit der deutschen oder französischen Rechtssprache ist – muss der Übersetzer wissen, in welches Rechtssystem genau er übersetzt. Diese Wahl hängt vom Leser der Übersetzung ab. Die Präzisierung schließt somit aus, dass eine juristische Übersetzung auf internationaler Ebene ohne weiteres benutzt werden kann. Der Übersetzungsauftraggeber muss demzufolge wissen, für wen die Übersetzung bestimmt ist und dem Übersetzer diese notwendigen Informationen liefern.

Kapitel II. Die Problematik der Übersetzung
juristischer Terminologie

Die Untersuchung der Kennzeichen der Rechtssprache hat verdeutlicht, dass das Verstehen juristischer Texte nicht nur ein sprachliches Problem ist, sondern dass es ebenfalls Kenntnisse der jeweiligen Rechtssysteme verlangt.[332] Dies kann nur mit einer juristischen Aus- und Weiterbildung des juristischen Übersetzers erreicht werden, selbst wenn dennoch einige Schwierigkeiten bestehen blieben. Diese Kennzeichen führen darüber hinaus zur Problematik der fehlenden Kompatibilität und Äquivalenz der juristischen Systeme und deren Terminologie. Das zweite Kapitel dieser Arbeit widmet sich daher dieser folgenreichen Problematik.

Die Schwierigkeiten und die Komplexität der Übersetzung juristischer Terminologie werden zuerst anhand eines diffizilen Beispiels aufgezeigt. Dieses Beispiel dient sodann als Grundlage für die Darstellung der Definition der juristischen Übersetzung sowie deren Anforderung. An diese Ausführungen wird zuletzt die Analyse der Problematik der Äquivalenz angeknüpfen, welche den Kernpunkt der Schwierigkeiten der juristischen Übersetzung bildet und zur Schilderung der in der Literatur dargestellten Übersetzungsmethoden führen wird.

I.   Beispiel der Übersetzung des Rechtsbegriffs „règlement"

Der Begriff „règlement" ist ein häufig vorkommender französischer Rechtsbegriff und gehört zu jenen, die für den deutschen Übersetzer vielfach erhebliche Schwierigkeiten hervorrufen. Dieser erste Teil der nachfolgenden Ausführungen stellt die verschiedenen Schritte – vom Verständnis französischer Rechtsbegriffe bis hin zur Suche eines äquivalenten deutschen Begriffs – der Übersetzung dar. Hierbei kann es sich nicht um eine vollständige rechtsvergleichende Untersuchung

---

[332] Vgl. statt vieler *Duve/Weirich*, Die Verständigung zwischen dem Bürger und den Juristen kann verbessert werden, in: Radtke (Bearb.), Die Sprache des Rechts und der Verwaltung, 1981, S. 119 (121).

handeln. Vielmehr sollen aus Sicht eines Juristen ohne besondere sprachwissenschaftliche Ausbildung die konkreten Übersetzungsprobleme aufgezeigt werden.

A. Bedeutung des Rechtsbegriffs „règlement"

Bevor ein Begriff übersetzt werden kann, muss die Suche nach seiner genauen Bedeutung erfolgen. Vergleichbar mit der Herstellung eines Wörterbuches wird an dieser Stelle der Begriff zunächst nicht in einem bestimmten Textzusammenhang betrachtet. Die Verständnisschwierigkeiten des Begriffs „règlement" beruhen insbesondere auf seiner internen Polysemie.

1. Polysemie des Wortes „règlement"

Da das Wort „règlement" in Verbindung gesetzt werden kann mit zwei unterschiedlichen Verben („régler" und „réglementer"), ist es schon in der Allgemeinsprache polysem. Das Augenmerk soll dennoch der internen juristischen Polysemie gelten, welche anhand folgender juristischer Definition unmittelbar deutlich wird:

„**Règlement**[333]

Dér. de régler, de règle.

1. Espèce de règle; disposition de portée légale.

a/ Texte de portée générale émanant de l'autorité exécutive par opposition à la loi (votée par les assemblées législatives). Ex. la procédure civile est du domaine du règlement; variété d'actes, à caractère général et impersonnel, qui, émanant d'une autorité exécutive ou administrative (Président de la République, Premier Ministre, préfets, maires...), a pour objet, soit de disposer dans des domaines non réservés au législateur, soit de développer les règles posées par une loi en vue d'en assurer l'application. V. *décret, arrêté, statut.*

-         **autonome.** Règlement pris en vertu de l'art. 37 de la Constitution et qui porte sur toutes les matières autres

---

[333] *Cornu* (Hrsg.), Vocabulaire juridique, 2004, Stichwort „Règlement".

que celles réservées au domaine de la loi par l'article 34 précédent.

- **d'administration publique** (...)
- **national de construction** (...)
- **national d'urbanisme** (...)
- **de police** (...)
- **européen** (...)

b/ Disposition juridique s'appliquant aux membres d'un groupement, y compris à ceux qui n'y ont pas expressément adhéré. Ex. (...)

c/

- **intérieur** (...)

2. Parfois synonyme de solution d'un litige, d'un conflit. Ex. (...)

- **de juges** (...)
- **pacifique** (...)

3. Nom donné à des opérations de paiement ou de liquidation.

a/ Paiement effectué à l'aide d'un ou plusieurs instruments monétaires. Ex. (...)

b/ À l'issue d'un compte, série d'opérations d'exécution (...) par le moyen desquelles chacun rentre dans ses droits conformément aux résultats du compte. Ex. (...)

c/ Ensemble des opérations destinées à liquider et à partager une masse indivise. Ex. (...)

4. Nom donné à des opérations complexes rendues nécessaires par la survenance de certains sinistres ou les difficultés d'un débiteur à exécuter ses obligations.

- **amiable** (...)
- **d'avarie** (...)
- **judiciaire** (...)

5. Plus vaguement, action de résoudre une affaire ou d'apporter une solution à un problème.

- **(ordonnance de)** (...)
- **par séries** (...).“

Aufgrund dieser sehr unterschiedlichen Bedeutungen in verschiedenen Rechtsbereichen, die nicht über einen gemeinsamen Kern verfügen, handelt es sich hier nicht um eine Art „Oberbegriff"[334], sondern um ein richtiges Polysem. An dieser Stelle muss die Untersuchung beschränkt werden und wird sich der ersten Definition (1.a/) des Rechtsbegriffs „règlement" bzw. des Rechtsbegriffs als nationale Rechtsnorm oder Rechtsquelle widmen. Die Suche nach einer anderen Definition des Begriffs in diesem Rahmen ergibt folgendes:

„Règlement[335]

> DROIT CONSTITUTIONNEL - **Acte de portée générale et impersonnelle édicté par les autorités exécutives compétentes. La Constitution de 1958 confie le pouvoir réglementaire général au Premier Ministre: art. 21; mais le Chef de l'Etat signe les décrets que la Constitution réserve à sa compétence et ceux qui ont été délibérés en conseil des ministres. - V. *Acte- règle, Décret.***

> *1° Règlement d'application des lois:* règlement destiné à assurer l'exécution d'une loi. Il s'appuie sur une loi et ne peut l'enfreindre.

> *2° Règlement autonome:* règlement pris spontanément et à titre exclusif dans les matières autres que celles réservées à la loi. Il est donc directement subordonné à la constitution et aux principes généraux du Droit, mais non à la loi. En restreignant le domaine de la loi, la Constitution de 1958 a considérablement étendu celui du règlement autonome, jusque-là limité à la police et à l'organisation des services publics."

---

[334] Für die Definition des „Oberbegriffs", siehe oben Kap. I, III. A. 2. b. 1), S. 51.

[335] *Guillien/Vincent* (Hrsg.), Termes juridiques, 2003, Stichwort: Règlement".

Ein „règlement" ist demzufolge ein allgemein verbindlicher und für eine unbestimmte Vielzahl von Personen gesetzter „Rechtsakt"[336], der von dem „pouvoir exécutif" erlassen wird (im Gegensatz zu den Gesetzen, die von dem „pouvoir législatif" erlassen werden). Da der Rechtsbegriff „règlement" als nationale Rechtsnorm mehrere Rechtsbegriffe umfasst, kann er in diesem eingeschränkten Rahmen als „Oberbegriff" betrachtet werden. Die Problematik einer solchen Übersetzung ist somit, einen passenden deutschen Oberbegriff mit gleichen Unterbegriffen zu finden. Diese Unterbegriffe sollen zuerst untersucht werden.

2. „Règlement" als Rechtsnorm: ein Oberbegriff

Um eine detaillierte Untersuchung der Bedeutung des „Oberbegriffs" „règlement" als nationale Rechtsnorm durchzuführen, erweisen sich die aus Wörterbüchern oben zitierten Definitionen als nicht ausreichend. Dies verlangt nach einer gründlicheren Definition und einer Einschränkung des Begriffs durch Nachschlagen von verschiedenen juristischen Lehrbüchern.

a. Allgemeine Definition

Der Begriff „règlement" gehört zur Kategorie der „actes administratifs" („Verwaltungsakte"[337]). Es handelt sich um einen allgemein verbindlichen Rechtsakt, der für eine unbestimmte Vielzahl von Personen gesetzt wird und unterscheidet sich somit von individuellen „Verwaltungsakten", die nur eine bestimmte Anzahl von Personen betreffen. Er ist daher vergleichbar mit den Gesetzen, die ebenfalls als „generelle

---

[336] Der Begriff „Rechtsakt" wird in folgender Ausführung als Übersetzung von „acte juridique" stehen. Es handelt sich um die Äußerung eines Willens, der rechtliche Wirkungen erzielt.

[337] Die hier verwendete Übersetzung von „Verwaltungsakt" für „acte administratif" soll nur als Hinweis dienen. Da die Bereiche der „actes administratifs" und „Verwaltungsakte" jeweils sehr diffizil sind, können sie nur mit Vorsicht verglichen werden und würden ebenfalls eine detaillierte Untersuchung vorab verlangen.

und unpersönliche Maßnahme"[338] definiert werden. Der äußerst relevante Unterschied ist jedoch der Verfasser des Rechtsaktes, da die „règlements" von der „pouvoir exécutif" (Exekutive), Gesetze hingegen von der „pouvoir législatif" (Parlament) erlassen werden[339]. Diese Befugnis „règlements" zu erlassen („pouvoir réglementaire") liegt bei der Exekutive und entspricht der zweiten oben genannten Definition[340] nach zwei unterschiedlichen Rechtsakten.

b. Unterteilung

1) „Règlements d'application des lois"

Zu den ursprünglichen Zuständigkeiten der Exekutive zählt die Möglichkeit, „règlements" zur Durchführung eines Gesetzes („règlements d'application des lois") zu erlassen. Gemäß Artikel 21 der Constitution[341] gehört die Durchführung der Gesetze nach wie vor zum Aufgabenbereich des Premierministers – und diese Art von „règlements" bilden folglich ein Instrument dazu. Diese Befugnis steht jedoch nicht allein dem Premierminister zu, da er laut Art. 22 der Constitution die Gegenzeichnung des Präsidenten benötigt und die Befugnis zum Teil an seine Minister delegieren kann.

2) „Règlements autonomes"

Nach der französischen Constitution der Ve Republik sind die legislativen Zuständigkeiten des Parlaments in Art. 34 aufgelistet. Darüber hinaus verfügt die Exekutive gemäß Art. 37 der Constitution über die Möglichkeit „règlements autonomes" für die Gebiete zu erlassen, die nicht Gegenstand der Gesetzgebung sind. Diese eigenständige, gesetzesunabhängige Verordnungsgewalt stellt in den westeuropäischen

---

[338] Vgl. statt vieler *Gridel*, Introduction au droit et au droit français, 1994, S. 228.

[339] Ein anderer Unterschied liegt demzufolge im Erlassverfahren der Rechtsnorm und in deren Anwendungsbereichen.

[340] Siehe oben S. 86; *Guillien/Vincent* (Hrsg.), Termes juridiques, 2003, Stichwort: Règlement".

[341] Constitution v. 1958.

Demokratien eine Eigenheit dar, welche ausschließlich in Frankreich und in Portugal der Exekutive übertragen ist.[342]

3)   Befugnisbezeichnung

Da die „règlements autonomes" ein eigenes Zuständigkeitsgebiet zugunsten der Exekutive darstellen, wird diese Befugnis der Regierung als „pouvoir réglementaire autonome" (eigenständige Befugnis) bezeichnet. Im Gegensatz dazu wird die Befugnis zum Erlass der „règlements d'application des lois" als „pouvoir réglementaire dérivé" (abgeleitete Befugnis) bezeichnet, da diese „règlements" von einem Gesetz abhängig sind bzw. in den Bereichen der Gesetze (Art. 34 Constitution) getroffen werden und den Gesetzen unterworfen sind.

4)   Besonderheit der „ordonnances"

Unter die „pouvoir réglementaire" könnten zuletzt auch die „ordonnances" fallen, die gemäß Art. 38 der Constitution ebenfalls von der Exekutive erlassen werden. Die „ordonnances" regeln Angelegenheiten, die zwar in den Zuständigkeitsbereich der Gesetze fallen, der Exekutive aber Kraft Delegation für eine bestimmte Zeit zugewiesen sind. Die Einordnung der „ordonnances" unter die Kategorie „règlements" ist dennoch strittig. Es handelt sich zwar ebenfalls um einen von der Exekutive erlassenen, allgemein verbindlichen Rechtsakt. Da die Anwendbarkeit der „ordonnances" jedoch eine Ratifizierung seitens des Gesetzgebers erfordert, gehören sie im formellen Sinne zu den Gesetzen[343]. Es handelt sich folglich um eine besondere Kategorie von allgemein verbindlichen Rechtsakten, die zwischen „règlements" und „lois" stehen.

Darüber hinaus wird der Begriff „ordonnances" in der französischen juristischen Terminologie ohnehin praktisch nicht mit „règlements"

---

[342]   Für einen kurzen europäischen Vergleich vgl. *Sommermann*, JZ 1997, 434 (435).

[343]   Vgl. *Pactet/Mélin-Soucramanien*, Droit constitutionnel, 2004, S. 613; *Chapus*, Droit administratif général, Bd. I, 2001, S. 671.

verwechselt und soll deshalb für die folgende rechtssprachliche Untersuchung außer Betracht bleiben.

c. Bezeichnungsproblematik

Die terminologische Verwirrung hinsichtlich der Bezeichnung der „règlements" ist ausführlicher zu schildern, da sie eine Reihe übersetzungstechnischer Probleme hervorruft. „Règlement" wird in der französischen juristischen Terminologie lediglich als Oberbegriff betrachtet und daher in der Praxis nicht für die Bezeichnung eines Rechtsaktes verwendet. Es wird diesbezüglich stets nach der erlassenden Stelle mit dem Begriff „décret" oder „arrêté" unterschieden. Die „décrets" werden vom „Président de la République" oder „Premier ministre" erlassen. Die „arrêtés" werden von einem „ministre" („arrêté ministériel"), einem „préfet" („arrêté préfectoral"), einem „maire" („arrêté municipal") oder einer Verwaltungsbehörde erlassen.[344] Die weitere terminologische Verwirrung hinsichtlich dieser Unterteilung und Begriffsanwendung besteht darin, dass die „décrets" und „arrêtés" ausschließlich zur „Familie" der „règlements" gehören, wenn sie allgemein unpersönliche Rechtsakte bezeichnen. Die Begriffe „décrets" und „arrêtés" können aber tatsächlich auch Einzelakte sein und dürfen deshalb nur zum Teil als Unterbegriffe von „règlement" angesehen werden. Es kann an dieser Stelle angemerkt werden, dass die existierenden präzisen Ausdrücke „décret règlementaire" und „arrêté règlementaire" bedauerlicherweise nur selten benutzt werden.[345]

d. Zusammenfassung

Die Erläuterungen zum Oberbegriff „règlement" können anhand des folgenden Schemas zusammengefasst werden:

---

[344] Vgl. *Hübner/Constantinesco*, Einführung in das französische Recht, 2001, S. 8 f.
[345] Vgl. *Gridel*, Introduction au droit et au droit français, 1994, S. 229 ff.

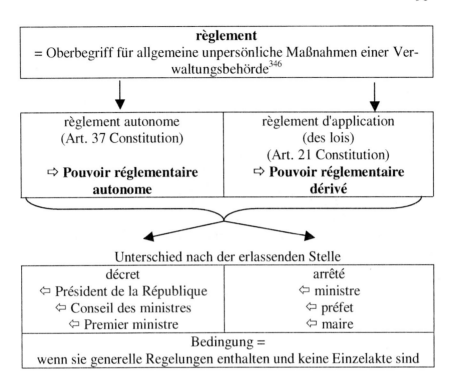

Diese Komplexität der französischen Definition und der Anwendung des Rechtsbegriffs „règlement" in dem hier untersuchten Sinne verursachen erwartungsgemäß Schwierigkeiten bei dessen Übersetzung.

B.   Suche nach einer Übersetzung

Der nachfolgende Gang der Untersuchung soll die Notwendigkeit juristischer Kenntnisse des Übersetzers unterstreichen. Es wird daher zuerst ausschließlich mit Hilfe zweisprachiger Rechtwörterbücher gearbeitet und anschließend die Notwendigkeit von immer mehr juristischen Fachkenntnissen herausgestellt.

---

[346]   Vgl. statt vieler *Hübner/Constantinesco*, Einführung in das französische Recht, 2001, S. 8 f.

92

1. Mit Hilfe zweisprachiger Rechtswörterbücher

a. Zusammenfassung der Übersetzungsvorschläge

Aus den Hinweisen der vier gängigen Rechtswörterbücher bzw. Lexika können bezüglich des Sprachpaares Deutsch-Französisch folgende Übersetzungsvorschläge für den Begriff „règlement" als Rechtsnorm aufgelistet werden:

Potonnier[347]	*Doucet/Fleck*[348]	*Köbler*[349]	*Eurodicautom*[350]
▪ Anordnung	▪ Anordnung	▪ Rechtsverordnung	▪ Abwicklung
▪ Bestimmung	▪ Bestimmung	▪ Regel	▪ Geschäftsordnung
▪ Ordnung	▪ Durchführungsverordnung	▪ Regelung	▪ Ordnung
▪ Regelung	▪ Frz. Regierungsgesetz	▪ Verordnung	▪ Reglement
▪ Reglement	▪ Ministerielle Verordnung	▪ Vorschrift	▪ Verordnung
▪ Satzung	▪ Rechtsverordnung		▪ Vorschrift(en)
▪ Statut	▪ Regierungsverordnung		
▪ Verordnung	▪ Satzung		
▪ Vorschrift	▪ Vorschrift		
▪ Vorschriftensammlung			

[347] *Potonnier/Potonnier*, Wörterbuch für Wirtschaft, Recht und Handel, Bd. II, 2001, Stichwort „règlement" (in den folgenden Ausführungen „Potonnier" benannt).

[348] *Doucet/Fleck*, Wörterbuch der Rechts- und Wirtschaftssprache, Bd. I, 1997, Stichwort „règlement" (in den folgenden Ausführungen „Doucet/Fleck" benannt).

[349] *Köbler*, Rechtsfranzösisch, 2004, Stichwort „règlement" (in den folgenden Ausführungen „Köbler" benannt).

[350] *Übersetzungsabteilung der Europäischen Kommission*, Eurodicautom (Datenbank), in: Das Portal der Europäischen Union, http://europa.eu.int/eurodicautom /Controller, Stichwort „règlement" (Abfrage: 11.11.2004) (in den folgenden Ausführungen „Eurodicautom" benannt).

Zum besseren Überblick werden nachfolgend alle Vorschläge alphabetisch zusammengefasst:

1. Abwicklung
2. Anordnung
3. Bestimmung
4. Durchführungsverordnung
5. Frz. Regierungsgesetz
6. Geschäftsordnung
7. Ministerielle Verordnung
8. Ordnung
9. Rechtsverordnung
10. Regel
11. Regelung
12. Regierungsverordnung
13. Reglement
14. Satzung
15. Statut
16. Verordnung
17. Vorschrift
18. Vorschriftensammlung

Die Anzahl der Übersetzungsvorschläge unterstreicht die komplexe Polysemie des Rechtsbegriffs „règlement". Da die vorzufindenden Hinweise in den Wörterbüchern nicht unmittelbar eine engere Wahl ermöglichen, müssen die Vorschläge zusätzlich einzeln untersucht werden.

b. Auswahl

Mit alleiniger Hilfe der zweisprachigen Rechtswörterbücher ist eine erste Methode auszumachen, die als „Methode des verdrehten Wörterbuches" bezeichnet wird. Dies bedeutet, dass jeder einzelne Übersetzungsvorschlag im deutsch-französischen Teil der Wörterbücher nachgeschlagen wird. Die dadurch aufgefundenen französischen Übersetzungsvorschläge sowie gegebenenfalls die Angaben dazu ermöglichen es teilweise schon, den Anwendungszusammenhang des deutschen Begriffs einzuschränken.

1) „Abwicklung"

Bei dem ersten Beispiel „Abwicklung" sind in *Potonnier* folgende Hinweise zu finden:

> „**Abwicklung** (*Erledigung*) règlement; liquidation; exécution ||
> (*Ablauf; Verlauf, Entwicklung*) développement; déroulement;
> processus; marche || (...)."[351]

Die deutschen Angaben des Wörterbuches[352] weisen auf einen Zusammenhang der Anwendung des Begriffs „Abwicklung" (Erledigung - Ablauf, ...) hin, was durch die französischen Übersetzungsvorschläge bestätigt wird (exécution, déroulement, ...). Aus dieser Methode erschließt sich daher unmittelbar, dass der Begriff „Abwicklung" keine Übersetzung des Rechtsbegriffs „règlement" als Rechtsnorm darstellen kann.

2) „Anordnung"

Das vorherige Beispiel hat gezeigt, dass die „Methode des verdrehten Wörterbuches" für das Ausschließen eines Vorschlags hilfreich sein kann. Dies ist jedoch lediglich möglich, wenn sich der aufgefundene Zusammenhang als sehr unterschiedlich erweist. Folgendes Beispiel der „Anordnung" zeigt die Grenze dieser Methode:

> „**Anordnung** (*Verfügung, Bestimmung, Anweisung, Verordnung*) ordre, décision, prescription, décret, arrêté, assignation, règlement, injonction, disposition, instruction || (*Reihenfolge,...*) (...)"[353]

---

[351] *Potonnier/Potonnier*, Wörterbuch für Wirtschaft, Recht und Handel, Bd. I, 1997, Stichwort „Abwicklung".

[352] Die Qualität eines Wörterbuches kann u.a. anhand derartiger Angaben eingeschätzt werden. Somit bietet ein Wörterbuch wenig Hilfe, wenn es ausschließlich Übersetzungsvorschläge ohne Angabe zum Zusammenhang der Anwendung gibt. Preiswerte Wörterbücher verzichten oft auf solche Angaben und verlieren folglich an Qualität und Anwendungsmöglichkeit. Diese Kritik kann zum Teil folgendem Wörterbuch entgegen gehalten werden: *Köbler*, Rechtsfranzösisch, 2004.

[353] *Potonnier/Potonnier*, a.a.O., Stichwort „Anordnung".

Da die Begriffe „décret", „arrêté" und „règlement" als Übersetzung
vorgeschlagen werden, ermöglichen die deutschen Angaben und die
französischen Übersetzungsvorschläge es an dieser Stelle nicht den
Begriff „Anordnung" als adäquate Übersetzung von „règlement" als
Rechtsnorm sicher auszuschließen. Ebensowenig ermöglichen es diese
Angaben daraus zu schließen, dass der Begriff „Anordnung" die an-
gemessene Übersetzung darstellt.

Da sie nur eine eventuelle Möglichkeit darstellt, einen Übersetzungs-
vorschlag auszuschließen, kann diese „Methode des verdrehten Wör-
terbuches" nur als eine unwissenschaftliche Hilfe angesehen werden.
Eine Auswahl zwischen den Übersetzungsvorschlägen muss daher
gründlich anhand von juristischen Definitionen durchgeführt werden.
Dies zieht eine juristische Untersuchung nach sich, die wiederum den
Gebrauch einsprachiger Rechtswörterbücher oder sogar juristischer
Lehrbücher erfordert.

2. Notwendigkeit juristischer Kenntnisse

Die übrigen Übersetzungsvorschläge müssen auf der Basis juristischer
Fachkenntnisse untersucht werden. Es werden in einem ersten Schritt
weitere Begriffe als Übersetzungsmöglichkeit ausgeschlossen und
anschließend der Begriff „Verordnung" als üblicher Vorschlag[354] ausführlicher untersucht. Vorrangig werden alle Begriffe der deutschen
Rechtssprache sowie die Begriffe „Französisches Regierungsgesetz"
und „Reglement" untersucht.

---

[354] Vgl. deutsche Lehrbücher über das französische Recht, *Hübner/Constantinesco*,
Einführung in das französische Recht, 2001, S. 8; *Sonnenberger/Autexier*, Einführung in das französische Recht, 2000, S. 23. Vgl. *Centre juridique franco-
allemand*, Die Verfassung der französischen Republik vom 4. Oktober 1958, in:
Universität des Saarlandes, http://www.jura.uni-sb.de/BIJUS/constitution58/
constit.htm (Abfrage: 31.05.2005).

a. Ausschließen weiterer Übersetzungsmöglichkeiten

1)   Mit Hilfe allgemeiner Kenntnisse

Allgemeine Kenntnisse der deutschen Rechtssprache und die ausführlichen, oben genannten Definitionen des Rechtsbegriffs „règlement" ermöglichen es bereits, einige Übersetzungsvorschläge auszuschließen.

Der Begriff „Abwicklung" wird in der deutschen Rechtssprache in Bezug auf Liquidation oder Ausgleich eines Schadensfalles benutzt und daher nicht als Rechtsnorm verwendet. Eine „Geschäftsordnung" bezieht sich auf Bestimmungen, die ausschließlich innerhalb eines Geschäftes bzw. innerhalb einer Behörde, eines Parlaments, einer Partei oder eines Vereins gelten und nicht allgemein sind[355]. „Satzung" und „Statut" werden nicht von der Exekutive, sondern von einem Zusammenschluss von Personen (z.B. Verein) oder einer Körperschaft des öffentlichen Rechts festgelegt.

Der Begriff „Ordnung" ist schließlich zu allgemein, da er sich nicht hauptsächlich auf eine besondere Rechtsnorm bezieht. Aus dem gleichen Grund können auch „Regel" und „Regelung" ausgeschlossen werden. Es bleiben somit folgende Übersetzungsmöglichkeiten bestehen:

1. Anordnung
2. Bestimmung
3. Frz. Regierungsgesetz
4. Verordnung
5. Durchführungsverordnung
6. Ministerielle Verordnung
7. Rechtsverordnung
8. Regierungsverordnung
9. Reglement
10. Vorschrift
11. Vorschriftensammlung

---

[355] Es würde dem „règlement intérieur" eventuell entsprechen.

Die übrigen Übersetzungsvorschläge können nicht unmittelbar durch allgemeine juristische Fachkenntnisse ausgeschlossen werden und verlangen daher eine nähere Untersuchung. Dieser weitere Schritt setzt vertiefte Kenntnisse der deutschen Rechtssprache bzw. des deutschen Rechts voraus.

2) *Juristische Untersuchung*

Eine „Anordnung" entspricht der Bestimmung zu einem Verhalten, was dennoch keine besondere Art von Rechtsnorm darstellt und demzufolge zu allgemein ist. Dieser Begriff gehört ebenfalls der Terminologie des Verfahrensrechts an und stellt als „einstweilige Anordnung" eine vorläufige Entscheidung eines Gerichts dar. Allein weil diese Bestimmung von einem Richter getroffen wird, ist dieser Vorschlag auszuschließen.

Der Begriff „Bestimmung" kann zwar einer Rechtsnorm entsprechen, bleibt jedoch sehr allgemein und enthält keine Information über die Art und den Verfasser der Norm. Eine Übersetzung mit „Bestimmung" wäre daher nicht falsch, aber äußerst unpräzise. Aus den gleichen Gründen können auch die Begriffe „Vorschrift" und „Vorschriftensammlung" ausgeschlossen werden.

b. Untersuchung des Übersetzungsvorschlags „Verordnung"

1) *Allgemeine Anmerkungen*

a) **Definition**

„Verordnung

⇨ Rechtsverordnung

⇨ Verwaltungsverordnung

⇨ Verordnungen der europäischen Gemeinschaft (...)

Rechtsverordnung ist eine allgemein verbindliche Anordnung für eine unbestimmte Vielzahl von Personen, die nicht im förmlichen Gesetzgebungsverfahren ergeht, sondern von Organen der vollziehenden Gewalt (Bundes-, Landesregierung, staatliche Verwaltungsbehörden, aber auch Selbstverwaltungskörperschaften) gesetzt wird.

Verwaltungsverordnung (als Gegensatz zu Rechtsverordnung): früher gebräuchliche Bezeichnung für Verwaltungsvorschriften (vgl. z.B. noch Art. 55 Nr. 2 der bayer. Verfassung vom 2.12.1946)."[356]

Vergleichbar mit einem „règlement" ist dieser Definition zufolge eine „Rechtsverordnung", das heißt eine allgemein verbindliche Rechtsnorm, die für eine unbestimmte Vielzahl von Personen von Organen der vollziehenden Gewalt gesetzt wird. Die erste Entsprechung ist jedoch nicht ausreichend, um eine Entscheidung für diese Art der Übersetzung zu treffen. Eine weitere rechtsvergleichende Analyse ist daher erforderlich, wobei eine kurze terminologische Anmerkung zur Anwendung des Begriffs „Verordnung" oder „Rechtsverordnung" vorangestellt wird.

b) Terminologische Anmerkung

Diese Definition setzt voraus, dass die Begriffe „Verordnung" und „Rechtsverordnung" als Synonyme betrachtet werden können. Die Synonymie ist ist der heutigen deutschen Rechtssprache auch tatsächlich festzustellen[357]. Die Rechtsnormen werden zum Beispiel meistens mit „Verordnung zur..." betitelt, wobei es sich um „Rechtsverordnungen" handelt. Ebenfalls steht die offizielle Abkürzung „VO" sowohl für „Verordnung", als auch für „Rechtsverordnung".

Das Bestehen zweier Begriffe beruht auf dem Unterschied zwischen der früher gebräuchlichen Bezeichnung „Verwaltungsverordnungen"

---

[356] *Creifelds* (Begr.), *Weber* (Hrsg.), Rechtswörterbuch, 2004, Stichwort „Verordnung".

[357] Für ein deutliches Beispiel dieser Synonymie vgl. *Baur/Walter*, Einführung in das Recht der Bundesrepublik Deutschland, 1992, S. 8.

für die Verwaltungsvorschriften[358] und den „Rechtsverordnungen". Die Verwaltungsverordnungen galten innerhalb der Verwaltung – im Gegensatz zu den Rechtsverordnungen, die für eine unbestimmte Vielzahl von Bürgern gelten und – ebenso wie Gesetze – richtige Rechtsbestimmungen beinhalten[359].

Aufgrund der heutigen Synonymie können die beiden Begriffe für die folgende Untersuchung als gleichwertiger Übersetzungsvorschlag herangezogen werden.

2)   *Verfasser der Rechtsnorm*

Ein „règlement" kann von dem „Président de la République", dem „Premier ministre", einem „ministre", „préfet", „maire" oder einer Verwaltungsbehörde – und somit von der Exekutive im weiteren Sinne – gesetzt werden Die „Rechtsverordnung" wird von Organen der vollziehenden Gewalt bzw. der Exekutive (Bundes-, Landesregierung, staatliche Verwaltungsbehörden, sowie Selbstverwaltungskörperschaften) erlassen und kann ebenfalls nicht nur von der Regierung, sondern von „unteren" Organen der vollziehenden Gewalt herrühren.

Fraglich ist, ob eine Gleichbedeutung der vollziehenden Gewalt in Frankreich und Deutschland besteht. Es kann an dieser Stelle bereits festgestellt werden, dass der französische Begriff der Exekutive mit dem Deutschen der vollziehenden Gewalt wegen des gemeinsamen demokratischen Rechtssystems und der ähnlichen Gewaltenteilung vergleichbar ist. Aufgrund der unterschiedlichen Staatsstrukturen können die Träger dieser Rechtsnormbefugnis jedoch nicht gleichgestellt werden.

Diese Tatsache verdeutlicht erneut die Systemgebundenheit der juristischen Terminologie und lässt die Frage nach der Möglichkeit der Übersetzung insbesondere für Begriffe folgen, die in Verbindung zu

---

[358]   Vgl. *Baur/Walter*, Einführung in das Recht der Bundesrepublik Deutschland, 1992, S. 8.

[359]   Für eine rechtssprachliche Untersuchung vgl. *Fromont/Rieg*, Introduction au droit allemand, Bd. I, 1977, S. 187.

den Staatsstrukturen stehen, da diese demzufolge einzigartige bzw. nationale Rechtsbegriffe darstellen.

3) Rechtsgrundlage der „Verordnungsbefugnis"

a) Darstellung des deutschen Rechts

Die deutsche Rechtssetzungsbefugnis[360] der Exekutive vollzieht sich gemäß Art. 80 Abs. 1 Grundgesetz (GG) nur in einem beschränkten, vom Gesetz vorgegebenen Rahmen. Die Gesetze ermächtigen einerseits die Exekutive dazu, Rechtsverordnungen zu erlassen und bestimmen andererseits Inhalt, Zweck und Ausmaß der erteilten Ermächtigung. Die Rechtsverordnungen werden daher als „gesetzesabhängiges (derivatives)" Recht bezeichnet[361] und entsprechen einer „abgeleiteten Befugnis" im Sinne der „règlements d'application des lois". Vergleichbar mit diesem französischen Unterbegriff sind Rechtsverordnungen ebenfalls den Gesetzen unterworfen. Die Rechtsverordnungen sind dennoch nicht ausschließlich auf die Durchführung der Gesetze beschränkt und entsprechen somit nicht nur dem zweiten französischen Unterbegriff der „règlements d'application des lois".

b) Problematik für die Übersetzung des Oberbegriffs „règlement"

Die Problematik der Übersetzung des Oberbegriffs „règlement" tritt dadurch klar zum Vorschein, dass er sowohl die „règlements autonomes", als auch „die règlements d'application des lois" umfasst. Der rechtsvergleichende Unterschied ist folglich relevant für die mögliche Übersetzung des Begriffs „règlement" mit „Rechtsverordnung". Der deutsche Begriff kann nicht die exakte französische Zuständigkeitsverteilung bzw. die „eigenständige Befugnis" ver-

---

[360] Es wird an dieser Stelle ausschließlich das Bundesrecht und nicht Landesrecht in Betracht gezogen.

[361] Vgl. *Lücke*, in: Sachs, GG, 2003, Art. 80, Rn. 1; *Katz*, Staatsrecht, 2002, § 20 IV, Rn. 443.

mitteln. Da diese Eigenart dem deutschen Recht fremd[362] ist, kann sie im Allgemeinen nicht anhand der deutschen Rechtssprache übertragen werden.

c.   Suche nach anderen Lösungen

Da die deutsche Rechtssprache den Kerngehalt des Oberbegriffs „règlement" nicht übertragen kann, muss auf andere Lösungen zurückgegriffen werden, die entweder auf der Übersetzung der Unterbegriffe oder auf der Anwendung von Begriffen der Allgemeinsprache bzw. einer anderen Rechtssprache beruhen.

1)   Suche nach einer Übersetzung der Unterbegriffe

a)   **Übersetzung von „règlements d'application des lois"**

Auch wenn der Begriff der „Rechtsverordnung" den Wesensgehalt der „abgeleiteten Befugnis" ausdrückt, stellt er dennoch keine exakte Übersetzung für die „règlements d'application des lois" dar[363]. Es ist an dieser Stelle von entscheidender Bedeutung, den Grundgedanken der Gesetzesdurchführung genau zu übertragen, der durch den Begriff „Rechtsverordnung" allein nicht hinreichend zur Geltung kommt.

Eine Umschreibung oder wörtliche Übersetzung dieses Grundgedankens mit den Begriffen „Durchführungsverordnung" oder „Ausführungsverordnung"[364] wäre demzufolge passender.

b)   **Übersetzung von „règlements autonomes"**

Da die deutsche Rechtssprache den Gedanken der eigenständigen und gesetzesunabhängigen Verordnungsgewalt nicht übertragen kann, muss eine andere Lösung gefunden werden. Auch wenn diese Eigen-

---

[362]   Siehe oben Kap. II., I. A. 2. b. 2), S. 88; *Sommermann,* JZ 1997, 434 (435).

[363]   Siehe oben Kap. II., I. B. 2. b. 3) a), S. 100.

[364]   Terminus von *Hübner* und *Constantinesco* verwendet, in *dies.,* Einführung in das französische Recht, 2001, S. 9.

heit in den westeuropäischen Demokratien nur im Frankreich und Portugal[365] besteht, könnte die schweizerische Terminologie eine Hilfe darstellen. Das Rechtssystem der Schweiz kennt neben den „unselbständigen Verordnungen" (die aufgrund einer Delegationsnorm in einem Bundesgesetz ergehen) „selbständige Verordnungen" (deren Grundlage direkt aus der Verfassung entnommen wird)[366]. Das schweizerische System der „selbständigen Verordnungen" nach Art. 184 der Bundesverfassung (BV) in der Fassung vom 18. April 1999 ist jedoch auf den Bereich der Beziehungen zum Ausland beschränkt und entspricht somit keineswegs dem französischen System der eigenständigen Verordnungsgewalt. Eine allgemeine selbständige Verordnungskompetenz wird zwar vom Bundesrat gewährt[367], jedoch handelt es sich nur um die Rechtssetzung und den Vollzug der Gesetzgebung, der Beschlüsse der Bundesversammlung und der Urteile richterlicher Behörden des Bundes (Art. 182 II BV). Die französischen „règlements autonomes" entsprechen daher nicht den „selbständigen Verordnungen" in der Schweiz. Eine solche Übersetzung ist aus diesem Grund in der schweizerischen und somit auch in der deutschen Rechtssprache nicht stimmig.

Zuletzt wäre eine wörtliche Übersetzung des Begriffs „règlement autonome" mit „eigenständiger Rechtsverordnung" denkbar. Auch sie kann jedoch letztlich das Problem der Übertragung des Grundgedankens der gesetzesunabhängigen Verordnungsgewalt nicht leisten. Dies wäre nur anhand einer vollständigen Erklärung oder Definition in einer Fußnote denkbar.

c) Kritik der Trennung

Abgesehen von einer möglichen Kritik der vorgeschlagenen einzelnen Übersetzungsvorschläge für die jeweiligen Unterbegriffe, ist auch die Trennung als Übersetzungshilfe aus zwei weiteren Gründen streitig.

---

[365] Siehe oben Kap. II., I. A. 2. b) 2), S. 88; vgl. *Sommermann*, JZ 1997, 434 (435).

[366] Vgl. *Forstmoser*, Einführung in das Recht, 2003, § 13, Rn. 62.

[367] Vgl. *Forstmoser*, a.a.O., § 13, Rn. 65.

(1)   Verzicht auf die Trennung im französischen Recht

Manche Verfasser halten die Trennung zwischen „règlement autonome" und „règlement d'application des lois" für veraltet[368]. Die Meinung wird unter anderem mit der Einheit der Verordnungskompetenz[369] begründet, da beide Verwaltungsakte den selben rechtlichen Status aufweisen. Diese Ansicht wird darüber hinaus besonders wegen der heutzutage immer weiter fortschreitenden Aufweichung der Trennung zwischen den Bereichen „lois" und „règlements" vertreten. Die Rechtsprechung hat die Möglichkeit der Einmischung der „pouvoir réglementaire" in die Bereiche der Legislative stets als selbstverständlich betrachtet[370]. Darüber hinaus sieht die französische juristische Literaturmeinung aufgrund der praktischen Anwendung der Verfassung diese Trennung nicht mehr als so starr an wie es die ursprüngliche Auslegung der Verfassung tat[371].

Diese praktische Feststellung ermöglicht jedoch nicht die Schlussfolgerung, dass die Trennung zwischen „règlement autonome" und „règlement d'application des lois" ihre Relevanz in der Rechtsvergleichung verloren hat.

(2)   Unbrauchbarkeit hinsichtlich der Übersetzung

Da der Rechtsgedanke eines Oberbegriffs nicht ausschließlich durch seine Unterbegriffe ausgedrückt werden kann, darf dann kein Unterschied in der Übersetzung erfolgen, wenn dieser Unterschied in dem betroffenen Text nicht mit Absicht gemacht worden ist.

---

[368] Vgl. *Pactet/Mélin-Soucramanien*, Droit constitutionnel, 2004, S. 608; *Chapus*, Droit administratif général, Bd. I, 2001, S. 661 ff.

[369] So *Hübner/Constantinesco*, Einführung in das französische Recht, 2001, S. 8.

[370] Vgl. Conseil constitutionnel, décision n° 82-143 v. 30.07.1982 (JO v. 31.07.1982 S. 2470).

[371] Vgl. *Chapus*, a.a.O., 2001, S. 661 ff.; *Pactet/Mélin-Soucramanien*, a.a.O., S. 608; *Autin/Ribot*, Droit administratif général, 2004, S. 11; *Auby* (Hrsg.), Droit public, Bd. I., 1985, S. 112.

Diese Lösung der Trennung verliert ihre praktische Anwendbarkeit zum Teil dadurch, dass im französischen Recht das gleiche „règlement" sowohl „d'application", als auch „autonome" sein kann[372].

Die vorgeschlagen einzelnen Übersetzungen für „règlement d'application des lois" und für „règlement autonome" können daher nur dann angewandt werden, wenn der Verfasser selbst die detaillierten Ausdrücke benutzt.

2) *Verzicht auf die Anwendung der deutschen Rechtssprache*

Es bleiben zuletzt die vorgeschlagenen Begriffe „Französisches Regierungsgesetz" sowie „Reglement" zu untersuchen.

a) „Französisches Regierungsgesetz"

Da der Begriff „Regierungsgesetz" kein ureigener Begriff der deutschen Rechtssprache ist, handelt es sich bei diesem Vorschlag nicht um eine Übersetzung im eigentlichen Sinne, sondern lediglich um eine Beschreibung bzw. Umschreibung des französischen Begriffs anhand deutscher Wörter (der Allgemeinsprache). Die Problematik einer solchen Lösung besteht vorwiegend in dem Verständnis des deutschen Lesers bzw. Juristen, der das französische System und dessen Eigenarten nicht kennt.

Diese Übersetzung ist aus materieller Sicht[373] möglich, sofern die französische und deutsche juristische Terminologie mit ihrem Begriff „Gesetz" bzw. „loi" jeweils im weiteren Sinne alle von einem kompetenten Organ erlassenden allgemeinen Regelungen[374] (anschließend die „règlements") umfasst. Die deutsche Literatur verwendet darüber hinaus den Begriff „Parlamentsgesetz" als Begriff der förmlichen

---

[372] Vgl. *Gridel*, Introduction au droit et au droit français, 1994, S. 233.
[373] Anders *Degenhart*, Staatsrecht I, 2004, § 3 III 3, Rn. 273.
[374] Die Polysemie der Begriffe „Gesetz" und „loi" ist vergleichbar, da in beiden Rechtssystemen der gleiche Unterschied zwischen „materiell" und „formell" gemacht wird. Vgl. *Autexier*, Introduction au droit public allemand, 1997, S. 55.

Gesetzgebung[375] bzw. die vom Parlament nach dem im Grundgesetz vorgeschrieben Gesetzgebungsverfahren erlassenen Rechtsnormen. Es kann somit eine Parallele zwischen dem Begriff „Parlamentsgesetz" und „Regierungsgesetz", als von der Regierung erlassenen Rechtsakt bzw. Rechtsnorm gezogen werden, und somit der Vorschlag „französisches Regierungsgesetz" angebracht erscheinen.

Diese Parallele ist jedoch in Hinblick auf das französische Recht fehlerhaft, da sie die Gesetze und die „Regierungsgesetze" auf dieselbe Stufe stellt, was nicht zutreffend ist. Diese mögliche Fehlvorstellung entspricht nicht der französischen Normenhierarchie. Danach sind die „règlements autonomes" zwar auf gleicher Ebene wie die „lois" angesiedelt, da sie nicht den Gesetzen, sondern nur der Constitution und den „principes généraux du droit"[376] (allgemeinen Rechtsprinzipien) unterliegen. Jedoch unterliegen auch die „règlements d'application des lois" den „lois", da sie diesen nicht widersprechen dürfen. Nicht zuletzt ist ein Vergleich der „règlements" mit den „lois" nur beschränkt möglich, da sie nicht demselben Kontrollorgan unterliegen. Die „règlements" unterliegen als Verwaltungsakte sowohl in abstrakter („recours pour excès de pouvoir"), als auch in konkreter Hinsicht („exception d'illégalité") der Kontrolle des „Conseil d'État"[377]. Im Gegensatz dazu unterliegen die „lois" ausschließlich einer vor ihrem Inkrafttreten stattfindenden und somit abstrakten Kontrolle durch den „Conseil constitutionnel". Diese Parallele ist daher nach dem französischen Recht mit Vorsicht zu ziehen und erweist sich im Detail als unpräzise.

Abschließend bleibt zu untersuchen, ob diese Übersetzung nach deutschem Recht bzw. für einen deutschen Juristen/Leser hinreichend präzise verständlich ist. Die Verwendung des Begriffs „Gesetz" muss in formeller Hinsicht angezweifelt werden und kann darüber hinaus möglicherweise zu Missverständnissen führen. Im Hinblick darauf,

---

[375] Vgl. *Sachs*, in: Sachs, GG, 2003, Vor Art. 1, Rn. 109.

[376] Vgl. Conseil d'État 26.06.1959, Syndicat général des ingénieurs conseils, Rec. 394.

[377] Vgl. statt vieler *Pactet/Mélin-Soucramanien*, Droit constitutionnel, 2004, S. 610.

dass Gesetze im engeren Sinne ausschließlich vom Parlament erlassen werden dürfen, könnte beim deutschen Leser irrtümlich der Eindruck erweckt werden, dass ein Regierungsgesetz ein vom Parlament erlassenes Gesetz ist, jedoch von der Regierung vorgeschlagen wurde.

Nicht zuletzt kann der Begriff „Regierungsgesetz" aus geschichtlicher Perspektive den Gedanken an eine Art „Ermächtigungsgesetz" hervorrufen und somit den Eindruck von einem Gesetz vermitteln, das ein Verfassungsorgan zu einem bislang nicht zulässigen Verhalten ermächtigt"[378]. Diese Konnotation bezieht sich hauptsächlich auf das „Gesetz zur Behebung der Not von Volk und Reich" von Adolf Hitler aus dem Jahre 1933, das den Weg zur Diktatur formal eröffnete. Diese Historie prägte das deutsche verfassungsgeschichtliche Verständnis insofern, als dass nach Maßgabe des Grundgesetzes die Gesetzbefugnis aufgrund dieser negativen Erfahrung der Exekutive entzogen worden ist.

b)   „Reglement"

Da der Begriff „Reglement" nicht der deutschen Rechts- oder Allgemeinsprache angehört, handelt es sich ebenfalls nicht im eigentlichen Sinne um eine Übersetzung, sondern um einen bloßen „Import" des französischen Begriffs, der „germanisiert" worden ist. Dabei stellt sich wiederum die Frage nach dem Verständnis für einen deutschen Leser, wobei er dieses fremde Wort möglicherweise mit dem Verb „reglementieren" in Verbindung bringt und dieser Zusammenhang nicht für die Vorstellung einer Rechtssetzung der Regierung ausreicht.

Darüber hinaus gehört der Begriff „Reglement" bereits der schweizerischen Sprache an und wird dort verstanden als „Gesamtheit von Vorschriften, Bestimmungen, die für einen bestimmten (Arbeits-, Dienst)bereich, für bestimmte Tätigkeiten, besonders auch für Sportarten, gelten; Statuten, Satzungen"[379]. Diese Definition entspricht zwar

---

[378]   *Köbler*, Etymologisches Rechtswörterbuch, 1995, Stichwort „Ermächtigungsgesetz".

[379]   Duden, Deutsches Universalwörterbuch, 2003, Stichwort „Reglement".

teilweise dem französischen „règlement", jedoch nicht im Sinne einer von der Regierung geschaffenen Rechtsnorm. Dieser Übersetzungsvorschlag ist daher abzulehnen, weil eine Verwechslung mit dem anders definierten schweizerischen Begriff nicht ausgeschlossen werden kann.

C.   Fazit

1.   Ergebnis

Es ist an dieser Stelle festzuhalten, dass alle untersuchten Übersetzungsvorschläge angezweifelt werden müssen. Die deutsche Rechtssprache kann keinen Wesensgehalt übertragen, der in ihrem eigenen Rechtssystem nicht vorhanden ist. Die vorgeschlagenen Ersatzlösungen sind ebenfalls nicht zufriedenstellend. Der Verzicht auf die nationale Rechtssprache als Übersetzungslösung zeigt die Notwendigkeit, auch die deutsche Sprache im Allgemeinen und ebenso die schweizerische Allgemein- und Rechtssprache bei der Suche nach der adäquaten Übersetzung zu berücksichtigen. Auch geschichtliche Hintergründe müssen gegebenenfalls wegen ihrer negativen Konnotation[380] berücksichtigt werden. Dieses Beispiel verdeutlicht somit die vielen unterschiedlichen Facetten einer Übersetzung.

Es könnte schließlich eine Umschreibung im Wege einer vollständigen Definition in Betracht gezogen werden, die jedoch den Nachteil einer gewissen Länge mit sich brächte. Abschließend ist festzuhalten, dass die herrschende Meinung[381] die Übersetzung „Rechtsverordnung" bzw. „Verordnung" anwendet, auch wenn diese nicht vollständig präzise ist. Die hier vorgenommene Untersuchung hat die relevanten Unterschiede hinsichtlich der Rechtsgrundlage aufgezeigt. Es wäre daher wünschenswert, die Anwendung des Übersetzungsvorschlags

---

[380]   Über die Relevanz einer Konnotation im Allgemeinen in der Rechtssprache, siehe oben Kap. I., III. A. 1. c. 2), S. 47.

[381]   So *Hübner/Constantinesco*, Einführung in das französische Recht, 2001, S. 8; *Sonnenberger/Autexier*, Einführung in das französische Recht, 2000, S. 23; *Centre juridique franco-allemand*, Die Verfassung der französischen Republik vom 4. Oktober 1958, in: Universität des Saarlandes, http://www.jura.uni-sb.de/BIJUS /constitution58/constit.htm (Abfrage: 31.05.2005).

„Rechtsverordnung" stets mit einer Fußnote hinsichtlich dieser Unterschiede zu ergänzen[382]. Der Gebrauch des deutschen Begriffs für „règlements" stellt nämlich nicht nur eine unvollständige Übersetzung dar, sondern erweckt zudem auch eine falsche juristische Vorstellung.

2. Notwendigkeit juristischer Kenntnisse

Eine wesentliche Kernaussage dieser Untersuchung besteht in der aufgezeigten Notwendigkeit juristischer Kenntnisse auf Seiten des Übersetzers. Im Rahmen der Eingrenzung des zu übersetzenden Begriffs sind Kenntnisse des Ausgangsrechtssystems bzw. eine sorgfältige juristische Untersuchung des Begriffs unabdingbar. Solche Kenntnisse sind darüber hinaus im Zielrechtssystem erforderlich. Dies soll den juristischen Rahmen des Zielbegriffs im Detail eingrenzen, um Ähnlichkeiten und Unterschiede mit dem Ausgangsbegriff nachvollziehen zu können. Dieser Arbeitsschritt erweist sich daher als Rechtsvergleichung[383].

Die anhand dieses Beispiels getroffenen Feststellungen zu den Arbeitsschritten, zur Notwendigkeit juristischer Kenntnisse, zur Schwierigkeit der juristischen Übersetzung und zur teilweise bestehenden Unmöglichkeit einer Äquivalenz sowie der mögliche Beitrag der einsprachigen und zweisprachigen Rechtswörterbücher sollen in den folgenden Abschnitten dieser Arbeit im Einzelnen wissenschaftlich eruiert und gegebenenfalls bewiesen werden.

---

[382] Bzw. in einem Text, bei der ersten Anwendung des deutschen Begriffs.

[383] Vgl. *de Groot*, T&T 3.1991, 279 (287); *ders.*, Rechtsvergleichung als Kerntätigkeit bei der Übersetzung juristischer Terminologie, in: Haß-Zumkehr (Hrsg.), Sprache und Recht, 2002, S. 222 (222).

II. Definition und Anforderungen an die juristische Übersetzung

A. Allgemeine Grundlagen

1. Kritik

a. Beispiele

Der Beruf und die Tätigkeit des Übersetzers ist permanenter Kritik ausgesetzt. Es wird zum einen festgestellt, dass Übersetzer, sogar literarische, niemals berühmt werden. Desweiteren wird von einem Übersetzer erwartet, dass man seine Arbeit nicht bemerkt.[384] Das Übersetzen erscheint damit als undankbare Tätigkeit. Diese Kritik kommt auch zahlreich und negativ[385] zum Vorschein wie folgende Beschreibung von *Timmer* zeigt, die weder für die Tätigkeit des Übersetzers, noch für den Übersetzer selbst schmeichelhaft ist:

„Der Übersetzer ist an erster Stelle ein skrupelloser Mensch. Jemand, der ohne eine Miene zu verziehen, imstande ist, einen vorsätzlichen Mord zu begehen, d.h. das Einzigartige, das Unwiederholbare einer Sache zu vernichten. Das Gewissenlose steckt in jedem Übersetzer, denn wir überfallen einen arglosen Schriftsteller und vernichten ihn völlig. Übersetzen bedeutet, kein einziges Wort des Verfassers an seiner Stelle stehenzulassen, schlimmer noch: Jedes Wort des Verfassers hört auf zu existieren. Das bedeutet, jedes Wort wird durch ein anderes Wort ersetzt (...). Der Übersetzer ist zur einen Hälfte Freibeuter und zur anderen Sklave. Aber auch der einfallsreichste, der sanftmütigste Übersetzer muss davon durchdrungen sein, dass Übersetzen an erster Stelle mit einem Attentat zu vergleichen ist, und dass das, war wir eine „gute Übersetzung" nennen, nichts anderes ist und nichts anderes sein kann als eine gewisse Rehabilitation."[386]

---

[384] Vgl. *Aury*, Vorwort, in: Mounin, Les problèmes théoriques de la traduction, 1976, S. VII; *Wilss*, Übersetzungsunterricht, 1996, S. VIII, S. 25 ff; *Hönig*, TextconText 1992, 1 (3); *Riva*, Meta 1981, Bd. 26, Nr. 3, 223 (224).

[385] Vgl. *Störig*, Einleitung, in: ders. (Hrsg.), Das Problem des Übersetzens, 1969, S. VI (VII).

[386] Zit. und übersetzt aus dem Niederländischen ins Deutsche in: de Groot, T&T 3.1991, 279 (281).

Auch wenn derart negative Kritik in der Überzahl ist, verwenden nicht alle Verfasser wie im Beispiel von *Timmer* solche unerfreulichen Begriffe wie „Mörder" oder „Attentäter" für den Übersetzer. Einige bewundern die Übersetzungstätigkeit und sprechen in diesem Zusammenhang sogar von Kunst.[387]

b.   Erklärungsversuch

Die Übersetzer kritisieren sich auch untereinander. Die sogenannten technischen Übersetzer würden teilweise lieber die Arbeit der literarischen Übersetzer[388] erledigen, da Letztere angeblich keine Wortschatzprobleme hätten und die Letzteren wiederum beneiden die technischen Übersetzer, da diese angeblich nur Wortschatzprobleme hätten.[389] Solche Konstellationen verdeutlichen die mangelhaften Kenntnisse der tatsächlichen Tätigkeit des Übersetzers, sogar innerhalb der Berufsgruppe der Übersetzer selbst.

Der Beruf des Übersetzers gehört darüber hinaus zu denjenigen, die in großen Teilen der Öffentlichkeit wenig bekannt sind. Dies zeigt sich beispielsweise dadurch, dass ein Laie zumeist nicht den Unterschied zwischen einem Fremdsprachenkorrespondenten und einem Diplomübersetzer kennt.[390] Eklatanter jedoch ist die Tatsache, dass zahlreiche Menschen und auch Unternehmen die Arbeit, die sich hinter jeder Übersetzung verbirgt maßlos unterschätzen. So herrscht vielfach die Vorstellung, der Übersetzer brauche den Zieltext einfach nur „runterzuschreiben". Bei der Übersetzung von Gebrauchsanleitungen taucht

---

[387]   Vgl. *Friederich*, Technik des Übersetzens, 1977, S. 9; *Aury*, Vorwort, in: Mounin, Les problèmes théoriques de la traduction, 1976, S. VII; *Wilss*, Übersetzungsunterricht, 1996, S. VI; *Störig*, Einleitung, in: ders. (Hrsg.), Das Problem des Übersetzens, 1969, S. VI (VII).

[388]   Die Ausdrücke „technisches Übersetzen" oder „literarisches Übersetzen" werden in der Praxis und in der Literatur benutzt. Die Übersetzung ist jedoch weder technisch noch literarisch, sondern die zu übersetzenden Texte sind technisch oder literarisch. Zur dieser terminologischen Präzision vgl. *Sun*, La traduction juridique du français vers le chinois, Bd. I, 2000, S. 195.

[389]   Vgl. *Aury*, a.a.O., S. VII f.

[390]   Vgl. *Kapp*, Probleme von Theorie und Praxis in der Ausbildung zum Übersetzer und Dolmetscher, in: ders. (Hrsg.), Übersetzer und Dolmetscher, 1991, S. 7 (7).

dann häufig die Frage auf, warum hier so viele Fehler deutlich werden oder mit anderen Worten „gepfuscht" wird.[391] Die Unterschätzung der Arbeit des Übersetzers führt dazu, dass diese aus Sicht des Auftraggebers vielfach „nebensächliche Tätigkeit" zunächst möglichst wenig kosten darf und dass sie daher oftmals von Hausfrauen oder Studenten gegen eine geringe Bezahlung und meistens ohne jegliche Überprüfung erledigt wird. Es wird sogar üblicherweise von Sekretär(In)en erwartet, die Übersetzungsarbeiten zu übernehmen, was nicht nur am Beispiel von Gebrauchsanleitungen und deren Qualität festzustellen ist.[392] Juristische Übersetzungen bilden in diesem Kontext hier keine Ausnahme und werden beispielsweise auch vielfach von Rechtsreferendaren mit Auslandserfahrung erledigt. Diese Praxis muss zwangsläufig zu Ergebnissen führen, die Zielscheibe vielfältiger Kritik sind.

2. Definition der Übersetzung

Dieser aufgezeigte Kenntnismangel zeigt die Notwendigkeit einer ausführlichen Definition der Übersetzung.

a. Allgemein

Zunächst muss erwähnt werden, dass das Wort „Übersetzung" gemeinhin im doppelten Sinne verwendet wird. Es handelt sich dabei sowohl um die Handlung, also die Tätigkeit des Übersetzers bzw. die Beschreibung des Übersetzungsprozesses, als auch um das Endresultat oder mit anderen Worten das Erzeugnis der Übersetzung, das Ergebnis des Übersetzungsprozesses.[393] Die Definitionen der aktuellen Literatur konzentrieren sich diesem Unterschied entsprechend entweder auf den Übersetzungsprozess oder auf das Übersetzungsergebnis, wobei die Übersetzungsäquivalenz eine besondere Rolle spielt[394].

---

[391] Vgl. *Hönig/Kußmaul*, Strategie der Übersetzung, 1999, S. 12 f.

[392] Vgl. *Hönig/Kußmaul*, a.a.O., S. 12 f.

[393] Vgl. statt vieler *Weisflog*, Rechtsvergleichung und juristische Übersetzung, 1996, S. 28.

[394] Vgl. *Weisflog*, a.a.O., S. 28 f.

Vielfach wird in der Literatur das Bild einer „Brücke zwischen zwei Welten" zur Veranschaulichung der Übersetzung verwendet.[395] Übersetzen bedeutet zum Beispiel, „die babylonische Sprachverschiedenheit zu überbrücken"[396] oder der Übersetzer ist „un intermédiaire entre l'univers connu et inconnu", „un pontife jeteur de ponts"[397].

Die Literatur verfolgt eine Definition der Übersetzung, in der drei wesentliche Merkmale vorkommen. Die Übersetzung besteht zum einen aus einem Umsetzen von Begriffen aus einer Sprache in eine andere und stellt des Weiteren auch einen Sprachenwechsel dar. Da das Umsetzen Begriffe betrifft, ist darüber hinaus nicht nur die Hülle, sondern auch deren Bedeutung betroffen, was ein besonderes Problem darstellt. Bei dieser Darstellung der Definition der Übersetzung muss stets parallel ihre Anwendbarkeit auf den juristischen Bereich untersucht werden.

b.   Übersetzen = Umsetzen

Eine Übersetzung ist notwendig, um das Hindernis der Sprachenvielfalt in der Kommunikation zu überwinden; es handelt sich erneut um das Bild der „Brücke, die zu bauen ist".

> „Traduire c'est prêter à un auteur une seconde langue afin qu'il puisse communiquer à travers celle-ci avec un public appartenant à la même catégorie que les lecteurs visés à l'origine, mais ne parlant pas la même langue."[398]

Die Übersetzung ist somit das „Umsetzen von Texten einer Sprache in eine andere, (...) von AS zu ZS (Ausgangssprache zu Zielsprache)."[399]

Die Definition umfasst zwei Funktionen der Übersetzung. Umsetzen bedeutet zuerst „mitteln, um das Miteinandersprechen und Miteinan-

---

[395] Vgl. *Wilss*, Übersetzungsunterricht, 1996, S. 7.

[396] *Koller*, Grundprobleme der Übersetzungstheorie, 1972, S. 11.

[397] *Cary*, La traduction dans le monde moderne, 1956, S. 21 (zit. nach: Koller, Grundprobleme der Übersetzungstheorie, 1972, S. 21).

[398] *Dejean Le Féal*, T&T 3.1994, 7 (11).

[399] *Friederich*, Technik des Übersetzens, 1977, S. 11.

derleben zu erleichtern oder gar erst zu ermöglichen"[400] und stellt somit gewissermaßen auch eine soziale Funktion dar. Es heißt ferner „vermitteln, indem im Kommunikationsvorgang bestimmte in bestimmten Sprachen vorliegende literarische, wissenschaftliche, kulturelle, politische und soziale Erkenntnisse und Erfahrungen mitgeteilt und vermittelt werden können"[401]; die Umsetzung übernimmt zugleich eine inhaltliche Funktion. Die soziale und die inhaltliche Funktion ergeben somit zwei weitere Merkmale der Übersetzung – und zwar den Wechsel der Sprache und das Umsetzen einer Information.

c. Übersetzen = Wechsel der Sprache und der Kommunikations-gemeinschaft

1) Allgemeine Problematik

a) Umsetzen eines Sprachinventars

Übersetzen bedeutet das Umsetzen von einem Sprachinventar in ein anderes:

> „Das Übersetzen können wir sprachphilosophisch als ein Umsetzen von geistigen ‚Gegenständen' aus der Zwischenwelt einer Sprache in die einer anderen auffassen; sprachsoziologisch als ein Vermitteln zwischen Menschen, die im Wirkungszusammenhang verschiedener Sprachen stehen; und nach der Informationstheorie als einen Vorgang, bei welchem Reihen eines Sprachinventars A durch Reihen eines Sprachinventars Z ersetzt werden."[402]

Dieses Zitat sollte nicht missverstanden werden. Die weit verbreitete Vorstellung, dass eine Übersetzung ausschließlich aus dem Wechsel eines Sprachinventars besteht, soll an dieser Stelle endgültig widerlegt werden. Die Problematik ist, dass es nicht nur um einen Wechsel des Sprachinventars geht, sondern auch um einen Wechsel der Kommuni-

---

[400] *Koller*, Grundprobleme der Übersetzungstheorie, 1972, S. 11.

[401] *Koller*, a.a.O., S. 11.

[402] *Jumpelt*, Die Übersetzung naturwissenschaftlicher und technischer Literatur, 1961, S. 11 f.

114

kationsgemeinschaft. In Anlehnung an *Vernay* ist diese Gemeinschaft eine „Anzahl von Menschen, bei denen das Bedürfnis und die Notwendigkeit besteht, miteinander in einen Informationsaustausch zu treten"[403]. Das bedeutet, dass der Leser des Originals und der Leser der Übersetzung nicht über die gleichen Hintergrundinformationen über das Thema verfügen und dass diese Tatsache ihr jeweiliges Verständnis des Textes oftmals nicht unerheblich beeinflusst. Diese Erkenntnis kommt besonders im juristischen Bereich zum Vorschein, da es sich nicht nur um einen Wechsel der Rechtssprache, sondern vielmehr auch um einen Wechsel des Rechtssystems und dessen Kultur handelt – und jeder Empfänger oftmals nur über Kenntnisse seines eigenen Rechts und seiner eigenen Rechtskultur verfügt. Das Beispiel der Übersetzung „règlement" mit dem Begriff „Rechtsverordnung" hat gezeigt, dass eine unkorrekte Entsprechung eine falsche Vorstellung übertragen kann[404], da der deutsche Leser in den deutschen Begriff automatisch seine deutschen Rechtskenntnisse projeziert – und gerade nicht seine französischen Rechtsvorstellungen.

b) Vergleich mit anderen Gebieten

Der juristische Bereich stellt jedoch keineswegs eine Ausnahme dar. Vielmehr sind auch weite Gebiete der Politik, Wirtschaft und Kultur betroffen.[405] Die aufgezeigte Problematik, die einen Kernpunkt der Problematik der juristischen Übersetzung bildet, besteht hierbei jedoch nicht im gleichen Umfang wie beispielsweise bei einer medizinischen Fachübersetzung. In der Medizin kann der Übersetzer davon ausgehen, dass der „Empfänger des Originals und der Empfänger seiner Übersetzung ein und derselben Kommunikationsgemeinschaft angehören"[406], da diese Bereiche auf sogenannten „universalen Beständen" beruhen. Im Gegensatz zu den zivilrechtlichen Grundlagen eines Vertrages besteht jedoch das Herz eines Menschen aus den glei-

---

[403] *Vernay*, Elemente einer Übersetzungswissenschaft, in: Kapp (Hrsg.), Übersetzer und Dolmetscher, 1991, S. 26 (30).

[404] Siehe oben Kap. II., I. C. 1., S. 107.

[405] Vgl. *Vernay*, a.a.O., S. 26 (30 f.).

[406] *Vernay*, a.a.O., S. 26 (30).

chen Komponenten und Mechanismen in Deutschland, Frankreich oder in China. Bei sogenannten „objektiven Bereichen" wie hier der Medizin sind die Inhalte der Übersetzung in allen Ländern der Welt identisch und brauchen lediglich in einer anderen Sprache ausgedrückt werden. Die Probleme, die Übersetzer solcher Texte betreffen, sind nicht mit den oben genannten Problemen juristischer Übersetzer vergleichbar, da sie sich hauptsächlich auf das Verständnis der Fachausdrücke beschränken.[407]

2) Besonderheiten der juristischen Übersetzung

Aufgrund der Systemgebundenheit als wichtiges Kennzeichen der Rechtssprache besteht zur Problematik der juristischen Übersetzung noch weiterer Erörterungsbedarf.

a) Mangel einer internationalen Terminologie

Teilweise wird die Ansicht vertreten, das Übersetzen wissenschaftlicher Texte sei weniger kompliziert als das Übersetzen literarischer Texte. Diese Ansicht würde jedoch nur zutreffen, wenn für die jeweilige Wissenschaft eine internationale Terminologie bestünde.[408] Die Systemgebundenheit der Rechtssprache und die Strukturunterschiede der Rechtssysteme bedingen jedoch den Umstand, dass es weder eine einzige deutsche oder französische, noch eine einheitliche internationale Rechtssprache gibt[409]. Es ist gerade dieser Mangel, der die Hauptschwierigkeit beim Übersetzen juristischer Texte darstellt. Die herrschende Meinung betrachtet diese Schwierigkeit als erheblich und schließt daraus, dass die juristische Übersetzung ein äußerst komplizierter Vorgang sei.[410] Der Fall der Übersetzung innerhalb eines Rechtssystems, wie in mehrsprachigen Ländern oder im Gemein-

---

[407]   Vgl. *Mincke*, ARSP 1991, 446 (449).

[408]   Vgl. *de Groot*, T&T 3.1991, 279 (282).

[409]   Siehe oben Kap. I., III. C. 1., S. 78 ff.

[410]   So *de Groot*, a.a.O., 279 (282); *Gémar*, Meta 1979, Bd. 24, Nr. 1, 35 (44); *Kerby*, La traduction juridique, in: Gémar (Hrsg.), Langage du droit et traduction, 1982, S. 3 (5).

schaftsrecht, stellt schließlich eine besondere Variante der juristischen Übersetzung dar, da es sich dabei „nur" um einen Wechsel der Rechtssprache handelt – jedoch nicht um einen Wechsel des Rechtssystems.

b) Mindermeinung

Koutsivitis[411] erhebt gegen die herrschende Meinung im Wesentlichen zwei Einwände.

(1) Normaler Wechsel der Kommunikationsgemeinschaft

(a) Meinung von Koutsivitis

Er betrachtet den Wechsel von einem Rechtssystem in ein anderes als einen üblichen Wechsel der Kommunikationsgemeinschaft und schließ daraus, dass sich die Probleme der juristischen Übersetzung von den Problemen der Übersetzung im Allgemeinen nicht unterscheiden. Die Kommunikationsgemeinschaft bestehe in allen Fachgebieten aus einer Grundlage an Hintergrundinformationen. Diese Grundlage umfasse im juristischen Bereich Rechtsdefinitionen, geschichtliche Zusammenhänge, Sitten, Institutionen und Verfahren und sei selbstverständlich von Rechtssystem zu Rechtssystem unterschiedlich. Diese Problematik stellt jedoch, laut *Koutsivitis*, keine Besonderheit dar.[412]

(b) Kritik

Diese Feststellung ist nicht zu widerlegen – jedoch muss ergänzt werden, dass diese Konstellation aus Rechtsdefinitionen etc. nicht nur die sogenannte juristische Kommunikationsgemeinschaft, sondern auch die juristische Fachsprache, die bei der Übersetzung auch Objekt des Wechsels ist, betrifft. Wegen der Notwendigkeit großer Präzision

---

[411] Vgl. *Koutsivitis*, La traduction juridique, 1988, S. 44.
[412] Vgl. *Koutsivitis*, a.a.O., S. 44.

drückt sich die Rechtssprache in feinen Nuancen aus, die besondere Schwierigkeiten für den Übersetzer darstellen. Über die allgemeine Polysemie[413] hinaus zeigen Beispiele wie „Vorsatz"/„intention"[414], inwiefern sowohl in Deutschland als auch in Frankreich ein unterschiedliches Verständnis des Begriffs vorherrscht. Ein weiteres Beispiel für diese feinen Nuancen ist der Begriff „judiciaire"[415], der sowohl im engen als auch im weiten Sinne verstanden werden kann. Die juristische Kommunikationsgemeinschaft unterliegt – wie kaum eine andere – Einflüssen aus sozialen, kulturellen, geschichtlichen, politischen, wirtschaftlichen und nicht zuletzt auch fachlichen juristischen Bereichen. Diese Einflüsse drücken sich ebenfalls durch feine Nuancen und durch die ständige Entwicklung der juristischen Terminologie aus[416], was ebenfalls besondere Schwierigkeiten für den Übersetzer nach sich zieht.

Der erste Einwand von *Koutsivitis* ist gerechtfertigt und führt dazu, die juristische Übersetzung nicht als einen absoluten Sonderfall zu betrachten. Dieser Fall kann dennoch als ein Wechsel der fachlichen juristischen Sprache und ein Wechsel der juristisch bedeutsamen, vielfältigen Kommunikationsgemeinschaft definiert werden, welcher besondere Probleme aufwirft.

(2) Internationalisierung des Rechts

(a) Meinung von Koutsivitis

Koutsivitis erhebt einen zweiten Einwand gegen die Besonderheit der juristischen Terminologie und zwar in Hinblick auf das Nichtbestehen einer internationalen Rechtssprache:

> „L'internationalisation impétueuse des relations politiques et économiques, et partant juridiques, entre les États, et l'unifor-

---

[413] Siehe oben Kap. I., III. A., S. 36 ff.
[414] Siehe oben Kap. I., III. A. 1. c. 2) a), S. 47.
[415] Siehe oben Kap. I., III. A. 2. a. 2), S. 50.
[416] Siehe oben Kap. I., III. B. 3., S. 65 ff.

118

misation des modes de vie conduit à la création d'un espace
culturel et, par conséquent, juridique, commun."[417]

Die Rechtssprache unterliegt als dynamische Fachsprache[418] einer
Internationalisierung, die zu einigen länderübergreifenden Rechtsbegriffen führt. Die Entstehung von Rechtsbegriffen unter Einfluss des
englischen oder amerikanischen Rechts kann hier erneut anhand der
Beispiele „Leasing" oder „Factoring"[419] verdeutlicht werden.

(b) Kritik

Derartige Rechtsbegriffe bilden eindeutig die Minderheit in der deutschen und französischen Terminologie. Einige neu entstandene Begriffe, die einem neuen „mode de vie"[420] bzw. einer ähnlichen Entwicklung entsprechen, führen dennoch nicht zur gleichen Rechtssetzung. Die Anerkennung der gleichgeschlechtlichen Partnerschaft in
Frankreich und Deutschland zeigt beispielsweise, dass – trotz gleicher
Richtung in der Entwicklung der Sitten – keine wirkliche Entsprechung der zwei nationalen Rechte gibt. In Frankreich kann der „pacte
civil de solarité" sowohl von zwei Personen gleichen Geschlechts, als
auch von zwei Personen verschiedenen Geschlechts geschlossen werden[421], wo hingegen das deutsche Gesetz die Alternative ausschließlich zwei Personen gleichen Geschlechts bietet[422].

Die Rechtsordnungen in Frankreich und Deutschland beruhen auf
gleichwertigen Rechtsvorstellungen[423], was sich aus ihrer Zugehörigkeit zum kontinentalen Rechtskreis erklärt[424]. Das deutsche und das
französische Rechtssystem unterliegen beide einer ähnlichen politi-

---

[417] *Koutsivitis*, La traduction juridique, 1988, S. 44.
[418] Siehe oben Kap. I., III. B. 3. a., S. 66; vgl. *Eriksen*, IDV-Rundbrief 54.1995, 30 (34).
[419] Siehe oben Kap. I., III. B. 3. b. 2) a), S. 74.
[420] *Koutsivitis*, a.a.O., S. 44.
[421] Art. 515-1 C. civ. i.d.F. v. 15.11.1999.
[422] § 1 (1) S. 1 LPartG, v. 16.02.2001 (BGBl. 2001 I S. 266).
[423] Vgl. *Paepcke*, Im Übersetzen leben, 1986, S. 267 f.
[424] Siehe oben Kap. I., II. C. 4., S. 35.

schen – und sozialen Entwicklung und die Möglichkeit, ähnliche Rechtsnormen zu entwickeln, ist gerade aufgrund des direkten oder indirekten Einflusses der Europäischen Gemeinschaft in der heutigen Zeit immanenter als jemals zuvor. Trotz aller Harmonisierungsbestreben wird es sich stets lediglich um ähnliche Rechtsnormen handeln und Unterschiede werden immer bestehen bleiben. Die Schwierigkeiten der Übersetzung in diesem Bereich werden dadurch jedoch nicht aufgehoben, da die kleinen Divergenzen in der juristischen Übersetzung vielfach sogar wichtiger und schwieriger sind als die Hauptkonvergenz[425]. Der zweite Einwand von *Koutsivitis* kann daher nicht bestätigt werden.

c) Fazit

Die Systemgebundenheit der Rechtssprache und die Strukturunterschiede der Rechtssysteme weisen vielfältige Facetten auf, die zu erheblichen Schwierigkeiten für den Übersetzer führt. Es ist daher klar, dass der Übersetzer „die nationalen Eigenheiten der jeweiligen Rechtssprache, in denen die betreffenden Rechtssysteme ausgedrückt sind, erkennen und sie beim Transfer gebührend berücksichtigen" muss[426]. Da der Wechsel der Rechtssprache und der juristischen Kommunikationsgemeinschaft besondere Umsicht erfordert, stellt die juristische Übersetzung sprichwörtlich einen „steinigen Weg"[427] dar.

d. Übersetzung der Bedeutungen

1) *Umsetzung des sogenannten „vouloir dire"*

In eine andere Kommunikationsgemeinschaft werden zudem auch sprachliche Einheiten umgesetzt, die nicht nur aus Wörtern, sondern auch aus Bedeutungen bestehen.[428] Dem Leser der Übersetzung soll

---

[425] Vgl. *Paepcke*, Im Übersetzen leben, 1986, S. 267 f.

[426] *Weisflog*, Rechtsvergleichung und juristische Übersetzung, 1996, S. 48.

[427] Vgl. *Kerby*, La traduction juridique, in: Gémar (Hrsg.), Langage du droit et traduction, 1982, S. 3 (5).

[428] Vgl. *Koller*, Grundprobleme der Übersetzungstheorie, 1972, S. 68.

der gleiche Inhalt mitgeteilt werden, der auch schon im Ausgangstext enthalten war:

> „Pour qu'il y ait traduction, il faut que le message transmis soit identique à celui du texte original. Le message ou sens du texte, c'est ce que son auteur veut dire au lecteur. C'est pourquoi nous l'appellerons aussi le vouloir dire."[429]

Die Aufgabe des Übersetzers besteht darin, die Information des Autors zu übermitteln, die seinen „in Worte umgewandelten Gedankengängen"[430] entspricht. Der wahre Sinn der Information (der sog. „vouloir dire") muss übermittelt werden und darüber hinaus vom Leser der Übersetzung in seiner eigenen Sprache gleichermaßen verstanden werden. Die Schwierigkeit der juristischen Übersetzung und insbesondere der juristischen Äquivalenz besteht daher aus der Suche eines Begriffs in der Zielrechtssprache, der im Vergleich zum Begriff aus dem Ausgangsrechtssystem in der Ausgangsrechtssprache zum einen eine äquivalente Definition besitzt und zudem äquivalent im Zielrechtssystem geregelt ist.

2)   Umsetzung der rechtlichen Bedeutung

Eines der juristischen Kennzeichen der Rechtssprache ist ihre Zweckbestimmtheit[431], das heißt anders ausgedrückt, dass „ein Rechtsbegriff gilt, wenn er rechtlich etwas Rechtserhebliches bedeutet"[432]. Die Verbindlichkeit des juristischen Textes kann ihn von anderen Textsorten unterscheiden[433], jedoch stoßen nicht alle juristischen Übersetzungen auf die Problematik der Umsetzung der Rechtsverbindlichkeit. Es muss an dieser Stelle festgelegt werden, was in dieser Arbeit als juristische Übersetzung betrachtet wird. Zu diesem Zweck sollen die von

---

[429]   *Dejean Le Féal*, T&T 3.1994, 7 (7 ff.).

[430]   *Weisflog*, Rechtsvergleichung und juristische Übersetzung, 1996, S. 31.

[431]   Siehe oben Kap. I., II. B. 1., S. 56.

[432]   *Lampe*, Juristische Semantik, 1970, S. 18.

[433]   Vgl. *Gémar*, Meta 1988, Bd. 33, Nr. 2, 305 (305).

der Literatur[434] angebotenen Unterteilungen nach der Textart und nach dem Übersetzungszweck dargestellt werden. Zuletzt wird definiert, was überhaupt im untersuchten Zusammenhang zwischen der französischen und der deutschen Rechtssprache praktisch übersetzt wird.

a) Unterteilung nach der Textart

Die vielseitige Rechtssprache kann unter dem Gesichtspunkt der Art des „vouloir dire" nach *Bocquet*[435] in drei Hauptgruppen[436] unterteilt werden. Die erste Kategorie umfasst Rechtsquellen, die hier als Texte verstanden werden, in denen die Realität nicht beschrieben, sondern erschaffen wird[437]. Es handelt sich um Rechtsnormen (Verfassungen, Gesetze, Verordnungen etc.), völkerrechtliche Verträge sowie andere sogenannte „instruktionelle"[438] Texte (Verträge, Satzungen etc.). Die zweite Kategorie enthält alle rechtsverbindlichen Entscheidungen der Rechtspflege und der Rechtsanwendung (gerichtliche Entscheidungen, Entscheidungen der Verwaltung etc.)[439]. Diese beiden ersten Kategorien sind rechtsverbindlich und dementsprechend ist besondere Vorsicht bei der Übersetzung geboten. Sie werden darüber hinaus von der Allgemeinheit als juristische Übersetzungen angesehen. Die letzte Kategorie, die in letztgenannter Hinsicht etwas streitig ist, umfasst die Texte oder Abhandlungen der juristischen Literatur (Rechtswissen-

---

[434] Vgl. *Weisflog*, Rechtsvergleichung und juristische Übersetzung, 1996, S. 53 ff.; *Bocquet*, Pour une méthode de traduction juridique, 1994, S. 2 f.; *ders.*, Traduction juridique et appropriation par le traducteur, 2000, in: La traduction juridique, Tradulex.org, http://www.tradulex.org/Actes2000/bocquet.pdf, S. 3 (Abfrage: 31. 05.2005); *Sandrini,* Translation zwischen Kultur und Kommunikation, in: ders. (Hrsg.), Übersetzen von Rechtstexten, 1999, S. 9 (12 f.).

[435] Vgl. *Bocquet*, Pour une méthode de traduction juridique, 1994, S. 2 f.; *ders.*, Traduction juridique et appropriation par le traducteur, 2000, in: La traduction juridique, Tradulex.org, http://www.tradulex.org/Actes2000/bocquet.pdf, S. 3 (Abfrage: 31.05.2005).

[436] Für eine vergleichbare Unterteilung nach den „types de message" vgl. *Cornu,* Linguistique juridique, 2000, S. 236 ff.

[437] Von den Linguisten als „performative Texte" bezeichnet, vgl. *Bocquet*, Pour une méthode de traduction juridique, 1994, S. 2.

[438] *Sandrini,* a.a.O., S. 9 (12).

[439] Vgl. *Bocquet*, a.a.O., S. 3.

schaft und Rechtsphilosophie[440]). Es handelt sich hierbei nicht um rechtsverbindliche Texte, sondern lediglich um Texte, die über das Recht schreiben. In Hinblick auf die juristische Terminologie sind diese Texte jedoch auch relevant, da sie selbige ebenfalls verwenden. Ihre Übersetzung wird daher in dieser Arbeit ebenfalls als juristisch betrachtet[441]. Die juristische Übersetzung kann somit als die „Übertragung und Vermittlung von Rechtsvorschriften bzw. Rechtsinhalten und im weitesten Sinn von rechtlicher Information"[442] definiert werden.

Die Unterteilung nach Textzwecken ist aber nicht immer eindeutig vorzunehmen, da die Textarten vielfach untereinander vermischt werden (ein Vertrag kann z.B. einen Auszug eines Gesetzestextes zitieren). Wichtig ist daher ebenfalls zu wissen, zu welchem Zweck die Übersetzung erfolgt.

b)   Unterteilung nach dem Übersetzungszweck

(1)   Unterteilung von Nord

Die Definitionen und Methoden der juristischen Übersetzung hängen nicht nur von der Textart, sondern auch vom Zweck der Übersetzung ab. In Anlehnung an *Nord*[443] wird nun der Unterschied zwischen dokumentarischen und instrumentellen Übersetzungen (oder informativen und imperativen Übersetzungen[444]) dargestellt. Bei einer dokumentarischen Übersetzung wird schlichtweg aus kognitiven Zwecken übersetzt, um den Leser über den Inhalt des Ausgangstextes zu informieren. Derartige Übersetzungen sind unter anderem für die Rechtsvergleichung notwendig und werden dementsprechend für die Litera-

---

[440]   Vgl. *Weisflog*, Rechtsvergleichung und juristische Übersetzung, 1996, S. 53.

[441]   So *Politis/Canellopouloi-Botti*, Le sort des référents pragmatologiques dans le texte d'arrivée en traduction juridique, 2000, in: La traduction juridique, Tradulex.org, http://www.tradulex.org/Actes2000/Politis.pdf, S. 1 f. (Abfrage: 31.05. 2005).

[442]   *Sandrini*, Translation zwischen Kultur und Kommunikation, in: ders. (Hrsg.), Übersetzen von Rechtstexten, 1999, S. 9 (15).

[443]   Vgl. *Nord*, Einführung in das funktionale Übersetzen, 1993, S. 24 ff.

[444]   Vgl. *Weisflog*, a.a.O., S. 54.

tur im weiteren Sinne verwendet[445]. Bei einer instrumentellen Übersetzung soll nach *Nord* der Zweck des Ausgangstextes ebenfalls der Zweck des Zieltextes sein.

(2)   Anpassung an das deutsche und das französische Recht

Im engeren Sinne würde dieser Fall der instrumentellen Übersetzung hauptsächlich die juristische Übersetzung der Gesetzgebung in multilingualen Ländern (wie Kanada, Belgien oder Schweiz) oder in der Europäischen Gemeinschaft betreffen. Die Aufgabe des Übersetzers besteht dann darin, den vom Gesetzgeber verfolgten Zweck dadurch Geltung zu verschaffen, dass die Übersetzung tatsächlich die gleiche Rechtswirkung wie der Ausgangstext aufweist. Hinsichtlich der Übersetzung zwischen Frankreich und Deutschland wird diese zweite Kategorie im Rahmen dieser Arbeit umfassend untersucht. Die instrumentelle Übersetzung wird hier als eine Übersetzung bewertet, bei der die Rechtsverbindlichkeit des Ausgangstextes im Zieltext bestehen bleibt. Das heißt mit anderen Worten, die Übersetzung ergibt einen Text, der auch in sich rechtlich eine Wirkung aufweist[446].

c)   Fälle der juristischen Übersetzung zwischen Frankreich und Deutschland

(1)   Rechtsnormen

Zwischen Frankreich und Deutschland werden private oder wissenschaftliche[447] Übersetzungen des nationalen Rechts vorgenommen, die hauptsächlich der Information des Lesers dienen[448].

---

[445]   Vgl. *Berteloot*, Der Rahmen juristischer Übersetzungen, in: de Groot/Schulze (Hrsg.), Recht und Übersetzen, 1999, S. 101 (103); (105).

[446]   Für eine Auslegung dieser Unterteilung vgl. *Dullion*, Du document à l'instrument, 2000, in: La traduction juridique, Tradulex.org, http://www. tradulex.org/Actes2000/dullion.pdf, S. 1 (Abfrage: 31.05.2005).

[447]   Zwischen dem französischen und dem deutschen Recht soll an dieser Stelle die hervorragende Leistung der Universität des Saarlandes mit ihrem „*Centre juridique français-allemand*" betont werden. Dort sind im Internet Übersetzungen kostenlos zugänglich, z.B. die französische Constitution ins Deutsche, das Grundge-

(2)   Völkerrechtliche Verträge

Bilaterale völkerrechtliche Verträge zwischen diesen beiden Ländern
sind zwar aufgrund ihrer Vielzahl äußerst relevant, jedoch weniger aus
der Perspektive der Übersetzung. Diese Verträge werden selten übersetzt, sondern vielmehr bereits bilingual verfasst[449]; es gibt somit
schon zwei Urschriften, wobei jeder Wortlaut gleichermaßen verbind-
lich ist.

(3)   Gerichtsentscheidungen

Zur Vollstreckung von ausländischen Urteilen spielt vor allem die
(instrumentelle) Übersetzung eine wesentliche Rolle – auch wenn das
Verfahren der Exequatur[450] im europäischen Raum in diversen Gebieten schon abgeschafft worden ist[451].

---

setz ins Französische sowie wichtige Rechtsnormen aus allen Rechtsgebieten.
Vgl. *Centre juridique franco-allemand*, BIJUS-Norm (Datenbank), in: Universität des Saarlandes, http://www.jura.uni-sb.de/BIJUS/norm.htm (Abfrage: 31.05.
2005).
Ebenfalls erwähnt werden soll das französische „*Juriscope*" in Poitiers, als öf-
fentlich-rechtliches Institut, dessen Ziel es ist, „internationale juristische Informationen ohne Sprachhindernisse" zu liefern und u.a. Übersetzungen von deutschen
Gesetztexten ins Französische anbietet, vgl. *Juriscope*, Traduction de textes
étrangers (Datenbank), in: Juriscope, http://www.juriscope.org/publications/
documents/index.htm (Abfrage: 31.05.2004).

[448]   Vgl. *Sun*, La traduction juridique du français vers le chinois, Bd. I, 2000, S. 200.

[449]   Diese Aussage ergibt sich aus einer eigenen Untersuchung der bilateralen Verträge zwischen Frankreich und Deutschland der letzen 10 Jahren anhand von Do-
kumenten veröffentlicht in: *Ministère des affaires étrangères*, Base Pacte/Traités
bilatéraux (Datenbank), in: Ministère des affaires étrangères, http://www.doc.
diplomatie.gouv.fr/BASIS/pacte/webext/bilat/sf (Abfrage: 31.05.2005).

[450]   Oder Vollstreckungsurteil.

[451]   Vgl. Verordnung (EG) Nr. 805/2004 des Europäischen Parlaments und des Rates
v. 21. April 2004, zur Einführung eines europäischen Vollstreckungstitels für un-
bestrittene Forderungen, ABl. EG Nr. L 143 v. 30.04.2004, S. 0015.

(4)   Alltägliche Aufträge des privaten juristischen Überset-
zers

Privatrechtliche Verträge werden hauptsächlich für die Betroffenen selbst übersetzt – und darüber hinaus (im Fall späterer Komplikationen) auch in übersetzer Form von Schieds- oder ordentlichen Gerichten verwendet[452]. Übersetzungen von Verträgen, Urkunden und Prozessakten machen zwar einen wesentlichen Teil der alltäglichen Übersetzungsaufträge aus, müssen aber auch mit Vorsicht durchgeführt werden, da sie in den meisten Fällen beglaubigt werden und damit auch die übersetzte Fassung Rechtsverbindlichkeit erlangt[453].

e.   Fazit

Der Bedarf an juristischen Übersetzungen entsteht nicht ausschließlich bei der Rechtsvergleichung, sondern immer dann, wenn eine „interlinguale" oder „zwischensprachliche" Kommunikation stattfinden soll[454] bzw. dann, wenn die Kommunikation wegen der Sprachenverschiedenheit nicht möglich war (dem Bild der „Brücke" entsprechend). Die Merkmale der Rechtssprache spiegeln sich in den juristischen Übersetzungen wider, die sowohl technischer, als auch kultureller, wissenschaftlicher und sozialer Natur sind[455]. Aus der Tatsache, dass die Fachliteratur zur juristischen Übersetzung mittlerweile zahlreich geworden ist, darf nicht geschlussfolgert werden, dass sie ein besonderes Phänomen ist[456]. Es ist möglich, sich der Ansicht von *Koutsivitis* anzuschließen, wonach sie zu den fachlichen Übersetzungen im weiteren Sinne gehört,[457] obwohl sie der herrschenden Meinung entsprechend

---

[452]   Vgl. *Berteloot*, Der Rahmen juristischer Übersetzungen, in: de Groot/Schulze (Hrsg.), Recht und Übersetzen, 1999, S. 101 (104); *Triebel*, NJW 2004, 2189 (2191).

[453]   Vgl. *Berteloot*, a.a.O., S. 101 (106).

[454]   Vgl. *Weisflog*, Rechtsvergleichung und juristische Übersetzung, 1996, S. 28.

[455]   Vgl. *Koutsivitis*, Meta 1990, Bd. 35, Nr. 1, 226 (226).

[456]   Vgl. *Sun*, La traduction juridique du français vers le chinois, Bd. I, 2000, S. 199, S. 229; *Gémar*, Meta 1979, Bd. 24, Nr. 1, 35 (37).

[457]   Vgl. *Koutsivitis*, a.a.O., 226 (226).

zahlreiche Besonderheiten und spezifische Probleme aufweist[458].
Diese Eigenheiten beeinflussen naturgemäß auch den gesamten
Vorgang der juristischen Übersetzung sowie auch ihre Methoden.

B. Übersetzungsvorgang

Die Übersetzung ist allgemein als „Brücke" definiert worden – jedoch
ist heute immer noch höchst umstritten, mit welchen Methoden diese
„Brücke" zu bauen ist, da es sich eindeutig um eine sehr diffizile Aufgabe handelt[459]. Zunächst sollen die verschiedenen Schritte des Vor-
gangs dargestellt werden, worauf die Problematik der Treue der Übersetzung folgt.

1. Beschreibung des Übersetzungsprozesses

Die Beschreibung bezieht sich auf die Übersetzung im Sinne der
Handlung bzw. der Tätigkeit des Übersetzers. Jede Art von Kommunikation besteht aus drei Grundelementen: der Informationsquelle
(Sender), der Information selbst (Mitteilung oder Botschaft) und dem
Informationsempfänger[460]. Diese Unterteilung beschreibt jedoch eine
einsprachige Kommunikation, wobei die Übersetzung eine interlinguale oder zwischensprachliche Kommunikation darstellt. Der Prozess
der Übersetzung kann dennoch nach dieser ersten Unterteilung in drei
Phasen beschrieben werden. Zuerst muss die primäre Informationsquelle in der Ausgangssprache verstanden und gegebenenfalls analysiert werden. Danach muss die Information in der Zielsprache formuliert werden (der sogenannte Kodierungswechsel) und diese Information zuletzt vom Leser der Übersetzung empfangen bzw. verstanden
oder dekodiert werden[461].

---

[458] So *Gémar*, Meta 1979, Bd. 24, Nr. 1, 35 (37); *Weisflog*, Rechtsvergleichung und
juristische Übersetzung, 1996, S. 41; *Koutsivitis*, a.a.O., 226 (226).

[459] Vgl. *d'Hulst*, Cent ans de théorie française de la traduction, 1990, S. 7.

[460] Vgl. *Weisflog*, a.a.O., S. 30.

[461] Vgl. *Weisflog*, a.a.O., S. 31; *Bocquet*, Pour une méthode de traduction juridique,
1994, S. 7; *Koller*, Grundprobleme der Übersetzungstheorie, 1972, S. 71 f.

a.   Analyse des zu übersetzenden Textes

1)   Allgemeine Darstellung

Die erste Phase der Übersetzung wird als semasiologisch[462] bezeichnet, da sie sich primär mit der Bedeutung des Textes oder des Begriffs beschäftigt. Sie muss mit aller Sorgfalt durchgeführt werden, da das richtige Verständnis des Ausgangstextes eine „conditio sine qua non" jeder Übersetzung ist[463].

Die Schwierigkeit des richtigen Verständnisses beruht sowohl auf den Schwierigkeiten des zu übersetzenden Textes selbst (z.B. auf dessen Fachlichkeit), als auch auf der Tatsache, dass der Übersetzer meistens aus einer fremden Sprache übersetzt. In der Praxis wird stets verlangt, dass der Übersetzer die Zielsprache perfekt beherrscht, diese seine Muttersprache ist und die Ausgangssprache seine Fremdsprache darstellt.

Diese erste Phase gehört noch nicht zum eigentlichen Übersetzungsvorgang und wird hauptsächlich aus diesem Grund unterschätzt. Einige Laien vertrauen dabei ausschließlich den bilingualen Wörterbüchern, sodass ihr Verständnis des zu übersetzenden Begriffs nur auf diesen Übersetzungsvorschlägen beruht. Es ist also wichtig, dass der Sinn des Ausgangstextes vom Übersetzer nicht etwa erraten, sondern sicher beherrscht wird. Nur wenn er erfasst hat, was der Autor tatsächlich ausdrücken will, kann der Übersetzer diese Botschaft auch richtig übertragen.

2)   Analyse juristischer Texte

a)   Verstehensproblem

Obwohl diese Phase noch nicht zum eigentlichen Prozess der Übersetzung gehört, stellt die erste Grenze des Verstehens auch unzweifelhaft die erste Grenze des Übersetzens dar. Angesichts der Fachlichkeit der Rechtssprache bilden rechtssprachliche Kenntnisse der Ausgangsspra-

---

[462]   Nach der Wissenschaft bzw. Lehre von den Bedeutungen.

[463]   Vgl. *Weisflog*, Rechtsvergleichung und juristische Übersetzung, 1996, S. 32; *Freitag*, Domaine public – ouvrage public, 1978, S. 142.

che und juristische Kenntnisse des Ausgangsrechtssystems die Grundlage für das richtige Verstehen. Im Gegensatz zu den Bereichen mit sogenannten universalen Beständen[464] beschränkt sich die juristische Übersetzung jedoch nicht nur auf das Verstehen von technischen Termini. Vielmehr stößt der Übersetzer auf zahlreiche Probleme, die sich sowohl aus der engen Beziehung der Rechtssprache zur Allgemeinsprache ergeben, als auch aus anderen unterschiedlichen Einflüssen wie beispielsweise die hier untersuchten Besonderheiten des Wechsels der Kommunikationsgemeinschaft[465]. Dies verlangt als notwendigen Schlüssel das richtige Verstehen des „vouloir dire" des ganzen Textes, um eine korrekte Übersetzung vornehmen zu können[466].

Das richtige Verständnis des gesamten Textes verlangt schließlich nicht nur dessen Analyse, sondern auch seine Auslegung bzw. seine Interpretation, wobei die Auslegung juristischer Texte einen besonderen Vorgang darstellt.

b) Interpretation

Übersetzung ist unter anderem „Interpretation, indem sie einen gegebenen Text auf eine bestimmte Weise verstehbar macht und zum Verstehen bringt."[467] Die Bedeutung der Interpretation in der Rechtswissenschaft zeigt sich dadurch, dass die juristische Wissenschaft eines der wenigen Gebiete ist, das sogar seine eigenen Auslegungsmethoden entwickelt hat[468]. Die Problematik besteht aber darin, ob und wenn ja inwieweit dem Übersetzer eine juristische Interpretation erlaubt sein soll.

---

[464] Siehe oben Kap. II., II. A. 2. c. 1) b), S. 114.

[465] Siehe oben Kap. II., II. A. 2. c. 2), S. 115 ff.; insb. Kap. II., II. A. 2. c. 2) b) (1), S.116.

[466] Vgl. *Koutsivitis*, La traduction juridique, 1988, S. 43.

[467] *Koller*, Grundprobleme der Übersetzungstheorie, 1972, S. 64.

[468] Vgl. *Gémar*, Meta 1988, Bd. 33, Nr. 2, 305 (305).

(1) Grenzen

Die herrschende Meinung[469] unterscheidet zwei Arten der Interpretation des Ausgangstextes. Der Übersetzer muss zunächst den Text interpretieren bzw. analysieren, damit er seinen Sinn richtig versteht, um ihn übertragen zu können. Die rechtliche Auslegung hingegen liegt eigentlich nicht in seinen Kompetenzbereich, da dies dem Rechtsanwender überlassen werden muss. Dieser Unterschied ermöglicht aber keine eindeutige Festlegung der Grenzen der möglichen Interpretation durch den Übersetzer, da die Suche nach dem Sinn eines Textes nicht immer klar von der juristischen Auslegung abgegrenzt werden kann.

Die Suche nach dem Sinn des Textes (oder des Begriffs) muss auch von der Suche nach seiner Absicht unterschieden werden. Die Absicht eines Textes, die meist nicht ausdrücklich zum Vorschein kommt, soll durch die Übersetzung nicht verdeutlicht werden. Vielmehr soll der Sinn in seinem vollständigen Umfang übertragen werden[470]. Dies bedeutet, dass die Abstraktion eines Gesetzestextes nicht zu lösen ist, indem die Übersetzung beispielsweise alle konkreten Fälle seiner Anwendung auflistet. Die Übersetzung des Oberbegriffs „règlement" mit seinen Unterbegriffen hätte aus diesem Grund ausgeschlossen werden müssen[471].

Dieser Unterschied ist wesentliche Grundlage der Theorie der auslegenden Übersetzung („théorie de la traduction interprétative"[472] oder

---

[469] So *Weisflog*, Rechtsvergleichung und juristische Übersetzung, 1996, S. 33; *Moreau*, L'avenir de la traduction juridique, in: Snow/Vanderlinden (Hrsg.), Français juridique et science du droit, 1995, S. 267 (275); *Gémar*, Meta 1990, Bd. 35, Nr. 4, 657 (658 ff.); *Sun*, La traduction juridique du français vers le chinois, Bd. I, 2000, S. 243 ff.

[470] Vgl. *Sun*, a.a.O., S. 244, S. 246.

[471] Siehe oben Kap. II., I. B. 2. c. 1), S. 101; insb. Kap. II., I. B. 2. c. 1) c) (2), S. 103.

[472] Vgl. *Koutsivitis*, La traduction juridique: liberté et contraintes, in: Lederer/Israël (Hrsg.), La liberté en traduction, 1991, S. 139 (144).

130

„théorie interprétative de la traduction"[473]), die sich lediglich mit dem Sinn – und nicht mit dem Zweck – des Textes beschäftigt.

(2) Notwendige Interpretation

(a)   Übersetzungshandlung

Der Unterschied zwischen der Übersetzung als Handlung und der Übersetzung als Endresultat[474] bekommt an dieser Stelle seine Relevanz. Die Literatur beschreibt die Grenzen und die Aufgaben der Übersetzung als Endresultat. Dennoch bleibt die Frage unbeantwortet, inwieweit der Übersetzer tatsächlich die juristische Auslegung benötigt, damit er den Sinn des Ausgangstextes genau versteht. Die dargestellten Grenzen können bei der Übersetzung als Handlung nicht angewendet werden. Dem Übersetzer müssen alle Methoden offen gelassen werden, um den genauen Sinn zu erforschen. Diese Meinung entspricht dem von *Sparer* geschilderten Bild in Bezug auf die Ausbildung des Übersetzers:

„... le droit constitue un système doté d'une dynamique. Ignorer la structure et la dynamique de ce système priverait les futurs traducteurs ou traductrices d'une perspective importante. Cela reviendrait à leur confier mille morceaux d'un casse-tête sans leur montrer la figure à reproduire. Nous en ferions des ouvriers et des ouvrières à qui on fait assembler les pièces d'un appareil dont jamais ils ou elles ne sauront à quoi il sert ni comment il fonctionne. Comment pourront-ils dans ces conditions connaître la conséquence d'une variation ou d'un oubli dans la séquence de fabrication qui leur est impartie?"[475]

Demnach sollen die Übersetzer die juristischen Auslegungsmethoden kennen und anwenden, um die Rätsel des juristischen Textes lösen zu können.

---

[473]   Vgl. *Sun*, La traduction juridique du français vers le chinois, Bd. I, 2000, S. 244.
[474]   Siehe oben Kap. II., II. A. 2. a., S. 111.
[475]   *Sparer*, Meta 1988, Bd. 33, Nr. 2, 320 (321).

(b)   Konkrete Anwendung

Dies bedeutet für den Übersetzer von Rechtsnormen, dass er die Möglichkeit hat, Interpretationen nach dem Wortlaut vorzunehmen ebenso wir die grammatische, systematische, genetische Interpretationen anzuwenden und sich der historischen und der teleologischen Auslegung zu bedienen.[476] Der heutige Vorrang der teleologischen Auslegung zeigt nicht nur die Bedeutung des Sinnes, sondern auch des Zwecks eines Gesetzes. Um das Beispiel der Abstraktion einer Norm aufzugreifen, bedeutet es dies hier, dass der abstrakte Aspekt eines solchen Textes vom Übersetzer für sein besseres Verstehen erforscht werden darf, damit er diesen Aspekt vollständig im Zieltext wiederaufbauen kann.

Übersetzer von Verträgen und Willenserklärungen sollen sich wiederum an ein Prinzip halten, das in ähnlicher Weise im deutschen[477] als auch im französischen[478] Recht festgelegt worden ist. Danach soll er den wirklichen Willen der Partei herausfinden und nicht am buchstäblichen Sinne des Ausdruckes haften. Eine ausschließlich wörtliche oder grammatische Interpretation ist daher abzulehnen.

3)   Störungen

Mögliche Störungen dieser Phase der Übersetzung rühren vom Missverständnis oder vom ungenauen Verstehen des Ausgangstextes seitens des Übersetzers her. Dies lässt sich entweder mit ungenügenden Sprachkenntnissen (allgemein oder rechtssprachlich) oder mit mangelhafter oder ungenauer Kenntnisse des Kontextes bzw. des Ausgangsrechtsystems erklären[479]. Das richtige Verstehen des Sinnes des Ausgangstextes kann anhand einer Vielzahl von Mitteln erfolgen, wozu auch die juristische Auslegung gehört.

---

[476]   Für eine Darstellung der Auslegungsmethoden vgl. statt vieler *Robbers*, Einführung in das deutsche Recht, 2002, S. 28 f.

[477]   § 133 BGB.

[478]   Art. 1156 C. civ.

[479]   Vgl. statt vieler *Koller*, Grundprobleme der Übersetzungstheorie, 1972, S. 73.

132

Folge dieser Störungen ist dementsprechend die Verfälschung der Botschaft, womit sich beispielsweise der berühmte italienische Ausdruck „traduttore - traditore" (Übersetzer -Verräter)[480] erklären lässt.

b. Kodierungswechsel

1) Beschreibung

Wenn der Übersetzer den Ausgangstext richtig verstanden hat, kann er mit der zweiten Phase der Übersetzung, der eigentlichen Übersetzungshandlung beginnen. Dabei geht es darum, den Ausgangstext oder die Ausgangsinformation aus der Ausgangssprache in die Zielsprache zu übertragen und somit umzukodieren. Diese Phase besteht in der Praxis aus zwei Schritten[481].

a) **Transfer**

Wenn der Übersetzer zuerst den Ausgangstext in die Zielsprache überträgt, beschäftigt er sich hauptsächlich damit, den genauen Inhalt der Botschaft zu kodieren und wird dabei mit dem Problem der Äquivalenz konfrontiert. Die Schwierigkeit der Übertragung besteht im Übersetzungsgebot oder mit anderen Worten, im Versuch, so viele Bedeutungsnuancen oder Merkmale des Ausgangsbegriffs wie möglich im Zielbegriff wiederzugeben.[482]

b) **Restrukturierung**

Wenn die Übersetzung einen ganzen Text und nicht nur einen einzelnen Begriff umfasst, besteht der Kodierungswechsel noch aus einem zweiten Schritt. Nachdem sich der Übersetzer zunächst primär mit dem Inhalt beschäftigt hat, ist als Übersetzungsprodukt ein Text ent-

---

[480] Vgl. *Weisflog*, Rechtsvergleichung und juristische Übersetzung, 1996, S. 32.
[481] Vgl. *Weisflog*, a.a.O., S. 33 f.
[482] Vgl. *Kußmaul*, Wie genau soll eine Übersetzung sein? in: Wilss/Thome (Hrsg.), Die Theorie des Übersetzens und ihr Aufschlußwert für die Übersetzungs- und Dolmetschdidaktik, 1984, S. 52 (53).

standen, der vielfach von einem Muttersprachler der Zielsprache nicht lesbar bzw. wegen seiner Form oder seines Stils nicht akzeptabel ist. Der Übersetzer muss daher im zweiten Schritt seinen Text neu strukturieren und oftmals sogar neu schreiben. Empfehlenswert ist es daher, dass der Übersetzer nach der Überprüfung der Richtigkeit der inhaltlichen Übertragung, diese Restrukturierung durchführt, ohne den Ausgangstext vor Augen zu haben. Das „Weglassen" des Ausgangstextes ist notwendig, um einen Text tatsächlich in die Zielsprache zu übertragen und sich nicht in einer Mischung von Syntax, Semantik und Stil aus zwei Sprachen zu verlieren. Dieser zweite Schritt, der sich nicht mit dem Inhalt, sondern ausschließlich mit der Sprache beschäftigt, ist nicht nur für literarische Texte wichtig, sondern für jede Art von Übersetzung notwendig. Die „ideale" Übersetzung sollte letztendlich nicht nur den kompletten Inhalt des Ausgangstextes übertragen, sondern so klingen, als wäre sie ursprünglich in der Zielsprache erdacht und ausgedrückt worden.[483]

2) *Störungen*

Die Folgen des unvollständigen oder falschen Verstehens während der Phase der Analyse können zum einen zur Umkodierung eines unrichtigen Inhalts führen. Darüber hinaus kann ein Kenntnismangel in der Zielsprache oder im Zielrechtssystem zu einer inadäquaten Umkodierung oder Wiedergabe der Botschaft führen. Schwerwiegende Störungen bei der Wiedergabe ergeben sich dennoch hauptsachlich aus strukturellen Unterschieden im juristischen Bereich zwischen dem Ausgang- und dem Zielrechtssystem.[484]

---

[483] Vgl. *Koller*, Grundprobleme der Übersetzungstheorie, 1972, S. 115.
[484] Vgl. *Koller*, a.a.O., S. 73.

c.   Dekodierung des zu übersetzenden Textes

1)   *Beschreibung*

Der Leser der Übersetzung empfängt letztlich die ursprünglich in der Ausgangssprache vom Autor formulierte Botschaft in seiner eigenen Sprache (der Zielsprache). Diese Handlung wird nicht von allen Verfassern als wirkliche Phase der Übersetzung anerkannt[485] – jedoch spielt der Leser in jedem Fall eine bedeutsame Rolle bei der Übersetzung. Eine Übersetzung oder eine zweisprachige Kommunikation kann erst dann erfolgreich sein, wenn die mit der Botschaft erzielte Intention des Autors mit dem Effekt der übersetzten Botschaft beim Empfänger übereinstimmt.[486]

Der Leser spielt nicht zuletzt auch deshalb eine wichtige Rolle, weil es äußerst bedeutsam für die Übersetzung ist, zu wissen für welchen Leser bzw. zu welchem Zweck[487] sie angefertigt wird.[488]

2)   *Störungen*

Mögliche Störungen in dieser letzten Phase rühren vorwiegend von Störungen der ersten beiden Phasen her. Die Fehlleistungen des Übersetzers im Verständnis des Ausgangstextes oder im Kodierungswechsel führen unweigerlich zu Fehlern beim Empfänger[489] oder zu einem Missverständnis des Zieltextes durch den Leser. *Koller*[490] betrachtet außerdem die eigenen Fehlleistungen des Lesers als Störung, indem er die Botschaft des Ausgangstextes nur ungenau oder sogar missver-

---

[485]   So *Bocquet*, Pour une méthode de traduction juridique, 1994, S. 7; *Weisflog*, Rechtsvergleichung und juristische Übersetzung, 1996, S. 31 ff.; anders *Koller*, Grundprobleme der Übersetzungstheorie, 1972, S. 72 f.

[486]   Vgl. *Koller*, a.a.O., S. 72.

[487]   Für die Unterteilung zwischen dokumentarischen und instrumentellen Übersetzungen nach dem Übersetzungszweck, siehe oben Kap. II., II. A. 2. d. 2) b), S. 122.

[488]   Vgl. *de Groot*, Das Übersetzen juristischer Terminologie, in: ders./Schulze (Hrsg.), Recht und Übersetzen, 1999, S. 11 (22 f.).

[489]   Vgl. *Koller*, a.a.O., S. 73.

[490]   Vgl. *Koller*, a.a.O., S. 73.

steht. Wenn die ersten beiden Phasen jedoch richtig durchgeführt worden sind, führen diese Fehlleistungen des Lesers zwar zu einer Störung der Kommunikation, jedoch nicht zu einem Mangel der Übersetzung.

d. Fazit

Der gerade dargestellte Übersetzungsprozess wird durch die grundlegende graphische Darstellung von *Weisflog*[491] in sehr anschaulicher Weise zusammengefasst.

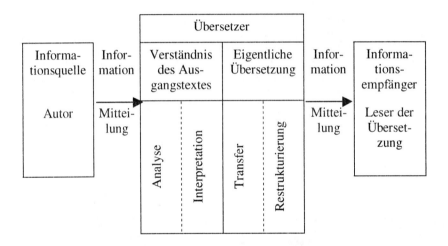

Auch wenn sie nicht zur Übersetzung im eigentlichen Sinne gehört, darf die Phase des Verständnisses des Ausgangstextes nicht unterschätzt werden. Nur wenn sie mit äußerster Sorgfalt durchgeführt wird, können Fehler vermieden werden, die ansonsten später in der Übersetzung irreparabel sind und die Übersetzung somit zwangsläufig verfälschen. Die Verständnisprobleme beruhen insbesondere auf den Schwierigkeiten der juristischen Terminologie und deren Interpretation. Diese Probleme sind nicht allein mit Hilfe von zweisprachigen

---

[491] *Weisflog*, Rechtsvergleichung und juristische Übersetzung, 1996, S. 34.

Wörterbüchern zu bekämpfen, sondern ihre Lösung liegt in einer juristischen Ausbildung und Weiterbildung des Übersetzers. Diese Schwierigkeiten sind zwar nicht die eigentlichen Probleme der Übersetzung, jedoch praktische Probleme, mit denen der Übersetzer täglich zu kämpfen hat. Die Schwierigkeiten, die zur eigentlichen Übersetzung bzw. Übertragung der Botschaft gehören, betreffen vor allem die Suche nach einem äquivalenten Begriff. Bevor diese grundlegende Problematik ausführlich untersucht wird, soll zuvor noch das Thema der Treue der Übersetzung behandelt werden, das den Übersetzungsvorgang ebenfalls nicht unwesentlich beeinflusst.

2. *Treue der Übersetzung*

Zum Thema der Treue der Übersetzung stellen sich vor allem zwei Fragen, und zwar zum einen inwiefern die Übersetzung im Sinne des Endprodukts dem Ausgangstext gegenüber treu sein soll. Dies entspricht der klassischen Frage der wörtlichen Übersetzung. Zum anderen ist fraglich, über welchen Spielraum der Übersetzer, in der Phase des Kodierungswechsels bzw. der Übersetzung als Handlung, verfügt. Dabei geht es um eine eventuelle Änderung des Ausgangstextes.

a.   Wörtliche oder nicht wörtliche Übersetzung?

1)   Allgemeine Darstellung und Entwicklung der Literatur

Bei der Darstellung des Übersetzungsvorgangs wird traditionell[492] nach der Wahl zwischen einer wörtlichen („verbum e verbo") oder nicht wörtlichen Übersetzung (sinngemäß, „sed sensum expremiere de sensu") gefragt.

---

[492]   Diese Frage ist bereits von *Cicero* und *Hieronymus* gestellt worden; vgl. statt vieler *Weisflog*, Rechtsvergleichung und juristische Übersetzung, 1996, S. 35.

a) Wort-für-Wort-Übersetzung

Im Mittelalter war die wörtliche Übersetzung (sogar Interlinearversion) üblich. Die Umsetzung von sakralen Texten durfte weder das Wort, noch die Wortfolge verändern, da es sich um das Gottes Wort und dessen (möglicherweise auch verborgenen) Sinn handelte.[493] Diese Methode fand naturgemäß vor allem in der literarischen Übersetzung ihre Grenze, da die Wort-für-Wort-Übersetzung die syntaktischen Regeln des Ausgangstextes beibehielt. Sie entwickelte sich weiter in die Satz-für-Satz-Übersetzung, die noch als wörtliche Übersetzung bezeichnet werden kann, jedoch die syntaktischen Regeln der Zielsprache beachtete.[494]

b) Duale Bindung des Übersetzers

Anfang des 19. Jahrhunderts drückte die Übersetzungswissenschaft die Frage nach der Wahl zwischen wörtlicher oder nicht wörtlicher Übersetzung auf etwas andere Art und Weise aus. In Hinblick auf die traditionelle Definition der Übersetzung als „Brücke"[495], hat der „Brückenbauer" (der Übersetzer) – besonders im Fall eines Wechsels der Sprache und der Kommunikationsgemeinschaft (wie im juristischen Bereich) – eine erhebliche „Kluft" zu überbrücken. Da er sein Werk auf beiden „Pfeilern" ins Gleichgewicht bringen muss, ist der Übersetzer sowohl dem Autor und seinem Ausgangstext, als auch dem Leser, für den die Übersetzung angefertigt wird und dessen Sprache und Kultur verpflichtet. Er ist dem Autor und dem Leser gegenüber gewissermaßen „Treue" schuldig, und zwar insofern, als dass er – von beiden Perspektiven aus betrachtet – eine verständliche, sinntreue und stilgemäße Übermittlung leisten muss.[496]

---

[493] Vgl. *Störig*, Einleitung, in: ders. (Hrsg.), Das Problem des Übersetzens, 1969, S. VI (XXV).

[494] Vgl. *Wilss*, Übersetzungsunterricht, 1996, S. 179 f.; *Störig*, a.a.O., S. VI (XXVI).

[495] Für die Definition der Übersetzung als Brücke, siehe oben Kap. II., II. A. 2. a., S. 111.

[496] Vgl. *Störig*, a.a.O., S. VI (XXVI).

Diese Dichotomie ist somit der Schwerpunkt der Geschichte der Methodik der Übersetzung und wird unter anderem auch von *Goethe* und insbesondere von *Schleiermacher* erläutert: „Entweder der Übersetzer lässt den Schriftsteller möglichst in Ruhe und bewegt den Leser ihm entgegen; oder er lässt den Leser möglichst in Ruhe und bewegt den Schriftsteller entgegen."[497] Diese Darstellung verdeutlicht die gegenseitigen Forderungen, die miteinander unvereinbar sind. Trotz des Bildes der tragfähigen „Brücke" betont die herrschende Meinung, dass der Übersetzer sich für seinen gesamten Text für eine der beiden gegensätzlichen Methoden entscheiden muss[498], da ein Wechsel innerhalb desselben Textes zur Unverständlichkeit führen würde[499].

(1)   Treue dem Verfasser gegenüber

Die erste Methode widmet ihre Treue dem Verfasser des Ausgangstextes und wird daher als „ausgangsprachlich und ausgangstextlich orientierte Übersetzung"[500] bezeichnet. Diese Übersetzungsmethode versucht, dem Ideal der Originaltreue so nahe wie möglich zu kommen[501]. Das Endprodukt ist daher derart stark auf die Ausgangskultur ausgerichtet, dass es auf den Leser der Übersetzung fremd wirkt. Die Grenzen einer solchen Übersetzung liegen naturgemäß in ihrer Verstehbarkeit. Die Literatur bezeichnet diese Methode daher als „verfremdende Übersetzung" oder „Methode der Verfremdung", teilweise auch wieder als „wörtliche" oder „dokumentarische" Übersetzungsmethode[502]. Die Wahl dieser Methode wird damit begründet, dass sich die Übersetzung auch wie eine Übersetzung lesen solle.

---

[497]   *Schleiermacher*, Über die verschiedenen Methoden des Übersetzers, in: Friedrich Schleiermacher's sämmtliche Werke, 1838, S. 207 (218).

[498]   Vgl. *Wilss*, Übersetzungsunterricht, 1996, S. 178; *Weisflog*, Rechtsvergleichung und juristische Übersetzung, 1996, S. 35.

[499]   So *Wilss*, a.a.O., S. 178; *Schleiermacher*, a.a.O., S. 207 (219).

[500]   *Koller*, Grundprobleme der Übersetzungstheorie, 1972, S. 101.

[501]   Vgl. *Schleiermacher*, a.a.O., S. 207 (218 f.); *Koller*, a.a.O., S. 101.

[502]   Vgl. *Störig*, Einleitung, in: ders. (Hrsg.), Das Problem des Übersetzens, 1969, S. VI (XXVI); *Koller*, a.a.O., S. 101; *Wiesmann*, Berücksichtigung von Textsor-

(2)   Treue dem Leser gegenüber

Bei der zweiten Methode erfolgt gewissermaßen eine „Einbürgerung", was mit anderen Worten bedeutet, dass die Übersetzung sich wie ein Original lesen lassen soll[503]. Diese Variante will den Leser möglichst schonen und ist daher „zielsprachlich und zieltextlich orientiert"[504]. Die Übersetzung wird in die Zielkultur integriert und soll den zielsprachlichen Gegebenheiten so gut wie möglich entsprechen. Damit der Leser sie besser verstehen kann, wird auf seine Verstehensmöglichkeiten und -voraussetzungen Rücksicht genommen. Diese Methode wird auch als Methode des „Adaptierens", „Integrierens" oder „Verdeutschens" (wenn die Zielsprache Deutsch ist) bezeichnet[505]. Sie hat den Zweck, den Autor so zu übersetzen, wie er selbst in der Zielsprache geschrieben hätte[506]. Viele Verfasser entschließen sich für diese Methode (wie z.b. der Übersetzungswissenschaftler *Wieland* als Vertreter der Verständlichkeit) mit dem Argument, dass eine zu große Worttreue zwangsläufig zur Unverständlichkeit und folglich auch zur Untreue führen würde[507]. Dieses Argument ist deshalb bedeutsam, weil die Wahl der ersten Methode, vor allem im juristischen Bereich, meistens wegen der Angst der Untreue zum Ausgangstext vertreten wird.

2)   Problematik im juristischen Bereich

Es stellt sich daher die Frage, für welche der beiden Seiten der zu konstruierenden „Brücke" sich der juristische Übersetzer entscheiden soll. Es wird traditionell behauptet, dass Juristen soweit wie möglich

---

tenkonventionen bei der Übersetzung von Rechtstexten, in: Sandrini (Hrsg.), Übersetzen von Rechtstexten, 1999, S. 155 (156).

[503]   Vgl. *Schleiermacher*, Über die verschiedenen Methoden des Übersetzers, in: Friedrich Schleiermacher's sämmtliche Werke, 1838, S. 207 (219); *Wiesmann*, Berücksichtigung von Textsortenkonventionen bei der Übersetzung von Rechtstexten, in: Sandrini (Hrsg.), Übersetzen von Rechtstexten, 1999,S. 155 (155 f.).

[504]   *Koller*, Grundprobleme der Übersetzungstheorie, 1972, S. 101.

[505]   Vgl. *Koller*, a.a.O., S. 101.

[506]   Vgl. *Schleiermacher*, a.a.O., S. 207 (219).

[507]   Vgl. *Wilss*, Übersetzungsunterricht, 1996, S. 178.

wörtliche Übersetzungen bevorzugen, um vor allem die technischen Aspekte ihrer Sprache zu gewährleisten. Außerdem ist man vielfach der Ansicht, dass Nicht-Juristen viel zu freie Übersetzungen für den juristischen Bereich vornehmen.[508] Die Angst der „Untreue" der Übersetzung und der Wunsch nach einer möglichst wörtlichen Übersetzung im juristischen Bereich ähnelt in dieser Hinsicht der Praxis der Übersetzung von sakralen Texten[509].

a) Gründe für eine wörtliche Übersetzung

(1) Präzision der Rechtssprache

Die Angst der „Untreue" lässt sich mit dem verbindlichen Inhalt juristischer Texte einfach erklären, da jeder Übersetzungsfehler schwerwiegende Folgen haben kann[510]. Allein die Umstellung eines Punktes oder des Satzaufbaus kann den Inhalt in feinen, aber bedeutsamen Nuancen ändern und zum Beispiel beim Vertrag zu einem Willensmangel oder beim Gesetz zu einer anderen gerichtlichen Entscheidung führen. Es wird daher vertreten, dass der juristische Übersetzer eine größere Verantwortung als seine nicht-juristischen Übersetzerkollegen trägt[511].

Die Notwendigkeit, die Präzision bei der Übersetzung beizubehalten, soll nun anhand der Anwendung von Synonymen veranschaulicht werden. Die Genauigkeit der juristischen Terminologie drückt sich nämlich dadurch aus, dass sie sehr wenige Synonyme enthält.[512] Wenn der Verfasser den gleichen Terminus mehrfach verwendet, darf der Übersetzer aus stilistischen Gründen nicht einfach diesen Terminus abwechselnd mit verschiedenen scheinbar synonymen Begriffen übersetzen – auch wenn der Text so erschwert wird.

---

[508] Vg. *Koutsivitis*, Meta 1990, Bd. 35, Nr. 1, 226 (226); *Sun*, La traduction juridique du français vers le chinois, Bd. I, 2000, S. 229.

[509] Siehe oben Kap. II., II. B. 2. a. 1) a), S. 137.

[510] Für ein Beispiel eines diplomatischen Übersetzungsfehlers, vgl. *Braselmann*, EuR 1992, 55 (72).

[511] Vgl. *Sun*, a.a.O., S. 229; *Diddens-Wischmeyer*, Babel 1969, 170 (170).

[512] Vgl. *Gémar*, Meta 1988, Bd. 33, Nr. 2, 305 (312).

(2)   Unterschied nach Textart bzw. nach Textzweck

Die bereits aufgezeigten Unterschiede nach der Textart und nach dem Textzweck[513] spielen an dieser Stelle wiederum eine bedeutsame Rolle. Die Funktion des Zieltextes und daher die Frage nach der Entfaltung von Rechtswirkungen bei der Übersetzung im Zielrechtssystem steht beispielsweise bei *Madsen*[514] im Vordergrund. Eine verfremdende Übersetzung ist seiner Ansicht zu wählen, wenn es sich um eine imperative oder instrumentelle Übersetzung handelt und der Ausgangstext rechtsverbindlich ist[515]. Wenn die Übersetzung jedoch ausschließlich einem informativen Zweck dient, ist laut *Madsen* die „einbürgernde Methode" aufgrund des besseren Verständnisses des Textes zu bevorzugen.

b)   Kritik

Um der Präzision der Rechtssprache gerecht zu werden, bevorzugen die Juristen vielfach die wörtliche Übersetzung, da sie dem Ausgangstext gegenüber scheinbar die gewünschte „Treue" bietet. Dies führt dazu, dass viele juristische Übersetzungen gegen die sprachlichen Regeln der Zielsprache verstoßen und daher vom Leser nicht zu verstehen sind[516]. Die Aussage *Wielands*[517], dass eine zu nahe Worttreue zur Unverständlichkeit und somit zur „Untreue" führen kann, ist auch im juristischen Bereich zutreffend. Es wirft die Frage auf, welchen Zweck solche angeblich „treuen Übersetzungen" erreichen sollen, wenn sie von keinem Zielmuttersprachler richtig zu verstehen und

---

[513] Siehe oben Kap. II., II. A. 2. c. 2) a), S. 121; Kap. II., II. A. 2. c. 2) b), S. 122.

[514] Vgl. *Madsen*, Fachsprache 1-2/1997, 17 (23 ff.); *Wiesmann*, Berücksichtigung von Textsortenkonventionen bei der Übersetzung von Rechtstexten, in: Sandrini (Hrsg.), Übersetzen von Rechtstexten, 1999, S. 155 (156 f.).

[515] Für das Beispiel der wörtlichen Übersetzung von Urkunden, Bescheinigungen und Zeugnissen im behördlichen Verkehr vgl. *Stolze*, Expertenwissen des juristischen Fachübersetzers, in: Sandrini (Hrsg.), Übersetzen von Rechtstexten, 1999, S. 45 (46).

[516] Vgl. *Sun*, La traduction juridique du français vers le chinois, Bd. I, 2000, S. 230.

[517] Siehe oben Kap. II., II. B. 2. 1) b) (2), S. 139; vgl. *Wilss*, Übersetzungsunterricht, 1996, S. 178.

somit richtig anzuwenden sind. In solchen Fällen wird nur die Rechtssicherheit gefährdet.

Wie *Gémar*[518] feststellt ist es unmöglich, allgemein festzulegen, ob die
verfremdende oder die einbürgernde Methode in der juristischen
Übersetzung anzuwenden ist. Die herrschende Meinung der modernen
juristischen Übersetzungswissenschaft[519] betont dennoch, dass der
Inhalt viel wichtiger sei als die Form und dass die wörtliche Übersetzung nicht immer den juristischen Anforderungen entspreche.

Darüber hinaus wird die Frage nach der wörtlichen oder nicht wörtlichen Übersetzung heutzutage auch in der allgemeinen Übersetzungswissenschaft unter dem Begriff „Übersetzungsäquivalenz" diskutiert.
Es geht um die Wahl zwischen der „formellen Äquivalenz" (die sich
eng an die Form der Originalsprache hält) und der sogenannten „dy-
namischen Äquivalenz" (die versucht, eine bedeutungsgleiche Wirkung zu erreichen).[520] Das Beispiel der Übersetzung des französischen
Begriffs „règlement" hat deutlich gezeigt, dass sich im Bereich der
juristischen Terminologie die Frage zwischen Richtigkeit und Verständlichkeit[521] bzw. zwischen verfremdender oder einbürgernder
Übersetzung erst stellt, wenn die Suche nach einem äquivalenten Begriff erfolglos war.

b.   Verbot einer Änderung des Ausgangstextes

Die Möglichkeit bzw. Unmöglichkeit einer inhaltlichen Änderung des
Ausgangstextes betrifft ebenfalls die Frage nach der „Treue" der

---

[518] Vgl. *Gémar*, Meta 1988, Bd. 33, Nr. 2, 305 (312).

[519] So *Sparer*, Meta 1979, Numéro spécial, La traduction juridique, Bd. 24, Nr. 1, 68
       (68); *Koutsivitis,* La traduction juridique: liberté et contraintes, in: Lederer/Israël
       (Hrsg.), La liberté en traduction, 1991, S. 139 (141); *Gémar*, Meta 1988, Bd. 33,
       Nr. 2, 305 (312 f.); *Paepcke*, Im Übersetzen leben, 1986, S. 276.

[520] Vgl. *Weisflog*, Rechtsvergleichung und juristische Übersetzung, 1996, S. 35;
       Wilss, Übersetzungswissenschaft, 1977, S. 43.

[521] Für die Übersetzungsangebote „französisches Regierungsgesetz" oder „Regle-
       ment", siehe oben Kap. II., I. B. 2. c. 2), S. 104 ff.

Übersetzung dem Verfasser gegenüber. Dieses Prinzip des Verbots einer Änderung, das im juristischen Bereich einen besonderen Stellenwert hat, gehört üblicherweise[522] zu den goldenen Regeln einer jeden guten Übersetzung.

1) Historische Entwicklung

Die heute allgemein anerkannte Auffassung, dass der Übersetzer nicht dazu berechtigt ist, seine Vorlage inhaltlich zu ändern, hat nicht zu jeder Zeit vorgeherrscht. Der Schutz des Verfassers hatte beispielsweise im Mittelalter nicht den gleichen Stellenwert wie heute. Ein Recht des Verfassers auf eine sinngetreue und vollständige Wiedergabe seines Werkes durch den Übersetzer war damals weder juristisch noch moralisch anerkannt.[523] Erst ab dem 19. Jahrhundert begann die „Ehrfurcht" vor dem Original zu wachsen, so dass fortan einige ältere Texte aus diesem Grunde erneut übersetzt wurden[524]. Die Treuepflicht dem Verfasser gegenüber ist heutzutage allgemein anerkannt und drückt sich darin aus, dass auf keinen Fall „etwas weglassen oder hinzufügt werden (darf), was den Inhalt der Vorlage ändert."[525]

2) Frage bei der juristischen Übersetzung

a) Aufschlüsselungsverbot der Unklarheiten

Die herrschende Meinung in Literatur und Praxis[526] vertritt das Verbot einer Änderung des Inhalts des Ausgangstextes, so dass der Überset-

---

[522] Vgl. statt vieler *Weisflog*, Rechtsvergleichung und juristische Übersetzung, 1996, S. 33.

[523] Vgl. *Thierfelder*, Babel 1955, 51 (52).

[524] Wie die häufigen Neuübersetzungen klassischer Texte (z.B. der Bibel) es zeigen können, vgl. *Dressler*, Der Beitrag der Textlinguistik zur Übersetzungswissenschaft, in: Kapp (Hrsg.), Übersetzer und Dolmetscher, 1991, S. 61 (65).

[525] *Thierfelder*, a.a.O., 51 (52).

[526] So *Greenstein*, Traduire 1/1997, 21 (22); *Koutsivitis*, Meta 1990, Bd. 35, Nr. 1, 226 (228); *Knauer*, Grundkurs Übersetzungswissenschaft Französisch, 1998, S. 91; *Sparer*, Meta 1988, Bd. 33, Nr. 2, 320 (325); *Sun*, La traduction juridique du français vers le chinois, Bd. I, 2000, S. 248; *Paepcke*, Im Übersetzen leben,

zer die Unklarheiten des Textes nicht aufschlüsseln darf. Diese Meinung steht im Einklang mit dem Verbot der Anwendung juristischer
Auslegungsmethoden zur Klärung des genauen Zwecks eines Textes[527].

Der Mangel an Konkretisierung dient im juristischen Bereich vorwiegend der Anpassungsfähigkeit der Texte, besonders der Gesetze an
neue Situationen, wofür die Abstraktion und die Anwendung von unbestimmten Rechtsbegriffen[528] deutliche Beispiele sind. Wenn juristische Übersetzer sich an den Verfasser wenden, um bestimmte Auszü-
ge ihrer Texte zu erläutern, bekommen sie häufiger als Antwort: „Ich
bitte Sie darum, nicht versuchen es zu erklären, da es sich um eine
absichtliche Unklarheit handelt!"[529]. Das Aufschlüsseln von Unklarheiten kann in normativen Texten zu neuen ungewollten Wirkungen
der Bestimmungen oder gar zu neuen Bestimmungen führen.[530] Bei
der Dolmetschertätigkeit vor Gericht wird beispielsweise empfohlen,
die Aussagen, Sachverständigenberichte, Anträge etc. nicht zu vereinfachen, da der Richter je nach Bedarf Erläuterungen verlangen könnte.[531]

b)   Grenze des Verbots

Das gerade dargestellte Prinzip muss jedoch mit Vorsicht angewendet
werden. Einige Übersetzer gehen nämlich einfach davon aus, dass die
Unklarheit eines Textes darin liegt, dass er technisch bzw. fachlich ist
und – wenn er fachlich ist –, es eine Selbstverständlichkeit ist, dass er

---

1986, S. 278; *Houbert*, Spécificités de la traduction juridique, 1999, in: Point
Com, http://www.geocities.com/Eureka/Office/1936/juri5.html, (Abfrage: 31.05.
2005).

[527] Siehe oben Kap. II., II. B. 1. a. 2) b) (1), S. 129 f.

[528] Siehe oben Kap. I., III B. 2. c., S. 61.

[529] *Koutsivitis*, Meta 1990, Bd. 35, Nr. 1, 226 (228) ("Je vous en prie, surtout
n'essayez pas de clarifier; il s'agit d'une ambiguïté voulue").

[530] Vgl. *Houbert*, Spécificités de la traduction juridique, 1999, in: Point Com,
http://www.geocities.com/Eureka/Office/1936/juri5.html, (Abfrage: 31.05.2005).

[531] Vgl. *Knauer*, Grundkurs Übersetzungswissenschaft Französisch, 1998, S. 91.

nicht zu verstehen ist.[532] Es wird vom Übersetzer wesentlich mehr verlangt als von einer „automatischen Übersetzungsmaschine", da er in der Lage sein muss, die tatsächlichen Unklarheiten von seinen Verständnisproblemen zu trennen[533]. Dieses Verbot dient nicht dazu, die unerfahrenen Übersetzer zu schützen, wobei diese Forderung besonderes Fingerspitzengefühl und Erfahrung verlangt.

Der Übersetzer soll sich im Rahmen des Möglichen an den Verfasser wenden, um mit ihm Unklarheiten zu regeln. Er könnte darüber hinaus den Leser anhand von Bemerkungen (z.b. in Form von Fußnoten) auf die wichtigsten Unklarheiten oder Probleme hinweisen[534], wenn es sich eindeutig nicht um einfache Verständnisprobleme handelt.

Dieses Aufschlüsselungsverbot stellt deshalb abschließend eine besondere Schwierigkeit dar, weil die Unklarheiten in gleichem Umfang und mit gleichem Sinn wiederzugeben sind. Dies bedeutet, dass der Übersetzer beispielsweise äquivalente abstrakte Begriffe in der Zielsprache suchen muss, die das gleiche Bedeutungsfeld abdecken. Diese im Rahmen des Übersetzungsvorgangs untersuchten Prinzipien schließen an die Problematik der Suche nach der Äquivalenz im juristischen Bereich an.

III. Äquivalenz

Die Äquivalenz ist ebenso wie die Verständlichkeit und die Richtigkeit eine Faustregel der Übersetzung und somit auch der juristischen Übersetzung:

> „Die Aufgabe des Übersetzers – und natürlich auch die eines juristischen Übersetzers – besteht nun darin, die Information (Mitteilung, Nachricht, Botschaft, message) des Autors – seine in Worte umgewandelten Gedankengänge – in einer textadäquaten Art und Weise an den Informationsempfänger, den Le-

---

[532] Vgl. *Sparer*, Meta 1979, Numéro spécial, La traduction juridique, Bd. 24, Nr. 1, 68 (91).

[533] Vgl. *Koutsivitis*, Meta 1990, Bd. 35, Nr. 1, 226 (228).

[534] So *Greenstein*, Traduire 1/1997, 21 (22).

ser der Übersetzung, zu übermitteln, und zwar so, dass der letztere den Originaltext, den sog. Ausgangstext, vor allem dessen wahren Sinn, in seiner eigenen Sprache versteht."[535]

Diese Darstellung der Aufgabe des Übersetzers verdeutlicht die Äquivalenz als Priorität des Übersetzungsvorgangs oder mit anderen Worten eine Übermittlung des wahren Sinnes, der zu verstehen ist. Die Suche nach einem äquivalenten Begriff in der Zielsprache gehört im Übersetzungsprozess zum eigentlichen Übersetzungsvorgang bzw. zum Kodierungswechsel[536].

A. Begriff der Äquivalenz

Ein Übersetzungsvorschlag wird in der Regel unter der Voraussetzung angenommen, dass er zum Ausgangsbegriff äquivalent ist. Eindeutig ist, dass die Äquivalenz aus dem Verhältnis zwischen dem Ausgangsbegriff und dem Zielbegriff besteht. Es stellt sich zunächst die Frage, um welches Verhältnis genau es sich handelt und des Weiteren, ab wann ein Begriff zu einem anderen äquivalent ist. Die Übersetzungs- und linguistischen Theorien haben sich ausführlich mit diesem vielfältigen Begriff der Äquivalenz beschäftigt, jedoch ohne eine einheitliche Definition gefunden zu haben.[537] Ohne die vielseitigen Diskussionen über diese umfangreiche Thematik aufzugreifen, kann der Begriff an dieser Stelle wie folgt definiert werden.

---

[535] *Weisflog*, Rechtsvergleichung und juristische Übersetzung, 1996, S. 31.

[536] Siehe oben Kap. II., II. B. 1. b., S. 132 f.

[537] Es handelt sich sogar um den meist diskutierten Begriff in der übersetzungstheoretischen Diskussion seit der Antike. Vgl. *Wilss*, Probleme und Perspektive der Übersetzungsäquivalenz, 1975, S. 1; *Reiß/Vermeer*, Grundlegung einer allgemeinen Translationstheorie, 1991, S. 124.

1. Definitionen der Äquivalenz in der Übersetzungswissenschaft

Anhand der wechselvollen Geschichte dieses Begriffs kann in Anlehnung an *Wilss*[538] vermutet werden, dass er im Zuge der Bemühungen um den Aufbau einer eigenständigen Fachterminologie der modernen Übersetzungswissenschaft aus der mathematischen Fachsprache übernommen worden ist.

a.   Gleichwertigkeit

> „Die Äquivalenz [mlat. aequivalentia] 1. (bildungsspr.) Gleichwertigkeit (...) 3. (Math.) Gleichwertigkeit zweier Mengen, die dann besteht, wenn es sich um Mengen gleicher Mächtigkeit handelt."[539]

In dieser allgemeinen Definition wird der Aspekt der Gleichwertigkeit besonders hervorgehoben. Ausschlaggebend ist daher die „Gleichwertigkeit" und nicht die „Gleichheit"[540]. Das heißt mit anderen Worten, dass der Zielbegriff nicht der „gleiche" Begriff wie der Ausgangsbegriff sein muss. Eine vollständige Identität bzw. Invarianz[541] und somit ein absolut deckungsgleiches Verständnis zweier Begriffe aus zwei Sprachen ist utopisch, denn dies könnte nur durch eine Kopie erreicht werden[542]. Die Definition der Übersetzung als Wechsel der Sprache und der Kommunikationsgemeinschaft[543] führt zwangsläufig zur Unmöglichkeit einer absoluten Gleichheit von unterschiedlichen Begriffen aus zwei Ländern. Allein aufgrund des jeweiligen Kultur- und Sprachgefüges kann keine eindeutige Identität erreichbar sein.[544]

---

[538]   Vgl. *Wilss*, Probleme und Perspektive der Übersetzungsäquivalenz, 1975, S. 4.

[539]   Duden, Deutsches Universalwörterbuch, 2003, Stichwort „Äquivalenz".

[540]   Vgl. *Albrecht*, Invarianz, Äquivalenz, Adäquatheit, in: FS Wilss, 1990, S. 71 (72).

[541]   D.h. Unveränderlichkeit.

[542]   Vgl. *Albrecht*, a.a.O., S. 71 (72).

[543]   Siehe oben Kap. II., II. A. 2. c., S. 113 ff.

[544]   Vgl. statt vieler *Reiß/Vermeer*, Grundlegung einer allgemeinen Translationstheorie, S. 125.

148

Diese Erkenntnis trifft uneingeschränkt auch auf die juristische Übersetzung zu.[545]

Die Textäquivalenz kann daher als Verhältnis „der Gleichwertigkeit von Sprachzeichen eines Textes in je zwei verschiedenen Sprachgemeinschaften mit ihrem jeweils eigenen soziokulturellen Kontext"[546] definiert werden.

b.   Begriffliche Übereinstimmung

Diese ersten Definitionsversuche verdeutlichen jedoch nicht in ausreichendem Maße die Grenzen des Begriffs der Äquivalenz. Die aktuelle Literatur zur Fachübersetzung[547] bietet eine konkretere Darstellung, die darüber hinaus auch in Bezug auf die Terminologie bedeutsam ist:

„Zwei Termini sind grundsätzlich dann als äquivalent zu betrachten, wenn sie in sämtlichen Begriffsmerkmalen übereinstimmen, d.h. wenn begriffliche Identität vorliegt."[548]

Die Äquivalenz ist dementsprechend als eine Übereinstimmung bzw. eine Identität der Merkmale[549] der Begriffe anzusehen. An erster Stelle wird daher der Ausgangsbegriff in seine begrifflichen Merkmale unterteilt, um seine genauen Konturen zu definieren. Der Begriff wird mit anderen Worten definiert oder analysiert[550]. Anschließend werden

---

[545]   Vgl. *Gémar*, Meta 1988, Bd. 33, Nr. 2, 305 (305).

[546]   *Reiß*, Adäquatheit und Äquivalenz, in: Wilss/Thome (Hrsg.), Die Theorie des Übersetzens und ihr Aufschlußwert für die Übersetzungs- und Dolmetschdidaktik, 1984, S. 80 (82).

[547]   Vgl. *Sandrini*, Terminologiearbeit im Recht, 1996, S. 134; *Stolze*, Die Fachübersetzung, 1999, S. 38.

[548]   *Arntz/Picht/Mayer*, Einführung in die Terminologiearbeit, 2004, S. 152.

[549]   Merkmale geben diejenigen Eigenschaften von Gegenständen wieder, welche zur Begriffsbildung und -abgrenzung dienen, DIN 2330: 1993-12, abgedr. in: Baxmann-Krafft/Herzog, Normen für Übersetzer und technische Autoren, 1999, S. 63.

[550]   Der Phase der Analyse des Übersetzungsvorgangs entsprechend; für die Darstellung dieser Phase, siehe oben Kap. II., II. B. 1. a., S. 127 ff.

die Übersetzungsvorschläge ebenfalls in ihre begrifflichen Merkmale unterteilt, damit diese mit denjenigen des Ausgangsbegriffs verglichen werden können. Dieser Arbeitsvorgang entspricht demjenigen, der für die Übersetzung des Rechtsbegriffs „règlement" verwendet worden ist und betont insbesondere den rechtsvergleichenden Charakter der juristischen Übersetzung[551]. Die Prüfung der Äquivalenz besteht aus einem Vergleich von jedem einzelnen Bestandteil des Begriffs – und je nach Grad der möglichen Gleichwertigkeit ergeben sich verschiedene „Grundtypen" der Äquivalenz.

2. Grundtypen der Äquivalenz

Die Literatur stellt verschiedene Klassifizierungen der Grundtypen der Äquivalenz dar, die sich jedoch größtenteils auch überschneiden[552]. In Anlehnung an die Unterteilung von *Arntz, Picht* und *Mayer*[553] wird zwischen vier (auf begriffliche Äquivalenz aufbauende) Kategorien unterschieden.

---

[551] Siehe oben Kap. II., I. C. 2., S. 108; vgl. *de Groot*, T&T 3.1991, 279 (287).

[552] Vgl. *Dyrberg/Tournay*, Cahiers de lexicologie, Nr. 56-57, 1990, 261 (268 ff.); *Wilss*, Probleme und Perspektive der Übersetzungsäquivalenz, 1975, S. 25.

[553] Vgl. *Arntz/Picht/Mayer*, Einführung in die Terminologiearbeit, 2004, S. 153. Diese Fallgruppen entsprechen der Klassifikation der Beziehung zwischen Begriffen nach der DIN 2332: 1988-02, abgedr. in: Baxmann-Krafft/Herzog, Normen für Übersetzer und technische Autoren, 1999, S. 101.

a. Darstellung der Kategorien

1) *Vollständige begriffliche Äquivalenz*

Vollständige begriffliche Äqui-valenz[554]	A= B	
A = a1, a2, a3, ...	a1 = b1	
B = b1, b2, b3, ...	a2 = b2	
	a3 = b3	
	... = ...	

Eine vollständige begriffliche Äquivalenz (oder „totale Äquivalenz"[555]) besteht bei einer 1:1-Entsprechung aller begrifflichen Merkmale[556]. Die Begriffsinhalte[557] decken sich vollständig, da eine vollständige Übereinstimmung der Begriffe vorliegt.[558]

---

[554] *Arntz/Picht*, Einführung in die übersetzungsbezogene Terminologiearbeit, 1982, S. 143.

[555] *Wilss*, Probleme und Perspektive der Übersetzungsäquivalenz, 1975, S. 25.

[556] Vgl. *Arntz/Picht*, a.a.O., S. 140.

[557] Begriffsinhalt wird als Gesamtheit der Merkmale eines Begriffs verstanden. Vgl. DIN 2342: 1992-10, Teil 1, abgedr. in: Baxmann-Krafft/Herzog, Normen für Übersetzer und technische Autoren, 1999, S. 62, S. 111.

[558] Vgl. DIN 2332: 1988-02, abgedr. in: Baxmann-Krafft/Herzog, a.a.O., S. 101.

2) Begriffliche Überschneidung

Überschneidung[559]	A x B	
A = a1, a2, a3, a4, ...	a1 = b1	
B = b1, b2, b3, b4, ...	a2 = b2	
	a3 = b3	
	a4 # b4	A B
	a5 # b5	

Die Kategorie der begrifflichen Überschneidung umfasst zwei Unter-
kategorien – je nach Relevanz der Schnittmenge. So kann die inhaltliche Übereinstimmung der Begriffe so groß sein, dass die „beiden untersuchten Termini einander zugeordnet werden können".[560] Es handelt sich noch um eine Äquivalenz, auch wenn diese nicht vollständig
ist. Die Schnittmenge kann jedoch auch so klein sein, dass die beiden
Termini nicht mehr einander zugeordnet werden können[561] und die
Bezeichnung Äquivalenz nicht mehr zutreffend ist.

Um eine Äquivalenz feststellen zu können, ist diese Unterteilung nicht
ausreichend, da keine Kriterien für eine eventuelle Zuordnung gegeben sind. Unbeantwortet bleibt hier die Frage nach der erforderlichen
Größe der Schnittmenge, damit es sich noch um Äquivalenz handelt.
Es kann keine feste Größe für die Schnittmenge bzw. keine feste Anzahl an gleichwertigen begrifflichen Merkmalen festgelegt werden,
die pauschal die Möglichkeit der Zuordnung bieten.

---

[559] *Arntz/Picht*, Einführung in die übersetzungsbezogene Terminologiearbeit, 1982,
S. 143.
[560] *Arntz/Picht*, a.a.O., S. 142.
[561] Vgl. *Arntz/Picht*, a.a.O., S. 142.

3) *Inklusion*

Inklusion[562]	A > B	
A = a1, a2, a3 ...	a1 = b1	
B = b1, b2, b3, b4 ...	a2 = b2	
	a3 = b3	
	a4 fehlt	

Der Fall der Inklusion ist relativ einfach zu definieren: „Begriff A enthält Begriff B und darüber hinaus noch eines oder mehrere weitere Merkmale."[563] Daraus folgt, dass „A" meistens mit „B" übersetzt werden könnte, wobei „B" nur innerhalb des begrifflichen Umfangs von „A" mit „A" übersetzt werden kann.

Diese Tatsache der sogenannten „Inklusion" rechtfertigt jedoch nicht die Feststellung, ob eine Äquivalenz besteht oder nicht. Vielmehr muss dazu die Relevanz der mangelnden begrifflichen Übereinstimmung untersucht werden, so dass dieser Fall demjenigen der begrifflichen Überschneidung gleicht. Die begriffliche Überschneidung und die Inklusion bilden genau genommen „zwei Typen" von Äquivalenz, die gleich zu behandeln sind. Es wird in beiden Fällen erst dann von Äquivalenz gesprochen, wenn die inhaltliche Übereinstimmung der Begriffe groß genug ist, um beide Termini einander zuordnen zu können. Begriffliche Überschneidung und Inklusion werden daher von manchen Autoren als ein- und dieselbe Art von Äquivalenz zusammengefasst und entweder als „Teiläquivalenz" bzw. „équivalence partielle"[564] oder als „approximative Äquivalenz"[565] bezeichnet.

---

[562] *Arntz/Picht*, Einführung in die übersetzungsbezogene Terminologiearbeit, 1982 S. 143.

[563] *Arntz/Picht/Mayer*, Einführung in die Terminologiearbeit, 2004, S. 155.

[564] *Dyrberg/Tournay*, Cahiers de lexicologie, Nr. 56-57, 1990, 261 (269).

[565] *De Groot*, T&T 3.1991, 279 (288).

4) *Keine begriffliche Äquivalenz*

Keine begriffliche Äquivalenz[566]	A # B	
A = a1, a2, a3, ...	a1 # b1	
B = b1, b2, b3, ...	a2 # b2	
	a3 # b3	A B
	etc.	

Dieser letzte Fall liegt vor, „wenn die Begriffe zweier Sprachen sich erheblich unterscheiden oder wenn ein Begriff nur in einer Sprache vorhanden ist."[567] Dieser vollständige Mangel an begrifflicher Äquivalenz wird auch als „Null-Äquivalenz"[568] (bzw. „équivalence zéro"[569]) bezeichnet.

b.   Beispiele

1)   „Règlement"

Die Analyse des Begriffspaares „règlement" und „Rechtsverordnung" hat deutlich die Notwendigkeit einer fundierten juristischen Untersuchung gezeigt, um eine Äquivalenz feststellen zu können. Der erste, noch oberflächliche Vergleich mittels juristischer Definitionen hat zu einer scheinbar vollständigen Äquivalenz geführt[570], obwohl eine fundierte Untersuchung gravierende Abweichungen wichtiger Merkmale (insbesondere der Rechtsgrundlage der „Verordnungsbefugnis") ergeben hat[571].

---

[566]   *Arntz/Picht*, Einführung in die übersetzungsbezogene Terminologiearbeit, 1982, S. 143.

[567]   *Arntz/Picht/Mayer*, Einführung in die Terminologiearbeit, 2004, S. 155.

[568]   *Wilss*, Probleme und Perspektive der Übersetzungsäquivalenz, 1975, S. 25.

[569]   *Dyrberg/Tournay*, Cahiers de lexicologie, Nr. 56-57, 1990, 261 (270).

[570]   Siehe oben Kap. II., I. B. 2. b. 1), S. 97; Kap. II., I. B. 2. b. 2), S. 99.

[571]   Siehe oben Kap. II., I. B. 2. b. 3), S. 100.

Der Begriff „règlement" als Rechtsnorm steht daher nicht in vollständiger begrifflicher Äquivalenz dem Begriff „Rechtsverordnung" gegenüber. Wegen dieses abweichenden Merkmals handelt es sich vielmehr um den Fall einer begrifflichen Überschneidung. Die juristische Relevanz dieses einzigen Merkmals kann bei einigen Anwendungen des Begriffs „règlement" zur fehlenden Äquivalenz mit dem Begriff „Rechtsverordnung" führen, zum Beispiel wenn es sich im Ausgangstext um ein „règlement autonome" handelt. Aufgrund der Polysemie des Begriffs „règlement" könnte er schließlich auch mit dem Begriff „Rechtsverordnung" in einem Inklusionsverhältnis stehen.

Dieser Fall zeigt deutlich, dass die Zuordnung beider Termini nicht anhand einer bestimmten Zahl oder Prozentzahl an gleichwertigen begrifflichen Merkmalen, sondern anhand der Relevanz der fehlenden Merkmale festgestellt werden muss. Diese Relevanz hängt darüber hinaus meist von einer ad hoc Entscheidung des Übersetzers ab.

2)　Null-Äquivalenz

Es gibt zahlreiche Beispiele dieser Art in der juristischen Übersetzung im Allgemeinen und zwischen dem deutschen und dem französischen Rechtssystem im Speziellen.

Ein Beispiel ist das französische Rechtsinstitut des „pacte civil de solidarité". Es fragt sich, wie dieses französische Rechtsinstitut vor dem Eintritt des deutschen Lebenspartnerschaftsgesetzes übersetzt werden konnte und ob das deutsche Gesetz mittlerweile eine Übersetzungsmöglichkeit bietet oder die Unterschiede der beiden Partnerschaften zu erheblich sind[572]. Insbesondere die Tatsache ist klärungsbedürftig, dass ein „pacte civil de solidarité" zwischen zwei Personen verschiedenen Geschlechts möglich ist, übersetzt werden kann, da das

---

[572] Zu dem Lebenspartnerschaftsgesetz und dem "pacte civil de solidarité", siehe oben Kap. II., II. A. 2. c. 2) b) (2), S. 117.

deutsche Gesetz ausschließlich die Alternative zweier Personen gleichen Geschlechts kennt[573].

Weiterhin ist problematisch, wie das bürgerrechtliche Trennungsprinzip übersetzt werden kann, da es dem französischen Recht fremd ist. Ebenfalls stellt sich die Frage nach der Übersetzungsmöglichkeit bei staatsinstitutionellen Begriffen, die von Land zu Land so verschieden sind, dass die Suche nach einem Äquivalent vielfach grotesk erscheinen mag.

3. Fazit

Nach der Erklärung des Begriffs Äquivalenz und Klassifizierung der Äquivalenztypen, die die Vielfältigkeit der Problematik verdeutlichen, bleiben noch zwei grundsätzliche Frage offen. Die erste bezieht sich auf die Kriterien, nach denen Äquivalenz angestrebt wird und die zweite auf den minimalen Äquivalenzgrad, der zu erreichen ist, um von einer Übersetzung sprechen zu können.[574]

a. Prinzipien der Selektion und der Hierarchisierung

Nach Reiß[575] werden die Äquivalenzkriterien nach den zwei Prinzipien der Selektion und der Hierarchisierung aufgestellt. Die Selektion besteht darin, dass der Übersetzer die Merkmale des Ausgangsbegriffs (oder Ausgangstextes) eruiert; das heißt, dass er die Merkmale ausfindig macht und fortan untersucht. Sie werden infolgedessen in eine bestimmte Reihenfolge gebracht, was einer Hierarchisierung entspricht. Diese Prinzipien der Selektion und der Hierarchisierung stimmen mit dem in diesem Teil dargestellten Vorgang überein, in dem der Schwerpunkt auf die Relevanz der Begriffsmerkmale gesetzt

---

[573] Art. 515-1 C. civ. i.d.F. v. 15.11.1999; § 1 (1) S. 1 LpartG, v. 16.02.2001 (BGBl. 2001 I S. 266).

[574] Vgl. *Schreiber*, Übersetzung und Bearbeitung, 1993, S. 58 f.

[575] Vgl. *Reiß*, Adäquatheit und Äquivalenz, in: Wilss/Thome (Hrsg.), Die Theorie des Übersetzens und ihr Aufschlußwert für die Übersetzungs- und Dolmetschdidaktik, 1984, S. 80 (86 ff.).

wurde. Der Schritt der Hierarchisierung ist dann von besonderer Bedeutung, wenn eine vollständige Äquivalenz nicht gegeben ist, wobei
sich gleich darauf die Frage stellt, ob es sich um eine begriffliche
Überschneidung oder eine begriffliche Inklusion handelt.

Die Darstellung von *Reiß* bietet jedoch keine Ansätze oder Kriterien,
um die Relevanz der Merkmale (die dementsprechend die Hierarchisierung bestimmt) feststellen zu können.

b.   Relevanz der Merkmale

Die Relevanz der Begriffsmerkmale kann nicht immer pauschal festgestellt werden und verlangt daher eine ad hoc Entscheidung seitens
des Übersetzers.[576] Dies erhöht seine Verantwortung und die Anforderungen an seine Übersetzungskompetenz, die weit über der reinen
Beherrschung der Ausgangs- und Zielsprache hinausgehen muss[577].

Diese Problematik betrifft die laut *Schreiber* offene Frage eines eventuellen minimalen Äquivalenzgrades, der zu erreichen ist, um von
einer Übersetzung im eigentlichen Sinne sprechen zu können[578].

Diese offenen Fragen und die Möglichkeit einer vollständigen Äquivalenz müssen hier für die juristische Übersetzung im Einzelnen herausgearbeitet werden – ebenso wie die gegebenenfalls existierenden
Ersatzlösungen bei fehlender Äquivalenz.

B.   Äquivalenz in der juristischen Übersetzung

Die Suche nach äquivalenten Begriffen im Rahmen der juristischen
Übersetzung ist bekanntlich mit sehr viel Zeit und Mühe verbunden.[579]

---

[576]   Vgl. *Grass*, La traduction juridique bilingue français-allemand, 1999, S. 49.
[577]   Vgl. *Reiß*, Adäquatheit und Äquivalenz, in: Wilss/Thome (Hrsg.), Die Theorie
des Übersetzens und ihr Aufschlußwert für die Übersetzungs- und Dolmetschdidaktik, 1984, S. 80 (88).
[578]   Vgl. *Schreiber*, Übersetzung und Bearbeitung, 1993, S. 58 f.
[579]   Vgl. statt vieler *Diddens-Wischmeyer*, Babel 1969, 170 (170).

Diese Schwierigkeiten werden an dieser Stelle eingehend untersucht. An die Unmöglichkeit, eine vollständige Äquivalenz im juristischen Bereich herzustellen, werden Alternativen angeknüpft, wobei die von der allgemeinen Literatur vorgeschlagenen Übersetzungstheorien dabei nicht immer anwendbar sind.

1. Unmöglichkeit einer vollständigen Äquivalenz

Die juristische Übersetzung verlangt die Übertragung von begrifflichen Merkmalen, die sowohl ausführliche Definitionen, als auch Regelungsinhalte (d.h. Normen, Rechtsmethoden und Rechtsprechung) umfassen. Eine vollständige Äquivalenz wäre daher nur gegeben, wenn all diese Merkmale für den Ausgangsbegriff und den Zielbegriff übereinstimmen. Wie die herrschende Meinung in der Literatur[580] betont, kann eine solche Übereinstimmung letztlich nur im selben Rechtssystem bestehen oder wenn es innerhalb eines zwei- oder mehrsprachigen Rechtssystems (z.B. Kanada, Belgien oder Schweiz) übersetzt wird. Die Unmöglichkeit einer vollständigen Äquivalenz wird an dieser Stelle mittels zweier Beispiele näher erläutert.

a. Beispiele

Die diesbezüglich vielfach bekannten Beispiele[581] der Begriffe „mariage"/„Ehe" oder „divorce"/„Ehescheidung" zeigen deutlich, dass ein-

---

[580] So *Sandrini*, Terminologiearbeit im Recht, 1996, S. 141; *de Groot*, T&T 3.1991, 279 (287); *ders.*, Zweisprachige juristische Rechtswörterbuch, in: Sandrini (Hrsg.), Übersetzen von Rechtstexten, 1999, S. 203 (206); *ders.*, Rechtsvergleichung als Kerntätigkeit bei der Übersetzung juristischer Terminologie, in: Haß-Zumkehr (Hrsg.), Sprache und Recht, 2002, S. 222 (228); *Kisch*, Droit comparé et terminologie juridique, in: Rotondi (Hrsg.), Inchieste di diritto comparato, 1973, S. 407 (410 f.).

[581] Vgl. *Kisch*, a.a.O., S. 407 (411); *de Groot*, T&T 3.1991, 279 (287); *ders.* Das Übersetzen juristischer Terminologie, in: ders./Schulze (Hrsg.), Recht und Übersetzen, 1999, S. 11 (21); *ders.*, Die Relative Äquivalenz juristischer Begriffe und deren Folge für mehrsprachige juristische Wörterbücher, in: Thelen/ Lewandowska-Tomaszczyk (Hrsg.), Translation and Meaning, Part 1, 1990, S. 122 (124); *ders.*, Rechtsvergleichung als Kerntätigkeit bei der Übersetzung

fache Rechtsbegriffe, die einen sehr ähnlichen Tatbestand in beiden Ländern darstellen, nicht zwangsläufig in einer vollständigen Äquivalenz zueinander stehen.

1)   „Mariage"/„Ehe"

Im Gegensatz zu anderen Ländern[582] sind die jeweils im Code civil bzw. im BGB geregelten materiellen Voraussetzungen der Ehe in Frankreich und in Deutschland ähnlich.

a)   Bindung zwischen Mann und Frau

Es handelt sich in beiden Ländern um eine Bindung zwischen einem Mann und einer Frau. Die Voraussetzung des verschiedenen Geschlechts ist weder im Wortlaut des französischen, noch in dem des deutschen Rechts ausdrücklich festgeschrieben. In beiden Rechtssystemen wird dies vielmehr stillschweigend vorausgesetzt[583]. In Bezug auf das Alter der Eheleute erläutert Art. 144 des Code civil das jeweils erforderliche Alter des Mannes und der Frau, jedoch wird nicht explizit erwähnt, dass es sich dabei um die jeweiligen Ehepartner handeln muss. Das BGB erwähnt ebenfalls in § 1355 II den Namen des Mannes oder der Frau, ohne zu verdeutlichen, dass es sich um die jeweiligen Eheleute handeln muss. Anlässlich verschiedener Rechtsfälle hat die deutsche und die französische Rechtsprechung[584] die Ehe als Vereinigung von Mann und Frau definiert. Demnach ist sowohl in Deutschland, als auch in Frankreich die Verschiedengeschlechtlichkeit

---

juristischer Terminologie, in: Haß-Zumkehr (Hrsg.), Sprache und Recht, 2002, S. 222 (229).

[582]   Vgl. die Gesetzgebung in den Niederlanden (21.12.2000) und Belgien (loi ouvrant le mariage à des personnes de même sexe et modifiant certaines dispositions du Code civil v. 13.02.2003), die die Ehe zwischen gleichgeschlechtlichen Partner ermöglichen.

[583]   Vgl. *Hohloch*, Familienrecht, 2002, § 10, Rn. 289 f.; *Carbonnier*, Droit civil, Bd. II, 2002, S. 417.

[584]   BVerfG, Beschluß v. 04.10.1993, FamRZ 1993, 1419; Cass. soc., 11.07.1989, Bull. civ. V, n° 514 und 515.

ein wesensprägendes Merkmal der Ehe, auch wenn es in den gesetzlichen Bestimmungen nicht ausdrücklich als Voraussetzung der Ehe genannt wird.

b)   Ehefähigkeit

Die erste gesetzliche Ehevoraussetzung betrifft in beiden Ländern das Heiratsalter, das jeweils in der ersten Bestimmung für die Ehefähigkeit geregelt wird. In Frankreich muss nur der Mann laut Art. 144 Code civil volljährig sein (d.h. das 18. Lebensjahr vollendet haben), wobei die Frau das 15. Lebensjahr erreicht haben muss. Auf den ersten Blick erfordert § 1303 I BGB andere Voraussetzungen, da die Ehe nicht vor Eintritt der Volljährigkeit eingegangen werden soll. Diese Grundvoraussetzungen sollen nun anhand der übrigen Bestimmungen betrachtet werden.

Die Ehe zwischen einem volljährigen Mann und einer minderjährigen Frau kann in Frankreich nur laut Art. 148 Code civil geschlossen werden, wenn die Frau die Erlaubnis ihrer beiden Eltern vorweisen kann. Eine ähnliche Regelung trifft § 1303 II BGB, wonach das Familiengericht auf Antrag eine Ehe erlauben kann, die zwischen einem volljährigen Partner und einem Partner, der das 16. Lebensjahr vollendet hat, geschlossen wird. Darüber hinaus ermöglicht das französische Recht auch eine Ehe mit einem minderjährigen Mann, da Art. 145 Code civil dem „procureur de la République"[585] erlaubt, wenn schwerwiegende Gründe vorliegen, eine Befreiung von der Altersvorschrift zu erteilen. Die deutschen und französischen Bestimmungen gleichen sich insoweit, als dass beide die Bindung einer volljährigen Frau und eines volljährigen Mannes als Regelung anerkennen und die Bindung von Partnern, die nicht volljährig sind, nur unter besonderen Voraussetzungen.

Die Unterschiede dieser besonderen Voraussetzungen (in Deutschland ist beispielsweise eine Ehe mit einer 15.jährigen Frau nicht möglich) zeigen, dass – wenngleich die Systeme deutliche Ähnlichkeiten zei-

---

[585]   In etwa einem deutschen Staatsanwalt entsprechend.

gen –, die gesetzlichen Bestimmungen dennoch nicht vollständig identisch sein können.

c) Fazit

Es handelt sich hier nur um eine kurze Untersuchung von zwei materiellen Grundvoraussetzungen der Ehe; eine komplette Analyse der gesamten Regelungen der „Ehe" und „mariage" würde auch auf dem Gebiet des Ehegüterrechts wesentliche Unterschiede ans Licht bringen[586]. Eine vollständige Äquivalenz – verstanden als Identität aller begrifflichen Merkmale – ist zwischen den Begriffen „Ehe" und „mariage" demzufolge nicht gegeben.

2) „Divorce"/„Ehescheidung"

Beide Begriffe stellen eine gerichtliche Auflösung des Ehebundes[587] dar, der sonst nur durch den Tod des Ehepartners aufgelöst werden kann[588]. Deutliche Unterschiede ergeben sich bereits im Bereich der Scheidungsgründe.

a) „Divorce pour faute"

Das französische System hat sich zwar im Laufe des 20. Jahrhunderts bei der Scheidung weg vom Verschuldensprinzip und hin zum Zerrüttungsprinzip entwickelt[589]. Jedoch bleibt heute trotz erneuter Reform[590] immer noch der „divorce pour faute" und sein mühsames Verfahren bestehen[591], wohingegen es im deutschen Recht auf ein etwai-

---

[586] Vgl. *de Groot*, T&T 3.1991, 279 (287).

[587] Art. 227, 2° C. civ.; § 1564 BGB.

[588] Art. 227, 1° C. civ.; § 1353 I BGB.

[589] Das Gesetz v. 11.07.1975 (Loi n° 75-617 du 11 juillet 1975 portant réforme du divorce) (JO v. 12.07.1975 S. 7171) wollte den „divorce" vereinfachen, obwohl es zusätzlich zu dem „divorce par consentement mutuel" und dem „divorce pour rupture de la vie commune", auch den „divorce pour faute" einfügte.

[590] Loi n° 2004-439 du 26 mai 2004 relative au divorce (JO v. 27.05.2004 S. 9319).

[591] Art. 242 ff. C. civ. i.d.F. v. 26.05.2004.

ges Verschulden eines Ehepartners bei der Ehescheidung seit 1977[592] nicht mehr ankommt.

b) „Divorce par consentement mutuel"

Im Gegensatz zum französischen kennt das deutsche Recht darüber hinaus nicht das System des „divorce par consentement mutuel", bei dem die Partner gemeinsam einen Scheidungsantrag stellen oder ein Partner den Antrag des anderen annimmt. Dieses System ermöglicht eine vergleichsweise unkomplizierte und schnelle Auflösung des Ehebundes, wobei ab dem 1. Januar 2005 weder eine Mindestdauer der Ehe, noch eine Denkfrist gefordert wird[593].

Das deutsche Recht, das nur das Prinzip der Zerrüttung kennt, ermöglicht erst dann eine Scheidung, wenn die Ehegatten ein Jahr getrennt von einander gelebt haben, wobei eine frühere Scheidung ausschließlich eine Ausnahme wegen unzumutbare Härte[594] darstellt. Darüber hinaus ist es dem Ehepartner in Deutschland möglich eine sogenannte „schnelle Scheidung" zu beantragen, wenn ihm „die Fortführung der Ehe ohne Ablauf des Trennungsjahres nicht mehr zumutbar erscheint"[595]. Dennoch bleibt das Prinzip des „divorce par consentement mutuel" (in Deutschland teilweise auch als „Konventionalscheidung" bekannt[596]) dem deutschen Recht fremd.

---

[592] Erstes Gesetz zur Reform des Ehe- und Familienrechts, v. 14.06.1976 (BGBl. 1976 I S. 1421).

[593] Art. 230 C. civ. i.d.F. v. 26.05.2004. Das am 01.01.2005 in Krafttretenden Gesetz v. 26.05.2004 schafft die Mindestdauer von 6 Monate der Ehe für einen „divorce par consentement mutuel" (Art. 230 C. civ. i.d.F. v. 11.07.1975) und seine notwendige Denkfrist von 3 Monate (Art. 231 C. civ. i.d.F. v. 11.07.1975) ab.

[594] § 1565 II BGB.

[595] *Hohloch*, Familienrecht, 2002, § 19, Rn. 611.

[596] *Hohloch*, a.a.O., § 19, Rn. 600.

c)   Fazit

Auch ohne eine detaillierte Untersuchung der Scheidungsverfahren und der Scheidungsfolgen, insbesondere im Bereich des Güterrechts, sind einige Unterschiede in Bezug auf die rechtlichen Systeme der „Scheidung" und des „divorce" schon deutlich festzustellen. Eine vollständige Äquivalenz besteht daher für diese Begriffe ebenfalls nicht.

b.   Fälle einer nahezu vollständigen Äquivalenz

Da die Suche nach einer vollständigen Gleichheit sämtlicher Begriffsmerkmale in der juristischen Übersetzung[597] offensichtlich aussichtslos ist, sollte der Wunsch nach einer vollkommenen Identität aufgegeben werden. Es bestehen dennoch Fälle, bei denen nach *de Groot* eine fast vollständige Äquivalenz festgestellt werden kann. Dies erfolgt, wenn:

> „die für die Übersetzung relevanten Rechtsgebiete des Ausgangsrechtssystems und des Zielrechtssystem teilweise vereinheitlicht oder harmonisiert sind: Die betreffenden Rechtssysteme bilden dann zum Teil ein mehrsprachiges Rechtssystem;

> in der Vergangenheit ein Begriff aus dem einem Rechtssystem von dem anderen Rechtssystem übernommen worden ist und der betreffenden Begriff sich in dem zweiten Rechtssystem noch nicht selbständig entwickelt hat."[598]

1)   *Vereinheitlichung oder Harmonisierung eines Teils des Rechtsgebiets*

Der erste Fall der Vereinheitlichung oder Harmonisierung eines Teils des Rechtsgebiets kann im französischen und deutschen Rechtssystem

---

[597] Wenn sich die Ausgangssprache und die Zielsprache auf verschiedene Rechtssysteme beziehen.

[598] *De Groot*, Zweisprachige juristische Rechtswörterbücher, in: Sandrini (Hrsg.), Übersetzen von Rechtstexten, 1999, S. 203 (206).

vorliegen, da beide Mitgliedsstaaten der Europäischen Gemeinschaft sind. So ist in einigen Bereichen des nationalen Rechtssystems der Einfluss des Gemeinschaftsrechts spürbar, wobei er in den beiden Ländern nicht immer die gleiche Intensität hat.

Solche Einflüsse sind beispielsweise im Wettbewerbsrecht und insbesondere im Kartellrecht spürbar. Das deutsche Gesetz gegen Wettbewerbsbeschränkungen (GWB) trat zwar schon im Jahre 1957 in Kraft – es wurde jedoch im Jahre 1998[599] auf Initiative der Bundesregierung erheblich geändert, unter anderem zur Anpassung des deutschen Kartellrechts an die gemeinschaftsrechlichen Vorgaben in diesem Bereich[600]. Der Einfluss der Art. 81 bis 86 EG-Vertrag ist heute weder im deutschen, noch im französischen Recht zu leugnen. Das französische Recht hat sich in diesem Bereich erst später entwickelt und die Gesetzgebung von 1986 („Ordonnance sur la liberté des prix et de la concurrence"[601]) und die aktuellen Bestimmungen des Code de commerce zeigen deutliche Ähnlichkeiten mit dem damaligen Art. 85 EWG-Vertrag bzw. Art. 81 EG-Vertrag.

Der gemeinschaftsrechliche Einfluss ist nicht nur in der Gesetzgebung spürbar, sondern auch im Bereich der Verwaltung. So orientiert der „Conseil de la concurrence"[602] seine Auslegung des jeweiligen Rechts teilweise merklich an der Rechtsprechung des Europäischen Gerichtshofs (EuGH)[603]. Das französische und deutsche Kartellrecht weisen zwar immer noch deutliche Unterschiede auf, was zum Beispiel ihre Fachgremien anbetrifft („Conseil de la concurrence" oder „Bundeskar-

---

[599] Das neue Gesetz gegen Wettbewerbsbeschränkungen v. 26.08.1998 ist am 1.01.1999 in Kraft getreten (BGBl. 1998 I S. 2521).

[600] Vgl. *Emmerich*, Kartellrecht, 2001, S. 12 f.

[601] Ordonnance n° 86-1243 du 1er décembre 1986 relative à la liberté des prix et de la concurrence (JO v. 09.12.1986 S. 14773) (heute Art. L. 410-1 ff. C. com.).

[602] Der „Conseil de la concurrence" ist ein Fachgremium von Richtern, Wirtschaftswissenschaftlern und Praktikern und bildet eine Verwaltungsbehörde für das Kartell- und Missbrauchsverfahren, die nicht mit dem Bundeskartellamt zu vergleichen ist. Vgl. Art. L. 461-1 ff. C. com.

[603] Vgl. *Hübner/Constantinesco*, Einführung in das französische Recht, 2001, S. 250.

tellamt")[604]. Dennoch ermöglichen es diese gemeinschaftsrechlichen Einflüsse und der daraus resultierende Gleichlauf des Rechts wie zum Beispiel beim Kartellverbot (Art. L.420-1 C. com, § 1 GWB und Art. 81 EG-Vertrag), einige fast[605] vollständig äquivalente Begriffe ausfindig zu machen. Beispiele dafür sind „Wettbewerb" und „concurrence", „Vereinbarung" und „accord"/„action concertée" sowie „Kartell" und „entente".

2) Übernahme eines Begriffs des anderen Rechtssystems

Der zweite Fall betrifft Begriffe, die aus dem französischen oder deutschen Rechtssystem vom jeweils anderen übernommen worden sind und die im neuen Rechtssystem noch nicht fest verankert sind, so dass es sich noch um die ursprünglichen Begriffe handelt. Im Gegensatz zu einigen europäischen[606] und nicht-europäischen[607] Staaten, deren Gesetzgebung sehr stark unter dem Einfluss des deutschen oder des französischen Rechts stehen, können die gegenseitigen Einflüsse zwischen Deutschland und Frankreich nur punktuell in unterschiedlichen Bereichen festgestellt werden.

Der Einfluss des Code civil auf das BGB ist zum Beispiel nicht nur aufgrund seines zeitlichen Vorsprungs erklärbar[608]. Die Anwendung des Code civil sowohl in den seit 1794 besetzten linksrheinischen

---

[604] Siehe oben Fußn. 602.

[605] Ohne hier eine detaillierte Untersuchung hier führen zu können, darf der Ausdruck „vollständige Äquivalenz" nicht angewendet werden.

[606] Das spanische „Código civil" lehnt sich insbesondere im Gebiet des Schuldrechts sehr stark an den Code civil an, da einige seiner Bestimmungen lediglich eine Übersetzung des französischen Textes darstellen. Vgl. *Zweigert/Kötz*, Einführung in die Rechtsvergleichung, 1996, S. 106.

[607] Das deutsche Rechtssystem hat einen weitreichenden Einfluss z.B. auf die ostasiatischen Länder (Japan, Korea und Taiwan) ausgeübt. Das japanische Zivilgesetzbuch von 1898 übernahm z.B. weitgehend die drei ersten Bücher des BGB. Vgl. *Horn*, NJW 2000, 40 (40).

[608] Für das BGB (1897), siehe oben Kap. I., II. A. 4. c., S. 22 und für den Code civil (1804), siehe oben Kap. I., II. B. 3. b., S. 30.

Gebieten, als auch in einigen Gebieten über das Rheinufer[609] hinaus (insbesondere nach der Gründung des Rheinbundes 1806), ist ebenfalls von Bedeutung, da der Code civil für die Verfasser des BGB quasi ein „Muster" darstellte.[610] Im Schuldrecht beispielsweise ist die Haftung des Schuldners für seinen Erfüllungsgehilfen (§ 278 BGB) der französischen Regelung des Art. 1384 Code civil nachgebildet worden. Im Sachenrecht haben die Bestimmungen zum gutgläubigen Erwerb (§§ 932-935 BGB) den Code civil als „Vorbild" genommen. Diese Übernahme einzelner Regelungen nahm fortan jedoch eine eigenständige Entwicklung, insbesondere im Bereich der Rechtsprechung und kann daher nicht als Grundlage für eine nahezu vollständige Äquivalenz dienen.

Einflüsse des deutschen Rechts auf das französische und umgekehrt sind schier unzählbar[611], sei es in der Geschichte oder auch in der heutigen Entwicklung der Gesetzgebung und der Rechtsprechung[612]. Beispiele einer nahezu vollständigen Äquivalenz, bei der sich der eingeführte Begriff von seinem „Muster" nicht eigenständig fortentwickelt hat, sind dennoch sehr schwer zu finden.

2.   Duldung einer „partiellen Äquivalenz"

Die praktische Unmöglichkeit einer vollständigen Äquivalenz ist im juristischen Bereich besonders virulent, wobei Fälle einer fast vollständigen Äquivalenz ohnehin als Ausnahmen zu betrachten sind. Um juristische Übersetzungen überhaupt vornehmen zu können, stellt sich

---

[609]   Z.B. Königreich Westfalen (Inkrafttreten des Code civil in 1808), Fürstentum Arenberg (1808), Großherzogtum Berg (1810), usw.

[610]   Vgl. *Zweigert/Kötz*, Einführung in die Rechtsvergleichung, 1996, S. 101.

[611]   Für einige Beispiele dieser Einflüsse im Bereich des Zivilrechts vgl. *Lasserre-Kiesow/Luzeaux*, Le droit civil allemand dans la science juridique française, in: Beaud/Heyen (Hrsg.), Eine deutsch-französische Rechtswissenschaft? 1999, S. 163 (172 ff.).

[612]   Zur parallelen Entwicklung der Auslegung in der französischen und der deutschen Rechtsprechung des Art. 1382 C. civ. und des § 823 BGB im Bereich der Schadensersatzpflicht vgl. *Lasserre-Kiesow/Luzeaux*, a.a.O., S. 163 (173 f.).

daher die Frage, inwiefern eine partielle Äquivalenz zu dulden ist. Die
diesbezüglichen Theorien der Literatur werden an dieser Stelle im
Einzelnen betrachtet.

a. Theorie von Kisch

Die oben dargestellten Beispiele der Begriffe „mariage"/„Ehe" und
„divorce"/„Ehescheidung" haben sich nicht als Wortgruppen mit vollständiger Äquivalenz erwiesen, obwohl diese Begriffe in der Praxis
als Übersetzungen akzeptiert werden[613]. Die Theorie von *Kisch* erläutert diese Akzeptanz, dass Begriffe – trotz mangelnder vollständiger
Äquivalenz – als Übersetzung angenommen werden können, mit der
Annahme, dass sie sich „quant à la substance" entsprechen.[614]

1) *Darstellung dieser Theorie*

a) **Substanz und Attribute**

In Anbetracht der Unmöglichkeit einer vollständigen Äquivalenz zwischen Begriffen verschiedener Rechtssysteme erklärt *Kisch*, dass –
ohne „die Sünde des Perfektionismus" eingehen zu wollen – eine
Übersetzung dann möglich ist:

> „... si, dans les espèces, il y a nuance quant aux attributs, il y a
> identité quant à la substance. Donc, pourquoi réfuter la traduc-
> tion en tant que la substance est en jeu et non pas l'attribut? "[615]

Nach dieser Definition, besteht eine Sache zunächst aus der Substanz
oder ihrem Kern (dem eigentlichen Wesen der Sache) sowie des Weiteren aus Attributen, das heißt der wesentlichen Eigenschaften oder
den Wesensmerkmalen der Substanz. Begriffe, deren Kerne sich vollständig decken, können dann als Übersetzung angenommen werden,

---

[613] Vgl. *de Groot*, T&T 3.1991, 279 (287 f.).

[614] Vgl. *Kisch*, Droit comparé et terminologie juridique, in: Rotondi (Hrsg.), Inchieste di diritto comparato, 1973, S. 407 (410 ff.).

[615] Vgl. *Kisch*, a.a.O., S. 407 (411).

obgleich geringfügige Nuancen bzw. kleine Unterschiede bezüglich der wesentlichen Merkmale dieser Begriffe bestehen.

Kisch betont weiterhin, dass eine solche Übersetzung unter der Voraussetzung annehmbar ist, dass im gegebenen Kontext ausschließlich die Substanz relevant ist. Unterschiede bezüglich der Attribute werden solange als irrelevant für den Übersetzungsvorgang betrachtet, solange sie selbst im Kontext als irrelevant betrachtet werden können.

Diese Theorie steht im Einklang mit der Ansicht von *Arntz* und *Picht*, die trotz ihrer Definition der vollständigen begrifflichen Äquivalenz[616] betonen:

> „Wenn zwei Begriffe in den wesentlichen Merkmalen übereinstimmen, aber in unwesentlichen voneinander abweichen, so besteht zwar keine Identität, dennoch lassen sich die Benennungen aufgrund der hochgradigen begrifflichen Entsprechung zusammenführen".[617]

b) Beispiele

(1) „Änderungsantrag"

In Anlehnung an *Arntz* und *Picht*[618] wird das verfassungsrechtliche Beispiel des „Änderungsantrages"/"amendement" kurz aufgegriffen. Anhand von Definitionen allgemeiner Wörterbücher können die begrifflichen wesentlichen Merkmale beider Termini wie folgt zusammen gestellt werden:

> „Änderungsantrag: im Parlament ein Abänderungsvorschlag zu Gesetzesentwürfen, Anträgen (Der Neue Brockhaus).

> Amendement: modification proposée à un texte soumis à une assemblée délibérante (Petit Robert). (...)

---

[616] Siehe oben Kap. II., III. A. 2. a. 1), S. 150; vgl. *Arntz/Picht*, Einführung in die übersetzungsbezogene Terminologiearbeit, 1982, S. 140.
[617] *Arntz/Picht*, a.a.O., S. 141.
[618] Vgl. *Arntz/Picht*, a.a.O., S. 141 f.

1. Merkmal: à une assemblée délibérante = im Parlament

2. Merkmal: modification proposée = Änderungsvorschlag

3. Merkmal: un texte = Gesetzentwürfe, Anträge."[619]

Dieser Selektion[620] entsprechend nach schließen beide Autoren – sowohl *Arntz* als auch *Picht* – auf eine Äquivalenz, wobei sie auf die Notwendigkeit einer grundlegenden Definition[621] der Rechtstermini hinweisen, um die weiteren Attribute der Begriffe herausfinden zu können:

> „Änderungsantrag: Antrag, den eine Gruppe von Abgeordneten mit der Absicht stellt, einen dem Parlament vorliegenden Gesetzentwurf abzuändern (Politisches Wörterbuch)
>
> Amendement: Modification apportée à un projet de loi (soumis à une assemblée législative) et présentée sous la forme d'une motion par un parlementaire ou un groupe (Dictionnaire de la politique française)."[622]

Die Abweichung hinsichtlich der unterstrichenen Merkmale betreffen nicht die Substanz der Begriffe, da es sich lediglich um die Zusammensetzung des Antragsstellers handelt. Aus dieser knappen[623] Untersuchung schließen *Arntz* und *Picht*, dass diese Termini äquivalent sind, da „entscheidend ist, ob die Abweichung den Kern beider Begriffe tangiert."[624] Wenn diese scheinbar unwesentliche Abweichung

---

[619] *Arntz/Picht*, Einführung in die übersetzungsbezogene Terminologiearbeit, 1982, S. 141.

[620] Im Sinne der Prinzipien der Selektion und der Hierarchisierung, siehe oben Kap. II., III. A. 3. a., S. 155.

[621] Es ist dennoch zu bedauern, dass diese zweite Analyse ausschließlich anhand politischer Wörterbücher und nicht Rechtswörterbücher oder anderer Rechtsquellen durchgeführt wurde. Für die Notwendigkeit einer fundierten juristischen Untersuchung, siehe oben Kap. II., III. A. 2. b. 1), S. 153 oder Kap. II., I. B. 2. a. 1), S. 96.

[622] *Arntz/Picht*, a.a.O., S. 141.

[623] Eine detaillierte Untersuchung würde möglicherweise noch mehr Abweichungen ans Licht bringen.

[624] *Arntz/Picht*, a.a.O., S. 142.

dem Vergleich zugrunde liegt bzw. in dem Zusammenhang als relevant zu betrachten ist, lässt sich keine Äquivalenz mehr annehmen.[625] Dies entspricht ebenfalls der Theorie von *Kisch*, indem die Relevanz der Attribute aus dem Zusammenhang entsteht.

(2)   Andere Beispiele

Bei den Begriffen „mariage" und „Ehe" ist in der durchgeführten Untersuchung[626] lediglich ein Unterschied in der Regelung der Ehefähigkeit festgestellt worden. Beide Begriffe können daher, insofern es sich um einen Bund zwischen Volljährigen handelt, als äquivalent in ihren wesentlichen Merkmalen betrachtet werden.

Die kurze Untersuchung bezüglich der Scheidungsgründe[627] hat gravierendere Unterschiede der Attribute der Begriffe „divorce" und „Ehescheidung" hervorgebracht. Sie können daher nach der Theorie von *Kisch* nur als äquivalent betrachtet werden, solange es sich um das allgemeine Prinzip der Ehescheidung handelt. Wenn vor allem die Scheidungsgründe in dem Zusammenhang relevant sind[628], ist eine Äquivalenz auszuschließen.

2)   *Kritik und Grenzen dieser Theorie*

a)   Prinzipien der Selektion und der Hierarchisierung

Diese Theorie bedient sich ebenfalls der von *Reiß* vorgeschlagenen Prinzipien der Selektion und Hierarchisierung[629], wobei sich die Hie-

---

[625] Vgl. *Arntz/Picht*, Einführung in die übersetzungsbezogene Terminologiearbeit, 1982, S. 142.

[626] Siehe oben Kap. II., III. B. 1. a. 1), S. 158 f. Diese Untersuchung beruht jedoch lediglich auf den Merkmalen der Bindung zwischen Mann und Frau und der Ehefähigkeit. Andere mögliche Unterschiede z.B. auf dem Gebiet des Ehegüterrechts sind dennoch erwähnt worden.

[627] Siehe oben Kap. II., III. B. 1. a. 2), S. 160 f.

[628] Insb. in Bezug auf den „divorce pour faute" oder den „divorce par consentement mutuel".

[629] Siehe oben Kap. II., III. A. 3. a., S. 155.

rarchie hierbei unterteilt in Substanz und Attribute des Begriffs. Die Problematik bleibt jedoch ebenfalls ungelöst, da ihr Kernpunkt ebenso aus der Feststellung der Relevanz (in diesem Fall) dieser Attribute besteht. Im Gegensatz zur Darstellung von *Reiß*[630] versucht *Kisch* jedoch Anhaltspunkte dafür zu liefern, wo die Grenzen der Akzeptanz der Übersetzung liegen und somit Kriterien zu entwickeln, um die Relevanz der Begriffsmerkmale feststellen zu können. Merkmale des Ausgangsbegriffs, die zu dessen Substanz gehören, müssen in einer 1:1-Entsprechung im Zielbegriff wieder zu finden sein. Darüber hinaus dürfen die übrigen Merkmale, soweit sie für den Zusammenhang nicht relevant sind, nur in einem partiellen Äquivalenzverhältnis zueinander stehen.

b) Pragmatismus

Die Problematik ist jedoch nicht ganz gelöst, da zuletzt nur im konkreten Fall entschieden werden kann, ob eine oder mehrere Nuancen zwischen den Attributen des Ausgangsbegriffs und des Zielbegriffs für die Übersetzung akzeptabel sind oder nicht. *Kisch* schließt selbst seine Theorie wie folgt:

> „Bref, la question de l'équivalence est une question d'ordre pragmatique."[631]

Die Kritik von *de Groot*[632] an dieser Theorie beruht auf diesem abschließenden Pragmatismus, da es sich aus seiner Sicht um eine unzufriedenstellende Antwort handelt. Dies bedeute erneut, dass die Entscheidung letztendlich dem Übersetzer überlassen werde und demzufolge sein Verantwortungsbereich beträchtlich größer werde[633].

---

[630] Vgl. *Reiß*, Adäquatheit und Äquivalenz, in: Wilss/Thome (Hrsg.), Die Theorie des Übersetzens und ihr Aufschlußwert für die Übersetzungs- und Dolmetschdidaktik, 1984, S. 80 (86 ff.); siehe oben Kap. II., III. A. 3. a., S. 155.

[631] *Kisch*, Droit comparé et terminologie juridique, in: Rotondi (Hrsg.), Inchieste di diritto comparato, 1973, S. 407 (412).

[632] Vgl. *de Groot*, T&T 3.1991, 279 (288).

[633] Vgl. gleichen Zusammenschluss bei den Prinzipien der Selektion und der Hierarchisierung, siehe oben Kap. II., III. A. 3. b., S. 156.

c) Zusätzliche Kriterien

De Groot[634] betont außerdem, dass über den Kontext hinaus das Ziel einer Übersetzung für eine pauschale Hierarchisierung der Attribute bedeutsam sei. Er unterscheidet diesbezüglich zwei Kategorien von Übersetzungen. Wenn eine Übersetzung einerseits dazu diene, einem Nichtmuttersprachler einen oberflächlichen Eindruck von einem Text zu verschaffen, sei die Relevanz der Attribute naturgemäß niedriger, als wenn andererseits einer Übersetzung neben dem Ausgangstext der Status eines authentischen Textes beigemessen werden solle. Im letzteren Fall müsse eine 1:1-Entsprechung sowohl im Bereich der Substanz, als auch im Bereich der Attribute erreicht werden. Diese Unterteilung steht im Einklang mit derjenigen von *Nord*[635] zwischen dokumentarischen und instrumentellen Übersetzungen[636]. Der Zweck einer Übersetzung kann somit ein Anhaltspunkt dafür sein, seine Grenzen in der Übersetzungstätigkeit festzulegen.

b. Grundsatz des „gemeinsamen Minimums" der Bedeutung

Von der deutschen Literatur zur juristischen Übersetzung, wird allgemein der Grundsatz des „gemeinsamen Minimums" als praktische Lösung für die Unmöglichkeit der vollständigen Äquivalenz angeboten, wobei es sich dabei meist um spärliche bis unbefriedigende Erklärungsversuche handelt[637]. Eine nähere Untersuchung der diesbezüglichen Ansätze der Literatur ermöglicht es dennoch, in der Anwendung dieses Grundsatzes zwei Schritte bei der juristischen Übersetzung zu erkennen. Die erste Phase der Entwicklung ist von den Beiträgen von *Bleckmann* und *Paepcke* Ende der 1970er und Anfang der 1980er

---

[634] Vgl. *de Groot*, Zweisprachige juristische Rechtswörterbücher, in: Sandrini (Hrsg.), Übersetzen von Rechtstexten, 1999, S. 203 (206).

[635] Vgl. *Nord*, Einführung in das funktionale Übersetzen, 1993, S. 24 ff.

[636] Siehe oben Kap. II., II. A. 2. d. 2) b), S. 122 f.

[637] Vgl. *Knauer*, Grundkurs Übersetzungswissenschaft Französisch, 1998, S. 93, die Verfasserin übernimmt Beispiele der Literatur ohne jegliche Erklärung zu liefern, warum solche Lösungen vorgeschlagen werden; genauso unbefriedigend, *Simonnaes*, Übersetzungsprobleme bei juristischen Texten, in: Thelen/Lewandowska-Tomaszczyk (Hrsg.), Translation and Meaning Part 3, 1996, S. 365 (367).

Jahren gekennzeichnet, die sich von der aktuellen Tendenz in der Literatur (seit den 1990er Jahren) hauptsächlich von der Auslegung von *Stolze* unterscheiden.

Die Notwendigkeit einer gründlichen Darstellung dieser Entwicklung gründet sich sowohl auf der augenscheinlichen Bedeutsamkeit dieses Grundsatzes für die juristische Übersetzung, als auch auf der Unvollständigkeit der Literatur zu diesem Thema.

1)   Entwicklung des juristischen Grundsatzes zu einem selbständigen Übersetzungsprinzip

Der Grundsatz des gemeinsamen Minimums wird in der deutschen Literatur zur juristischen Übersetzung ursprünglich von *Bleckmann*[638] vertreten, der die Anlehnung an die juristische Auslegungsmethode des EuGH aufzeigt.

a)   Auslegungsmethode des gemeinsamen Minimums im Gemeinschaftsrecht

Dieses Prinzip trägt in der juristischen Sprache zwei sich inhaltlich entsprechende Bezeichnungen: „gemeinsames Minimum" oder „gemeinsamer Nenner". Die präzisere Bezeichnung des „gemeinsamen Nenners" deutet auf die Gemeinsamkeiten der unterschiedlichen Komponenten hin. Sie ist sowohl in der Sprache der Europäischen Gemeinschaft sehr verbreitet, als auch Ausgangspunkt einer nicht unbeträchtlichen Literatur[639].

---

[638]   Vgl. *Bleckmann*, Ermessensmißbrauch und détournement de pouvoir, in: FS Paepcke, 1977, S. 95 (99). Bleckmann wird eindeutig als Vorläufer in der gesamten Literatur anerkannt; so *Paepcke*, Im Übersetzen leben, 1986, S. 283; *Stolze*, Hermeneutisches Übersetzen, 1992, S. 182.

[639]   Vgl. *Schwab*, EuZW 1998, 1 (1); *Martiny*, in: MünchKommBGB, Bd. 10, 1998, Art. 36 EGBGB, Rn. 16; *Schübel*, NStZ 1997, 105 (109); *Günther*, EuZW 2000, 329 (329); *Christensen*, Glossar zur Juristischen Methodik, 2003, in: Recht und Sprache, http://www.recht-und-sprache.de/archiv/PDF/jm_gloss01.pdf, S. 3 (Abfrage: 11.11.2004); *Bleckmann*, Europarecht, 1997, § 8, Rn. 541; *Schmitt*, GRURInt 1970, 361 (368).

Die Besonderheiten des Gemeinschaftsrechts spiegeln sich beispielsweise im Bereich der Vertragsauslegung wider[640]. Eine Eigenheit entsteht zum Beispiel aus der Problematik der Divergenzen in den amtlichen (und somit verbindlichen) verschiedensprachigen Vertragsfassungen[641], wobei der EuGH im Konfliktfall deren genaue Auslegung klärt. Der Grundsatz des „gemeinsamen Minimums" bildet ein verbreitetes Auslegungsprinzip des Gemeinschaftsrechts in diesem Bereich. Das bedeutet, dass „die Auslegung Vorrang (findet), die sich auf die gleichen Bedeutungsvarianten der verschiedenensprachigen Wortlaute stützen lässt. Enthält der Wortlaut einer Fassung die Bedeutungsvarianten ‚a' und ‚b' und eine andere Fassung die Bedeutungsvarianten ‚b' und ‚c', usw. so ist die gemeinsame Bedeutungsvariante ‚b' vorzuziehen"[642].

Mittlerweile verzichtet der EuGH jedoch auf diesen Grundsatz, wenn die verschiedensprachigen offiziellen Fassungen unterschiedliche Begriffe verwenden. Es werden nicht nur die Gemeinsamkeiten der unterschiedlichen Fassungen betrachtet – vielmehr erstreckt sich die aktuelle Auslegung auf den ganzen Inhalt des Vertrages in den verschiedenen Sprachen.[643] Andere Auslegungsmethoden werden daneben natürlich auch vom EuGH[644] angewendet wie zum Beispiel

---

[640] Der Unterschied zur Auslegung der „gewöhnlichen internationalen Verträgen" ist schon 1964 vom EuGH deutlich festgelegt worden: EuGH, Urteil v. 15.07.1964, Costa/ENEL, Rs. 6/64, Slg. 1964, 1251 (1269 ff.). Bestätigt durch spätere Urteile: EuGH, Urteil v. 13.02.1969, Wilhelm/Bundeskartellamt, Rs. 14/68, Slg. 1969, 1 (5); EuGH, Urteil v. 13.12.1979, Hauer/Land Rheinland-Pfalz, Rs. 44/79, Slg. 1979, 3727 (3728). Vgl. *Bleckmann*, Europarecht, 1997, § 11, Rn. 1086; *Kjaer*, „Eurospeak", in: Erisken/Luttermann (Hrsg.), Juristische Fachsprache, 2002, S. 115 (127).

[641] Zur Problematik des Rechtssprachenvergleichs in der Europäischen Union, vgl. *Luttermann*, EuZW 1999, 401 (402 ff.) m.w.N.; *ders./Luttermann*, JZ 2004, 1002 (1004 f.).

[642] *Christensen*, Glossar zur Juristischen Methodik, 2003, in: Recht und Sprache, http://www.recht-und-sprache.de/archiv/PDF/jm_gloss01.pdf, S. 3 (Abfrage: 11. 11.2004).

[643] Vgl. *Bleckmann*, Europarecht, 1997, § 8, Rn. 541.

[644] Für eine Darstellung der gemeinschaftsrechtlichen Auslegungsgrundsätze, vgl. *Luttermann*, EuZW 1999, 401 (403 f.) m.w.N.; *Schübel-Pfister,* Sprache und

die Suche nach der, im Sinne des Gemeinschaftsrechts, besten Lösung unabhängig vom Wortlaut des Vertragstextes[645] (wobei dies jedoch an dieser Stelle nicht untersucht wird).

b) Anwendung in der juristischen Übersetzungswissenschaft

Paepcke[646] übernimmt die von *Bleckmann* aufgestellte Theorie für die Übersetzung der nationalen Rechtssprache. Sie wird nicht als Übersetzungslösung, sondern eher als ein Vergleich und eine Kritik von Übersetzungsvorschlägen präsentiert. *Paepcke* stellt zur Erläuterung des Verhältnisses von Text und Übersetzung drei Kategorien bzw. Darstellungsweisen zusammen: das „gemeinsame Minimum", das „gemeinsame Maximum" und das „gemeinsame Optimum".[647] Diese werden nun anhand des diesbezüglich oft verwendeten Beispiels[648] des französischen ausfüllungsbedürftigen[649] Begriffs „attentat aux mœurs" dargestellt.

(1) „Gemeinsames Minimum"

An erster Stelle muss der französische strafrechtliche Begriff kurz definiert werden:

> „Attentat aux mœurs: Acte d'immoralité ayant pour but soit la propre satisfaction de celui qui agit (ex. viol, agression sexuelle, exhibition sexuelle, harcèlement sexuel), soit la sti-

---

Gemeinschaftsrecht. Die Auslegung der mehrsprachig verbindlichen Rechtstexte durch den Europäischen Gerichtshof, 2004, S. 127 ff. m.w.N.

[645] Vgl. *Günther*, EuZW 2000, 329 (329).

[646] Vgl. *Paepcke*, Im Übersetzen leben, 1986, S. 283 ff.

[647] Vgl. *Paepcke*, a.a.O., S. 278.

[648] Vgl. *Paepcke*, a.a.O., S. 283; *Knauer*, Grundkurs Übersetzungswissenschaft Französisch, 1998, S. 93; *Stolze*, Hermeneutisches Übersetzen, 1992, S. 184.

[649] „Unbestimmte Rechtsbegriffe" sind Begriffe, die sinnausfüllungsbedürftig gestaltet sind; siehe oben Kap. I., III. B. 2. c., S. 61 ff.; vgl. *Reinfried*, Deutsches Rechtsbuch, 1983, S. 130.

mulation des passions d'autrui (ex. excitation de mineur à la débauche, proxénétisme)."[650]

Paepcke bietet als „gemeinsames Minimum" für diesen französischen Begriff des Strafrechts zwei Ausdrücke der deutschen Rechtssprache an: „Verstoß gegen die guten Sitten" und „Erregung öffentlichen Ärgernisses".

(a)   „Gute Sitten"

Der Ausdruck „Verstoß gegen die guten Sitten" ist dem deutschen Zivilrecht zuzuordnen und bildet gleichermaßen unzweifelhaft einen ausfüllungsbedürftigen unbestimmten Rechtsbegriff. Der des Begriffs „gute Sitten" ist „in Anlehnung an die deutsche Entstehungsgeschichte und die höchstrichterliche Rechtsprechung nach dem ‚Rechts- und Anstandsgefühl aller billig und gerecht Denkenden' zu bestimmen"[651]. Ein Verstoß gegen die guten Sitten führt nach § 138 I BGB zur Nichtigkeit des Rechtsgeschäftes. Die Grenzen der Anwendung dieses Begriffs sind ebenfalls weder klar, noch allgemein festlegbar und verlangen daher im Einzelfall eine Interessenabwägung[652].

Die Wiedergabe von „attentat aux mœurs" durch „Verstoß gegen die guten Sitten" als „gemeinsames Minimum" begründet *Paepcke* damit, dass der Begriff „mœurs" der Moral zuzuordnen ist[653]. Die „guten Sitten" sind im deutschen Recht ebenfalls an die Sozialmoral angeknüpft[654]. Die „bonnes mœurs" entsprechen daher laut *Paepcke* zivilrechtlich den „guten Sitten" in Sinne eines Minimums „von sittlicher Handlungsweise im Rechtsverkehr"[655].

---

[650]   *Cornu* (Hrsg.), Vocabulaire juridique, 2004, Stichwort „Attentat".
[651]   *Brox*, Allgemeiner Teil des BGB, 2004, § 14, Rn. 329.
[652]   Vgl. *Brox*, a.a.O., § 14, Rn. 329.
[653]   Vgl. *Paepcke*, Im Übersetzen leben, 1986, S. 281.
[654]   Vgl. *Brox*, a.a.O., § 14, Rn. 329.
[655]   *Paepcke*, a.a.O., S. 281. Mit Bezug auf Art. 6 C. civ.

(b) „Erregung öffentlichen Ärgernisses"

Dieser zweite Ausdruck stellt ebenfalls einen festen Ausdruck der deutschen Rechtssprache dar und ist – wie beim französischen Begriff – dem Strafrecht zuzuordnen. Er wird heute in § 183 a Strafgesetzbuch (StGB) definiert:

> „Wer öffentlich sexuelle Handlungen vornimmt und dadurch absichtlich oder wissentlich ein Ärgernis erregt, wird mit Freiheitsstrafe bis zu einem Jahr oder mit Geldstrafe bestraft, wenn die Tat nicht in § 183 mit Strafe bedroht ist."

Diese Wiedergabe wird von *Paepcke* damit begründet, dass eine „infraction contre les mœurs" als Oberbegriff für Tathandlungen (insbesondere „agression sexuelle" im weiteren Sinne) zu betrachten ist, die öffentliches Ärgernis erregen (§§ 174-184 StGB) und demzufolge ein „Sittlichkeitsdelikt, das öffentlich gegen Sitte und Anstand verstößt"[656], darstellt.

(c) Kritik der Theorie

Das Prinzip des „gemeinsamen Minimums" wird als ein gemeinsamer Nenner von Begriffsmerkmalen verstanden und entspricht somit der Auslegungsmethode des Gemeinschaftsrechts. Die verglichenen Begriffe verfügen somit über gemeinsame Merkmale, die dazu führen, dass beide Begriffe als Übersetzung füreinander stehen können. Es handelt sich um Fälle einer begrifflichen Überschneidung oder der Inklusion[657], wobei die Bedeutung hier nicht dem Umfang der Schnittmenge, sondern allein ihrem Bestehen zukommt.

Diese Interpretation des Prinzips des „gemeinsamen Minimums" bietet jedoch keine konkrete Lösung, da sie nicht die Grenze der Akzeptanz eines Übersetzungsvorschlags problematisiert. Es bleibt daher offen, ob als „gemeinsames Minimum" jeder Vorschlag anzunehmen ist, der über wenige gemeinsame Merkmale mit dem Ausgangsbegriff

---

[656] *Paepcke*, Im Übersetzen leben, 1986, S. 282.

[657] Siehe oben Kap. II., III. A. 2. a. 2), S. 151; Kap. II., III. A. 2. a. 3), S. 152.

verfügt. Das Prinzip des „gemeinsamen Minimums" bietet daher noch viel weniger Hilfsansätze als die Theorie von *Kisch*.

(d)   Kritik der Übersetzungsvorschläge

Inhaltlich muss insbesondere der zivilrechtliche Übersetzungsvorschlag „Verstoß gegen die guten Sitten" für den französischen strafrechtlichen Begriff „attentat aux mœurs" kritisiert werden. Die Verwendung eines Begriffs aus einem anderen Rechtsgebiet wirkt für den Leser sicherlich irritierend, wenn ihm dieser Zusammenhang bewusst wird, oder erweckt bei ihm gegebenenfalls sogar eine falsche Vorstellung. Ebenso wie der französische Begriff ist auch der deutsche darüber hinaus auslegungsbedürftig. Das heißt, dass sich die Bedeutung des Begriffs nicht aus seiner Bezeichnung ableiten lässt, sondern dass eine Auslegung notwendig ist, um seinen Bedeutungsumfang erläutern zu können. Bei der Anwendung eines festen deutschen unbestimmten Rechtsbegriffs besteht immer die Gefahr, dass der deutsche Jurist seine Vorstellungen des Begriffs zugrunde legt. Wenn dieser nur über wenige Gemeinsamkeiten mit dem französischen Begriff verfügt, wird demzufolge sicher eine Verwirrung stattfinden.

Da das deutsche Recht keinen äquivalenten Begriff bietet, ist die Suche nach einer Alternative erforderlich. In Anbetracht dieses Mangels kann die Lösung des „gemeinsamen Minimums" eine minimale Wiedergabe und somit eine Art „Notlösung" darstellen. *Paepcke* selbst stellt unter Bezugnahme auf *Bleckmann*[658] fest, dass „Verstoß gegen die guten Sitten" sowie „Erregung öffentlichen Ärgernisses" das „gemeinsame Minimum der Zweckverfehlung" für die Übersetzung von „attentat aux mœurs" darstellen[659]. Die Bezeichnung „Zweckverfehlung" betont an sich bereits, dass es sich nicht um eine „richtige" Übersetzung, sondern um einen „Minimalkonsens" handelt, um über-

---

[658]   *Bleckmann* ist der Erfinder des Ausdruckes „gemeinsames Minimum der Zweckverfehlung"; vgl. *ders.*, Ermessensmißbrauch und détournement de pouvoir, in: FS Paepcke, 1977, S. 95 (99).

[659]   Vgl. *Paepcke*, Im Übersetzen leben, 1986, S. 283.

haupt eine Übersetzung anbieten zu können. An dieser eigenen Kritik des „gemeinsamen Minimums" als unzufriedenstellende Lösung knüpft *Paepcke* zwei andere Kategorien an.

(2)   „Gemeinsames Maximum"

Es ist offensichtlich, dass die gerade genannten Übersetzungsvorschläge nicht den ganzen Inhalt des französischen Begriffs wiedergeben. Sie übertragen den Kern des Gesamtsachverhalts des französischen Begriffs ohne beispielsweise die Straftatbestände, die Frage der Ursächlichkeit oder die Verschuldenshaftung zu verdeutlichen.[660] Das Prinzip des „gemeinsamen Maximums" besteht daraus, eine Übersetzung zu entwickeln, die „das Äußerste an Genauigkeit zu vermitteln vermag, zugleich jedoch das jeweils Spezifische der einzelnen Straftatbestände in Anschlag bringt."[661] Es handelt sich daher um eine vollständige Äquivalenz, da sämtlichen Begriffsmerkmale des Ausgangsbegriffs im Zielbegriff wiederzufinden sind, wobei das „gemeinsame Maximum" darüber hinaus den Begriff durchsichtig macht[662]. Ein solche Vorgehensweise ist zweifelsohne unmöglich, es sei denn, es handele sich um eine sehr detaillierte deskriptive Übersetzung und nicht um die Anwendung eines Begriffs aus der Zielrechtssprache. Die Anwendung des idealistischen Grundsatzes des „gemeinsamen Maximums" bleibt leider für die juristische Übersetzung utopisch.

(3)   „Gemeinsames Optimum"

Nach der Feststellung, dass ein „gemeinsames Minimum" oder ein „gemeinsames Maximum" nur unzufriedenstellende Lösungen darstellen, bietet *Paepcke* die Wiedergabe des französischen Begriffs „attentat aux mœurs" mit dem „gemeinsamen Optimum" „Verstoß gegen Sitte und Ordnung". Der Vorteil dieses „gemeinsamen Optimums" liegt darin, dass es „den sprachlichen Ausgriff in eine offene und dar-

---

[660] Vgl. *Paepcke*, Im Übersetzen leben, 1986, S. 284.
[661] *Paepcke*, a.a.O., S. 284.
[662] Vgl. *Paepcke*, a.a.O., S. 284.

um verbindliche Kategorie vermittelt."[663] Im Gegensatz zum „gemeinsamen Maximum" geht es hier nicht um die transparente Wiedergabe jedes einzelnen Begriffsmerkmals des Ausgangsbegriffs, sondern um die Wiedergabe der Begriffshülle, die wiederum alle Merkmale bzw. Alternativen des Ausgangsbegriffs einschließen kann. Wegen der unmöglichen vollständigen Äquivalenz in der juristischen Übersetzung kann sich eine solche Lösung nicht der Zielrechtssprache bedienen. Diese Lösung ähnelt der Auffassung des „gemeinsamen Minimums" von *Stolze* und somit zum größten Teil der aktuellen Literatur.

2) Die aktuellen Anwendungsarten des Grundsatzes in der deutschen Literatur

In der aktuelleren Literatur sind die Beiträge von *Stolze*[664] bedeutsam, da sie dem Grundsatz eine neue und klare Definition verleihen.

a) Allgemeine Darstellung des Grundsatzes nach Stolze

(1) Grundsatz

Stolze definiert den Grundsatz wie folgt:

> „Wenn sich der Inhalt der sprachlichen Entsprechungen nicht deckt, weil die Begriffe im Vergleich nur einen partiell gemeinsamen Anwendungsbereich haben, dann ist das verbreitete Übersetzungsprinzip eine Formulierung des ‚gemeinsamen Minimums'. (...) Die Möglichkeit eines gemeinsamen Minimums findet sich v.a. in der Verwendung eines allgemeineren Begriffs, denn ein Oberbegriff impliziert den unteren immer."[665]

---

[663] *Paepcke*, Im Übersetzen leben, 1986, S. 285.

[664] Vgl. *Stolze*, Hermeneutisches Übersetzen, 1992, S. 182 ff.; *dies.*, Rechts- und Sprachvergleich beim Übersetzen juristischer Texte, in: Baumann/Kalverkämper (Hrsg.), Kontrastive Fachsprachenforschung, 1992, S. 223 (225 ff.); *dies.*, Expertenwissen des juristischen Fachübersetzers, in: Sandrini (Hrsg.), Übersetzen von Rechtstexten, 1999, S. 45 (49 f.).

[665] *Stolze*, Hermeneutisches Übersetzen, 1992, S. 182.

Der Schwerpunkt des Vergleichs zwischen Begriffen der Ausgangs-
und der Zielrechtssprache wird weiterhin auf den Begriffsinhalt gelegt, was sich in der Bezeichnung des Grundsatzes [„gemeinsames
Minimum der Bedeutung"[666] oder „gemeinsames Minimum (...) der
Begriffsübersetzung"[667]] ausdrückt.

Die Interpretation des Grundsatzes von *Stolze* beruht nicht ausschließlich auf dem Angebot eines Übersetzungsvorschlags, der ein Minimum an Begriffsmerkmalen mit dem Ausgangsbegriff gemeinsam hat
und somit nicht ausschließlich auf das Bestehen eines gemeinsamen
Nenners fußt. Vielmehr bietet sich die Möglichkeit eines „gemeinsamen Minimums" hier in der Verwendung eines allgemeineren Begriffs
an. Die Theorie von *Stolze* beruht daher auf zwei Schwerpunkten.

(a)   Suche nach einem Oberbegriff

Die angebotene Lösung befasst sich zuerst mit der Suche nach einem
Oberbegriff, da dieser den darunter fallenden Begriff stets mit ein-
schließt. Es handelt sich hier nicht um einen „Oberbegriff" im juristischen Sinne, der sich „deklinieren" lässt bzw. der eine juristische
Hauptbedeutung und verschiedene andere präzise Definitionen in unterschiedlichen Bereichen hat wie zum Beispiel „Prozess" oder „Verfahren"[668]. *Stolze* bietet vielmehr eine „abstraktneutrale Übersetzungsentsprechung"[669] als Lösung an, das heißt die Suche nach einer einfachen Benennung in der Zielsprache, die nicht irreführend ist. Zum Teil
handelt es sich hierbei um einen Verzicht der Anwendung der Zielrechtssprache zugunsten allgemeinerer Bezeichnungen, die ein Minimum der Bedeutung des Ausgangsbegriffs widerspiegeln.

---

[666]   *Stolze*, Rechts- und Sprachvergleich beim Übersetzen juristischer Texte, in:
Baumann/Kalverkämper (Hrsg.), Kontrastive Fachsprachenforschung, 1992,
S. 223 (225).

[667]   *Stolze*, Hermeneutisches Übersetzen, 1992, S. 181.

[668]   Siehe oben Kap. I., III, A. 2. b. 1), S. 51.

[669]   *Stolze*, a.a.O., S. 183.

(b)   Verwechslungsgefahr

Der zweite Schwerpunkt der Theorie von *Stolze* beruht somit auf der Verwechslungsgefahr. Die Alternative der Verwendung eines partiellen äquivalenten Begriffs des Zielrechtssystems bietet zwar einerseits den Vorteil, einen für den Leser verständlichen Rechtsbegriff in der Übersetzung zu verwenden, jedoch kann er andererseits irreführend und deshalb gefährlich sein. Es handelt sich hierbei um die allgemeine Problematik der Anwendung der Zielrechtssprache als eine mögliche Quelle der Verwechslungsgefahr für den Leser.

(2)   Kritik

Die von *Stolze* angebotene Interpretation des Grundsatzes des „gemeinsamen Minimums" steht im Einklang mit dem von *Paepcke* dargestellten „gemeinsamen Optimum". In beiden Fällen geht es darum, nicht eine Übersetzung zu finden, die ein Minimum oder ein Maximum an Begriffsmerkmalen mit dem Ausgangsbegriff besitzen, sondern um die Wiedergabe anhand eines allgemeineren Begriffs der Ausgangsbegriffshülle. Es handelt sich dabei nicht nur um ein wissenschaftliches Prinzip, das lediglich zum Vergleich zweier Rechtsbegriffe hilfreich sein kann, sondern auch um ein praktisches Prinzip, das vielfach Hilfsansätze für eine Übersetzung bietet. Um Verwechslungen zu vermeiden, wird diese Interpretation als „moderner Grundsatz des gemeinsamen Minimums" bezeichnet. Die Anwendung dieses Grundsatzes bietet sich insbesondere für die Übersetzung unbestimmter Rechtsbegriffe an.

b) Übersetzung unbestimmter Rechtsbegriffe anhand dieses Grundsatzes

(1) Unbestimmte Rechtsbegriffe

Unbestimmte Rechtsbegriffe[670] verlangen eine Auslegung, was vielfach eine besonders schwierige und problematische Aufgabe darstellt[671]. Es handelt sich dabei um dynamische Begriffe, wobei die Rolle der Rechtsprechung besonders bedeutsam ist. Die Übersetzung dieser Begriffe stellt ein besonderes Sorgenkind der juristischen Übersetzung dar, da unbestimmte Rechtsbegriffe von zwei verschiedenen Rechtssystemen nie wirklich vergleichbar sind[672].

Ein Vergleich unbestimmter Rechtsbegriffe der Ausgangssprache und der Zielsprache ist daher im Sinne einer Auflistung der Begriffsmerkmale – wie es bei der Suche nach Äquivalenz gemacht wird – nicht realisierbar. Es ist dennoch denkbar und möglich, den Begriff allgemein zu definieren und dementsprechend seine allgemeinen bzw. absoluten Merkmale zu definieren. Aufgrund der ausschließlichen Übersetzung dieser absoluten Merkmale und nicht sämtlicher, Merkmale ist die Bezeichnung „gemeinsames Minimum" angemessen.

(2) Beitrag des Grundsatzes des gemeinsamen Minimums

Da unbestimmte Rechtsbegriffe zum Beispiel dem Richter oder Rechtsanwender die Möglichkeit einräumen, die Gesetzesbestimmungen unter Berücksichtigung der Einzelumstände zweckmäßig auszulegen[673], kann dieser Auslegungsspielraum mit einer allgemeineren Übersetzung gewährleistet werden. Aus diesem Grund wird die An-

---

[670] Zur Darstellung des Begriffs, siehe oben Kap. I., III. B. 2. c., S. 61 ff.

[671] Vgl. *Müller-Tochtermann*, Muttersprache 1959, 84 (88).

[672] Vgl. *Kjær*, Vergleich von Unvergleichbarem. in: Krimann/Kjær (Hrsg.), Von der Allgegenwart der Lexikologie, 1995, S. 39 (54).

[673] Siehe oben insb. Kap. I., III. A. 2. b. 1), S. 62; vgl. *Müller-Tochtermann*, Muttersprache 1959, 84 (88).

wendung dieses Grundsatzes zum Beispiel im Bereich des Völkerrechts sogar empfohlen[674].

Die Wiedergabe von „attentat aux mœurs" durch „Verstoß gegen die guten Sitten" oder „Erregung öffentlichen Ärgernisses" gibt zwar dem Richter bzw. Rechtsanwender einen Interpretationsspielraum, dieser bleibt jedoch aufgrund der Anwendung deutscher unbestimmter Begriffe automatisch ans deutschen Recht gebunden. Die Wiedergabe durch „Verstoß gegen Sitte und Ordnung" in Anlehnung an diesen modernen Grundsatz entspricht der Anwendung eines allgemeineren Begriffs der Allgemeinsprache und überlässt dem Rechtsanwender einen freien Interpretationsspielraum, der sich somit an die französische Interpretation anlehnen kann. Diese Vorgehensweise ermöglicht dem Übersetzungsvorschlag somit, die Dynamik des Ausgangsbegriffs wiederzugeben, da keine Bindung zum Zielrechtssystem besteht. Eine solche dynamische Wiedergabe ist insofern wünschenswert, da die Bedeutung eines unbestimmten Rechtsbegriffs nicht nur je nach Kontext oder Tatbestand, sondern auch je nach Entwicklung insbesondere der Rechtsprechung abweichen kann.

Die Möglichkeit, die Dynamik des Ausgangsbegriffs wiederzugeben, darf aber nicht überschätzt werden, da diese als komplexer Zusammenhang nicht vollständig übertragbar ist. Die Übersetzung anhand des modernen Grundsatzes des „gemeinsamen Minimums" ermöglicht es letztlich, eine „Tür offen zu lassen", damit sich die Ausgangsdynamik im Zielbegriff entwickeln kann bzw. sie „schließt" dieser Dynamik nicht „die Tür", da sie die Auslegung nicht auf einen festen Begriff des Zielrechtssystems beschränkt.

---

[674] Vgl. *Stolze*, Expertenwissen des juristischen Fachübersetzers, in: Sandrini (Hrsg.), Übersetzen von Rechtstexten, 1999, S. 45 (50).

3. Theorie der funktionalen Äquivalenz

In Bezug auf Alternativen zur mangelhaften vollständigen begrifflichen Äquivalenz, die dennoch zum Bereich der Äquivalenz gehören,
spielt die funktionale Äquivalenz sowohl in der Literatur, als auch in
der Praxis eine bedeutende Rolle. Da sie nicht immer klar und über-
einstimmend in der Literatur definiert wird, ist sie an dieser Stelle
zunächst allgemein erläutert, bevor sie ausführlich auf die juristische
Übersetzung angewendet wird.

a. Kurze Darstellung des Begriffs und der Literatur

1) Definition der funktionalen Äquivalenz

Diese Ersatzlösung besteht aus einer Übersetzung des Ausgangsbegriffs mit einem Begriff der Zielsprache, der lediglich eine ähnliche
Funktion wie der Ausgangsbegriff hat. Zwei Begriffe sind funktional
äquivalent, sofern beide geeignet sind, das Problem X zu lösen.[675] Die
funktionale Äquivalenz fällt unter die „Skopostheorie"[676], die das
Übersetzen als „eine zielgerichtete Handlung (beschreibt), für deren
erfolgreiche Realisierung die Orientierung auf den Zweck (‚Skopos')
das oberste Kriterium ist."[677]

2) Vergleich mit den Definitionen der Äquivalenz

Problematisch für die Darstellung dieser Theorie ist die Tatsache, dass
einige Definitionen der allgemeinen Äquivalenz der oben genannten
Definition der funktionalen Äquivalenz entsprechen. Die oft zitierte[678]
Definition von *Reis* und *Vermeer* betont zum Beispiel den Schwerpunkt der Funktion des Ausgangs- und des Zieltextes:

---

[675] Vgl. *Luhmann*, Soziologische Aufklärung, Bd. I, 1991, S. 10 ff.

[676] Vgl. *Nord*, Einführung in das funktionale Übersetzen, 1993, S. 9; *Reiß/Vermeer*,
   Grundlegung einer allgemeinen Translationstheorie, 1991, S. 95 ff.

[677] *Nord*, a.a.O., S. 9.

[678] Vgl. *Albrecht*, Invarianz, Äquivalenz, Adäquatheit, in: FS Wilss, 1990, S. 71
   (73 f.); *Horn-Helf*, Technisches Übersetzen in Theorie und Praxis, 1999, S. 46.

„Äquivalenz bezeichnet eine Relation zwischen einem Ziel-
und Ausgangstext, die in der jeweiligen Kultur auf rangglei-
cher Ebene die gleiche kommunikative Funktion erfüllen (können)."[679]

Diese Unklarheit bezüglich der Grenze beider Begriffe lässt sich auch
anhand der französischen Definition der Äquivalenz von *Malblanc*
erläutern:

„Dans l'équivalence, les unités de traduction sont des concepts
tous différents pour aboutir à la même signification, la même
situation."[680]

3) *Grenze der Theorie*

a) **Begriffserläuterung**

Die Äquivalenz ist in dieser Arbeit als begriffliche Übereinstimmung[681] definiert worden und die funktionale Äquivalenz bezieht sich
nicht auf den Begriffsinhalt, sondern auf die Funktion der jeweiligen
Begriffe. Insofern sind beide Theorien voneinander abzugrenzen.

Die partielle Äquivalenz[682] bezieht sich auf die begriffliche Äquivalenz, wobei einige begriffliche Begriffsmerkmale zwischen Ausgangs-
und Zielbegriff übereinstimmen. Die verwendete[683] Bezeichnung der
funktionalen Äquivalenz als partielle Äquivalenz wäre hier irreführend, da es sich um eine gänzlich andere Art der Übereinstimmung
handelt.

---

[679] *Reiß/Vermeer*, Grundlegung einer allgemeinen Translationstheorie, 1991,
S. 139 f.

[680] *Malblanc*, Stylistique comparée du français et de l'allemand, 1980, S. 29.

[681] Siehe oben Kap. II., III. A. 1. b., S. 148; vgl. *Arntz/Picht/Mayer*, Einführung in
die Terminologiearbeit, 2004, S. 152.

[682] Als Oberbegriff für die begriffliche Überschneidung und die (begriffliche) Inklusion, siehe oben Kap. III., III. A. 2. a. 3), S. 152.

[683] So *Grass*, La traduction juridique bilingue français-allemand, 1999, S. 50 f.

b) Vorläufige Kritik

Die funktionale Äquivalenz bietet nur einen Übersetzungsvorschlag, der eine ähnliche Funktion – und meist nicht die gleiche Funktion – wie die im Ausgangsbegriff besitzt. Auch im funktionalen Bereich ist diese Übereinstimmung meist nicht vollständig und die Wiedergabe deshalb nur annähernd bis fehlerhaft möglich. Diese Ungenauigkeit ist als latente Eigenschaft der funktionalen Äquivalenz zu verstehen.[684]

b. Anwendbarkeit auf die juristische Übersetzung

Die Anwendung der funktionalen Äquivalenz in der juristischen Übersetzung birgt besondere Probleme in sich und liefert Gegenstand zur Kritik.

1) Methode der funktionalen Übersetzung

a) Übersetzungsvorgang

(1) Drei Schritte

Um eine funktionale Äquivalenz zu finden, muss – laut *Groffier* und *Reed* – der Übersetzungsvorgang in drei Schritten erfolgen:

> „Pour obtenir l'équivalence fonctionnelle, il est souvent nécessaire de recourir à la méthode en trois étapes que le traducteur chevronné applique automatiquement et presque instinctivement: 1) ‚la traduction' du texte juridique en un texte ‚en prose' de la langue de départ; 2) la traduction de ce texte ‚en prose' dans un texte ‚en prose' dans la langue d'arrivée; 3) le transfert de ce dernier texte dans un langage technique dans la langue d'arrivée."[685]

---

[684] So *Pigeon*, La traduction juridique, in: Gémar (Hrsg.), Langage du droit et traduction, 1982, S. 271 (279 f.).

[685] *Groffier/Reed*, La lexicographie juridique, 1990, S. 82.

Diese Unterteilung des Übersetzungsvorgangs in drei Schritte entspricht zum Teil dem schon dargestellten Übersetzungsprozess[686] mit der Analyse des zu übersetzenden Textes und dessen Formulierung in der Zielsprache (Kodierungswechsel). Vergleichbar mit dem Transfer und der Restrukturierung[687] ist der zweite Schritt ebenfalls unterteilt in den Transfer des Textes in eine „Allgemeinzielsprache" und der Formulierung in der Zielrechtssprache. Dieser dargestellte Vorgang ist nicht ausschließlich für die funktionale Übersetzung zu empfehlen und wird laut *Groffier* und *Reed* selbstverständlich von jedem guten technischen und daher juristischen Übersetzer angewendet.

(2)   Anwendung der Zielrechtssprache

(a)   Darstellung der Literatur

Die Darstellung der Übersetzungsschritte der funktionalen Äquivalenz zeigt, dass sie sich nicht der Allgemeinzielsprache, sondern der Zielrechtssprache bedient. Es handelt sich so gesehen um eine Art der Äquivalenz – und nicht um eine verfremdende[688] Übersetzung. Diese Methode entspricht dem von *Nida* geschilderten Übersetzungsmodell:

> „Translating consists in producing in the receptor language the closest natural equivalent to the message of the source language, first in meaning and secondly in style."[689]

Dieses natürliche Äquivalent findet sich in der Zielsprache wieder. Das Merkmal der Anwendung der Zielrechtssprache wird nicht unbedingt in der Literatur als Kennzeichen der funktionalen Äquivalenz

---

[686] Siehe oben Kap. II., II. B. 1., S. 126 ff., insb. Kap. II., II. B. 1. d., S. 135. Die dritte Phase der Dekodierung (des zu übersetzenden Textes vom Leser der Übersetzung) wird an dieser Stelle erneut nicht als Phase des Übersetzungsvorgangs betrachtet.

[687] Als Unterteilung des Kodierungswechsels, siehe oben Kap. II., II. B. 1. b. 1), S. 132.

[688] Die verfremdende Übersetzung widmet ihre Treue dem Verfasser des Ausgangstextes und nicht dem Leser der Übersetzung, indem sie das Ideal der Originaltreue erzielt, siehe oben Kap. II., II. B. 2. a. 1) b) (1), S. 138.

[689] *Nida*, Principles of translation as exemplified by Bible translating, in: Brower (Hrsg.), On translation, 1966, S. 11 (19).

unterstrichen, wobei es in dieser Arbeit ein besonderes Gewicht erhalten soll und wird.

(b)   Anwendung bei der Übersetzung nationaler Institutionen

Da es zweifelsohne keine begrifflich äquivalenten Lösungen gibt, kann die funktionale Äquivalenz eine Alternative für die Übersetzung von nationalen Institutionen, wie zum Beispiel die Übersetzung der Gerichtbezeichnung bieten.

Die Übersetzung von „Cour de cassation" mit „Bundesgerichtshof" (oder umgekehrt) oder von „Conseil d'État" mit „Bundesverwaltungsgericht" liefert ein typisches Beispiel der funktionalen Äquivalenz bzw. der Anwendung des nächsten natürlichen äquivalenten Begriffs in der Zielrechtssprache. Der Bundesgerichtshof und das Bundesverwaltungsgericht sind die obersten Instanzen der ordentlichen Gerichtsbarkeit bzw. der Verwaltungsgerichtsbarkeit im deutschen Rechtssystem wie der „Cour de cassation" und der „Conseil d'État" im französischen Rechtssystem und besitzen daher eine ähnliche Funktion. Der Vorteil der Benutzung deutscher Bezeichnungen zeigt sich vor allem in der Möglichkeit für den Leser sich überhaupt etwas Konkretes unter dem Begriff vorstellen zu können.

b)   Analyse bzw. Interpretation des zu übersetzenden Begriffs

(1)   Anwendung der teleologischen Auslegung

Die Phase der Analyse des zu übersetzenden Begriffs wird aufgrund der Suche eines funktionalen äquivalenten Begriffs gesondert durchgeführt. Die Anwendung der teleologischen Auslegung eignet sich dazu die funktionalen Kennzeichen eines Begriffs herauszufinden.[690] Es geht darum, den Sinn und Zweck des Ausgangsbegriffs zu ergründen. Dies unterstreicht im Streit um die Kompetenzen des Übersetzers[691] die Notwendigkeit, diesem die Anwendung der juristischen

---

[690]   Vgl. *Groffier/Reed*, La lexicographie juridique, 1990, S. 81.
[691]   Siehe oben Kap. II., II. B. 1. a. 2) b), S. 128 f.

Auslegungsmethoden zur Erforschung des Sinnes des Textes zu ermöglichen.

Die teleologische Auslegung als Hilfsmittel, einen funktionalen Übersetzungsvorschlag zu finden, betont erneut die Kontextgebundenheit
der Übersetzung, worauf *de Groot* seine Kritik an der funktionalen
Äquivalenz aufbaut:

> „... ich bezweifele dennoch, ob diese Methode immer zu guten
> Ergebnissen führt. Es kommt regelmäßig vor, dass juristische
> Probleme in verschiedenen Rechtssystemen auf sehr unter-
> schiedliche Art und Weise (...) gelöst werden. In solchen Fällen
> sehen wir aus der Perspektive der Rechtsvergleichung eine
> kontextgebundene funktionelle Äquivalenz."[692]

(2) Anwendung durch den Europäischen Gerichtshof

Bei Diskrepanzen in verschiedensprachigen offiziellen Fassungen ist
das Gemeinschaftsrecht auszulegen, wobei der EuGH heutzutage die
Anwendung der teleologischen Auslegung aufgrund ihrer Effektivität
und Funktionalität[693] dem Grundsatz des „gemeinsamen Minimums"[694] vorzieht. Die Anwendung der teleologischen Auslegung
(auch als dynamische Auslegung bezeichnet) soll nämlich auf eine
Verwirklichung der Integrationsziele der Gemeinschaft hinwirken.[695]
Diese Auslegung greift auf den „Geist des Vertrages" (zur Orientierung an den Vertragszwecken) zurück und prägt praktisch alle Entscheidungen des EuGH[696]. Zu deren Anwendung zieht der EuGH re-

---

[692] *De Groot*, T&T 3.1991, 279 (288 f.).
[693] Vgl. *Spickhoff*, in: Bamberger/Roth (Hrsg.), Kommentar zum BGB, Bd. 3, 2003,
       Art. 36 EGBGB, Rn. 9; *Martiny*, in: MünchKommBGB, Bd. 10, 1998, Art. 36
       EGBGB, Rn. 19; *Schröder*, JuS 2004, 180 (183); *Braselmann*, EuR 1992, 55 (59
       ff.).
[694] Siehe oben Kap. II., III. B. 2. b. 1) a), S. 172; *Günther*, EuZW 2000, 329 (329).
[695] Vgl. *Bleckmann*, NJW 1982, 1177 (1180).
[696] Vgl. *Schröder*, JuS 2004, 180 (183); EuGH, Urteil v. 05.02.1963, van Gend und
       Loos/Niederländische Finanzverwaltung, Rs. 26/62, Slg. 1963, 3 (26 ff.).

gelmäßig den zur effektiven Durchsetzung des Gemeinschaftsrechts dienenden sogenannten „effet utile" als Auslegungskriterium heran[697].

In Anlehnung an die gemeinschaftsrechtliche Rechtsprechung könnte die funktionale Äquivalenz eine mögliche Methode für die Übersetzung gesetzlicher Texte bzw. Verträge darstellen, insofern die teleologische Auslegung dem Übersetzer helfen kann, den Sinn und Zweck des Textes zu verstehen und abzugrenzen.

(3)   Anwendung durch den Cour suprême von Kanada

Die Problematik der juristischen Übersetzung in Kanada beruht auf der Koexistenz von zwei juristischen Rechtssystemen: dem droit civil in Québec und dem Common Law in den anderen Provinzen. Die Rechtsprechung des kanadischen Cour suprême in Bezug auf solche Rechtssprachenkonflikte scheint im Allgemeinen die funktionale Äquivalenz zu bevorzugen.[698] Dies zeigt im Vergleich zur Auslegung des Gemeinschaftsrechts, dass die funktionale Äquivalenz auch für eine Übersetzung in Bezug auf zwei Rechtssprachen und zwei Rechtssystemen anwendbar ist.

2)   Kritik und Grenzen dieser Theorie

Obwohl diese Theorie im juristischen Bereich von manchen Verfassern[699] als „ideale Übersetzungsmethode" angesehen ist, wird an dieser Stelle die negative Kritik der Literatur und werden insbesondere die Grenzen dieser Theorie dargestellt.

---

[697]   Vgl. *Spickhoff*, in: Bamberger/Roth (Hrsg.), Kommentar zum BGB, Bd. 3, 2003, Art. 36 EGBGB, Rn. 9.

[698]   Vgl. *Pigeon*, La traduction juridique, in: Gémar (Hrsg.), Langage du droit et traduction, 1982, S. 271 (281).

[699]   So *Weston*, An English Reader's Guide to the French Legal System, 1993, S. 23; *Pigeon*, La traduction juridique, in: Gémar (Hrsg.), Langage du droit et traduction, 1982, S. 271 (276), *Gémar*, Meta 1988, Bd. 33, Nr. 2, 305 (305); *Vlachopoulos*, Die Übersetzung von Vertragstexten, in: Sandrini (Hrsg.), Übersetzen von Rechtstexten, 1999, S. 137 (140); *Schwintowski*, NJW 2003, 632 (638).

a) Kritikpunkt: Ungenauigkeit

Die von der Literatur am häufigsten geübte Kritik an der funktionalen Äquivalenz beruht auf ihrer bereits dargestellten Ungenauigkeit[700]. Solange die korrekte Inhaltswiedergabe bei der juristischen Übersetzung oberste Priorität hat, ist die funktionale Äquivalenz abzulehnen, da sie per se nicht die vollständige juristische Wirklichkeit des Originaltextes übertragen kann[701]. Diese Vorsicht ist wünschenswert, jedoch findet die funktionale Äquivalenz als Ersatzlösung zur mangelhaften begrifflichen Äquivalenz ihren Platz. Da sie in dieser Arbeit ausschließlich als solche betrachtet wird, ist eine weitere Darstellung des Kritikpunktes Ungenauigkeit entbehrlich.

Es muss dennoch ein weiterer wichtiger Kritikpunkt dargestellt werden, der sich aus der Problematik der Annehmbarkeit der Übersetzungsvorschläge ergibt.

b) Annehmbarkeit der Übersetzungsvorschläge

Diese Problematik wird nun kurz anhand des bereits untersuchten Beispiels[702] der Übersetzung von „règlement" erläutert, das die Frage der Auswahl zwischen verschiedenen Übersetzungsvorschlägen aufwirft.

---

[700] Siehe oben Kap. II., III. B. 3. a. 3) b), S. 186; *Pigeon*, La traduction juridique, in: Gémar (Hrsg.), Langage du droit et traduction, 1982, S. 271 (279 f.).

[701] So *Sandrini*, T&T 3.1991, 317 (319); *Simonnaes*, Übersetzungsprobleme bei juristischen Texten, in: Thelen/Lewandowska-Tomaszczyk (Hrsg.), Translation and Meaning Part 3, 1996, S. 365 (371); *Engberg*, Übersetzen von Gerichtsurteilen, in: Sandrini (Hrsg.), Übersetzen von Rechtstexten, 1999, S. 83 (88).

[702] Siehe oben Kap. II., I., S. 83 ff.

(1)   Beispiel der Übersetzung von „règlement"

Bei der Liste von 18 Übersetzungsvorschlägen[703] für „règlement" als Rechtsnorm,

1. Abwicklung
2. Anordnung
3. Bestimmung
4. Durchführungsverordnung
5. Frz. Regierungsgesetz
6. Geschäftsordnung
7. Ministerielle Verordnung
8. Ordnung
9. Rechtsverordnung
10. Regel
11. Regelung
12. Regierungsverordnung
13. Reglement
14. Satzung
15. Statut
16. Verordnung
17. Vorschrift
18. Vorschriftensammlung

können anhand der funktionalen Übersetzung (das heißt sowohl nach der Funktion der Begriffe, als auch nach ihrer Zugehörigkeit zur deutschen Rechtssprache) folgende Begriffe herausgefiltert werden:

1. Bestimmung
2. Durchführungsverordnung
3. Rechtsverordnung
4. Regel
5. Regelung
6. Verordnung
7. Vorschrift
8. Vorschriftensammlung

Eine nähere Untersuchung dieser Vorschläge zeigt, dass der Begriff „Rechtsverordnung" als Begriff der deutschen Rechtssprache die ähnlichste Funktion in Bezug auf den französischen Begriff „règlement"

---

[703] Siehe oben Kap. II., I. B. 1. a., S. 92.

besitzt. Da beide eine allgemein verbindliche Rechtsnorm darstellen, die für eine unbestimmte Vielzahl von Personen von Organen der vollziehenden Gewalt gesetzt wird[704], stellt dieser Übersetzungsvorschlag in Hinblick auf den französischen Begriff das natürlichste Äquivalent dar.

Bei dieser kurzen Untersuchung wird bereits deutlich, dass die Grenzen zwischen funktionaler und begrifflicher Äquivalenz schwer zu ziehen sind. Es kann in der Rückschau nur sehr schwer mit Gewissheit geklärt werden, ob ein Übersetzungsvorschlag ausschließlich anhand der funktionalen Äquivalenz oder automatisch (bzw. fast unbewusst) anhand der funktionalen und der begrifflichen Äquivalenz ausgewählt wurde.

(2)   Kriterium von Pigeon

Für *Pigeon* ist eine funktionale Äquivalenz annehmbar, „si le contexte rend la précision suffisante d'un point de vue juridique"[705]. Dieses Kriterium ruft unmittelbar Kritik hervor, da die „précision suffisante" den Nachteil der Ungenauigkeit[706] der funktionalen Übersetzung verstärkt. Es zeigt sich darüber hinaus erneut, dass die funktionale Äquivalenz ausschließlich eine kontextgebundene[707] zufriedenstellende Lösung anbieten kann, da die Klarheit bzw. Genauigkeit des Übersetzungsvorschlags im Zusammenhang und mit dem Zusammenhang abzuschätzen ist.

Nicht zuletzt bleibt das von *Pigeon* vorgeschlagene Kriterium unpräzise, da es keine wirklichen Ansätze zur endgültigen Entscheidung der Annehmbarkeit eines Übersetzungsvorschlags anbietet. Er ergänzt das oben zitierte Kriterium wie folgt:

---

[704]   Siehe oben Kap. II., I. B. 2. b. 1) a), S. 97.

[705]   *Pigeon*, La traduction juridique, in: Gémar (Hrsg.), Langage du droit et traduction, 1982, S. 271 (280).

[706]   Siehe oben Kap. II., III. B. 3. b. 2) a), S. 191.

[707]   Siehe oben Kap. II., III. B. 3. b. 1) b) (1), S. 188; vgl. *de Groot*, T&T 3.1991, 279 (288 f.).

„La règle à suivre me paraît donc être la recherche de l'expression qui évoque, dans le langage courant, la notion qu'il s'agit d'exprimer."[708]

Diese Regel ist unzureichend, um dem juristischen Übersetzer eine wahre Hilfe anzubieten und mindert den praktischen Beitrag der Theorie von *Pigeon* insgesamt, die an dieser Stelle anhand anderer Kriterien ergänzt werden muss.

(3)   Kriterien des Internationalen Instituts für Rechts- und Verwaltungssprache (Berlin)

(a)   Ursprung

Eine Lösung zur Prüfung der Annehmbarkeit der Übersetzungsvorschläge erweist sich hier als bedeutsam, da die funktionale Übersetzung per se nicht alle Kennzeichen des Ausgangsbegriffs übertragen kann und daher naturgemäß unter einigen Gesichtspunkten unbefriedigend bleibt. Zu dieser Problematik ist der Beitrag von *Groffier* und *Reed* ernähnenswert, die folgende Methode vorstellen:

„Il existe une méthode permettant de juger le minimum d'acceptabilité d'une traduction. Elle consiste à analyser le terme à traduire dans la langue source pour en dégager les caractéristiques essentielles et accessoires et à faire la même chose dans la langue cible. L'évaluation finale consiste à comparer les caractéristiques correspondantes."[709]

Diese Verfasser stellen in concreto die vom *Internationalen Institut für Rechts- und Verwaltungssprache* in Berlin entwickelte Methode dar, die innerhalb der Reihe *Europaglossare der Rechts- und Verwaltungssprache* herausgegeben wurde[710]. Die positive Resonanz dieser

---

[708] *Pigeon*, La traduction juridique, in: Gémar (Hrsg.), Langage du droit et traduction, 1982, S. 271 (280).

[709] *Groffier/Reed*, La lexicographie juridique, 1990, S. 84.

[710] Z.B. *Internationales Institut für Rechts- und Verwaltungssprache* (Hrsg.), Handbuch der Internationalen Rechts- und Verwaltungssprache, Deutsch/Französisch, Bd. Staats- und Verwaltungsorganisation Behörden - Amtsbezeichnungen, 1984. Diese Handbücher sind in verschiedenen Sprachkombinationen herausgegeben

Reihe und ihre Methode ist in der Literatur und der Praxis heute allgemein anerkannt[711].

(b)   Darstellung der Kriterien des Instituts

Der Schwerpunkt dieser Methode liegt im Vergleich der Eigenschaften („essentielles" oder „accessoires") der betroffenen Begriffe bzw. der Begriffsmerkmale („conceptual characteristics"[712]). Wenn sich alle wesentlichen Begriffsmerkmale des Ausgangs- und Zielbegriffs entsprechen und sich ausschließlich eine geringere Anzahl nicht wesentlicher Begriffsmerkmale unterscheiden, können beide Begriffe als „gleich" gelten; das heißt mit anderen Worten, dass das mathematische Zeichen „=" verwendet werden darf. Wenn sich die meisten wesentlichen Begriffsmerkmale entsprechen und nur eine kleine Anzahl nicht wesentlicher Begriffsmerkmale sich nicht entsprechen, können beide Begriffe als „ähnlich" gelten; das heißt also, dass das mathematische Zeichen „±" verwendet wird, um die partielle Äquivalenz zu bezeichnen. Wenn sich zuletzt einige wesentliche Begriffsmerkmale entsprechen, werden die Begriffe als nicht äquivalent betrachtet und das Zeichen „≠" bezeichnet die mangelnde Annehmbarkeit des Zielbegriffs als funktionales Äquivalent. Diese Methode ist die Grundlage der Glossare, wobei letzlich stets der Übersetzer die Entscheidung treffen muss, ob die Verwendung eines ähnlichen Begriffs (±) in seiner Übersetzung möglich ist oder nicht.[713]

---

worden, wobei allgemein bedauert wird, dass diese Reihe nicht fortgeführt worden ist.

[711] So *Lane*, Legal and Administrative Terminology and Translation Problems, in: Gémar (Hrsg.), Langage du droit et traduction, 1982, S. 219 (224 f.), (229 f.); *Šarčević*, Meta 1991, Bd. 36, Nr. 4, 615 (618 f.); *Groffier/Reed*, La lexicographie juridique, 1990, S. 84; *Grass*, La traduction juridique bilingue français-allemand, 1999, S. 49.

[712] *Lane*, a.a.O., S. 219 (224).

[713] Vgl. *Groffier/Reed*, La lexicographie juridique, 1990, S. 84; *Šarčević*, Meta 1991, Bd. 36, Nr. 4, 615 (618 f.).

(c) Vergleich mit der Theorie von Kisch

Diese Lösung des Vergleichs der Eigenschaften steht im Einklang mit der Theorie von *Kisch*[714], die ebenfalls eine Unterscheidung zwischen wesentlichen Eigenschaften („caractéristiques essentielles") und Attributen („caractéristiques accessoires") durchführt. Es handelt sich dabei – trotz derartiger Darstellungen in der Literatur[715] – nicht um eine besondere Lösung für die Annehmbarkeit einer funktionalen Übersetzung, sondern für die Annehmbarkeit eines Übersetzungsvorschlags im Allgemeinen.

(d) Unselbständigkeit der Theorie

Diese aufgezeigte Parallele zwischen der Theorie von *Kisch* und den Kriterien des *Internationalen Instituts* führt zu einer wesentlichen Schlussfolgerung. Es geht hierbei um die Annehmbarkeit der funktionalen Äquivalenz durch einen Vergleich von Begriffsmerkmalen, der dem üblichen Vergleich entspricht, der zwecks einer begrifflichen Äquivalenz erfolgt. Die Notwendigkeit der Heranziehung dieser Methode für die funktionale Äquivalenz zeigt, dass sie keine eigenständige Lösung darstellen kann und sie immer in Kombination mit der begrifflichen Äquivalenz anzuwenden ist.

3) *Fazit*

Die funktionale Äquivalenz ist nicht nur eine ungenaue, sondern auch eine unselbständige Übersetzungsmethode, da sie stets des begrifflichen Vergleichs der betroffenen Begriffe bedarf. Es handelt sich daher um keine wirkliche Alternative, sondern lediglich um eine mögliche Ergänzung zur begrifflichen Äquivalenz. Das heißt, dass entweder sogenannte vollständige Äquivalenz oder aber partielle Äquivalenz vorliegt, die aufgrund der Entsprechung von genügend wesentlichen Begriffsmerkmalen annehmbar ist (in einem Glossar als „=" zu be-

---

[714] Siehe oben Kap. II., III. B. 2. a. 1), S. 166 f.

[715] So *Groffier/Reed*, La lexicographie juridique, 1990, S. 84; *Šarčević*, Meta 1991, Bd. 36, Nr. 4, 615 (618 f.).

zeichnen) oder dass partielle Äquivalenz auf begrifflicher Äquivalenz bzw. auf begrifflicher und funktionaler Äquivalenz beruhen kann.[716]

4. *Zusammenfassung und Klassifizierung der verschiedenen dargestellten Methoden*

Die Äquivalenz ist als Übereinstimmung der Begriffsmerkmale definiert worden, wobei die funktionale Äquivalenz parallel zur begrifflichen Äquivalenz angewendet werden kann. Die verschiedenen dargestellten Theorien lassen sich folgendermaßen systematisieren.

Zunächst muss nach einem begrifflichen Äquivalent in der Zielrechtssprache gesucht werden. Auch wenn eine vollständige Äquivalenz im juristischen Bereich nicht bestehen kann, muss vorab untersucht werden, ob ein fast vollständiges Äquivalent existiert. Erst wenn dieser erste Schritt scheitert, sollte auf die partielle Äquivalenz zurückgegriffen werden. Diese partielle Äquivalenz kann sich ausschließlich auf die Begriffsmerkmale, aber auch auf die begrifflichen und funktionalen Merkmale beziehen. In Anlehnung an die Theorie von *Kisch* oder vom *Internationalen Institut für Rechts- und Verwaltungssprache* Berlin kann anhand eines Vergleichs der Begriffsmerkmale festgestellt werden, ob der Übersetzungsvorschlag annehmbar ist oder nicht. Generell wird eine Übereinstimmung der wesentlichen Begriffsmerkmale als annehmbare Lösung angesehen. Da die Relevanz der Begriffsmerkmale vom Kontext abhängt, kann die endgültige Entscheidung über die Annehmbarkeit eines Übersetzungsvorschlags ausschließlich ad hoc getroffen werden.

Der Grundsatz des gemeinsamen Minimums ermöglicht es, im juristischen Bereich Zielbegriffe als Übersetzungslösung anzunehmen, auch wenn sie mit dem Ausgangsbegriff ausschließlich ein gemeinsames Minimum teilen. Dieser unbefriedigenden, da zu minimalistischen

---

[716] Insofern ist die Bezeichnung der funktionalen Äquivalenz als partielle Äquivalenz von *Grass* doch zutreffend, vgl. *ders.*, La traduction juridique bilingue français-allemand, 1999, S. 50 f.; dazu kritisch siehe oben Kap. II., III. B. 3. a. 3) a), S. 185.

Methode wird die Theorie des gemeinsamen Maximums gegenüberge-
stellt. Diese andere extreme Lösung beruht auf einer utopisch perfekten und vollständigen Äquivalenz. Diese unvertretbaren Theorien
haben zum „Grundsatz des gemeinsamen Optimums" bzw. zum „modernen Grundsatz des gemeinsamen Minimums" beigesteuert, der
heute als Übersetzungsmethode bevorzugt wird. Im Gegensatz zu den
beiden anderen Theorien verzichtet diese Methode auf die Anwendung der Zielrechtssprache zugunsten eines allgemeinsprachlichen
Oberbegriffs.

An dieser Stelle werden die Übersetzungsmethoden in zwei Gruppen,
nach Anwendung oder Nichtanwendung der Zielrechtssprache, unterteilt. Erst wenn die Anwendung der Zielrechtssprache keine zufriedenstellende Lösung ergibt, wird auf diese verzichtet und auf kreative
Lösungen zurückgegriffen[717], die die allgemeine Sprache oder die
Ausgangssprache zur Lösung heranziehen.

C.   Verzicht auf die Anwendung der Zielrechtssprache

Vor der Darstellung der unterschiedlichen Methoden, die nicht die
Zielrechtssprache verwenden, werden die Gründe für die Wahl einer
„verfremdenden Übersetzung" herausgearbeitet. Zur Veranschaulichung der diversen untersuchten Theorien werden verschiedenen Beispiele herangezogen, wobei die Suche nach konkreten Lösungen im
folgenden Kapitel dargestellt wird.

---

[717]   Vgl. *Sandrini*, T&T 3.1991, 317 (318).

I. *Vor- und Nachteile des Verzichts auf die Anwendung der Ziel-*
rechtssprache

Diese Diskussion, die sich unmittelbar auf die „ewige Frage" zwischen verfremdender[718] und einbürgernder[719] Übersetzung bezieht, ist bereits mit der Problematik der Treue dem Verfasser oder dem Leser gegenüber aufgezeigt worden[720]. So wurde unterstrichen, dass die Vorteile der verfremdenden Übersetzung besonders in der Treue dem Ausgangstext gegenüber liegen, wobei eine zu enge Worttreue zur Unverständlichkeit oder sogar zur Untreue führen kann[721]. An diese Diskussion können nun die Vor- und Nachteile der Anwendung der Zielrechtssprache bzw. der Allgemeinzielsprache angeknüpft werden.

Der Verzicht auf die Anwendung der Zielrechtssprache, der erst in Betracht kommt, wenn die Lösungen der Äquivalenz unzufriedenstellend sind, beruht auf zwei Hauptgründen. So wird versucht, die Verwechslungsgefahr zu minimieren und auf die Wechselwirkung zwischen Rechtssprache und Allgemeinsprache einzugehen.

a.   Verwechslungsgefahr bei Anwendung der Zielrechtssprache

1)   Allgemeine Gefahr

Die Systemgebundenheit der juristischen Terminologie ermöglicht meist lediglich die Anwendung eines partiellen Äquivalents, das zweifelsohne nicht alle Merkmale des Ausgangsbegriffs widerspiegeln kann. Eine partielle Äquivalenz enthält daher stets eine gewisse Ungenauigkeit, die zur Gefahr der Verwechslung des Ausgangsrechtsin-

---

[718] Die verfremdende Übersetzung widmet sich der Ausgangssprache und dem Ausgangstext, indem sie dem Ideal der Originaltreue nachgeht. Sie entspricht etwa der wörtlichen Übersetzung. Siehe oben Kap. II., II. B. 2. a. 1) b) (1), S. 138.

[719] Die einbürgernde Übersetzung widmet sich der Zielsprache und dem Zieltext, indem sie den Autor übersetzen will, wie er selbst in der Zielsprache geschrieben hätte. Siehe oben Kap. II., II. B. 2. a. 1) b) (2), S. 139.

[720] Siehe oben Kap. II., II. B. 2. a., S. 136 ff.; insb. Kap. II., II. B. 2. a. 1) b), S. 137 f.

[721] Siehe oben Kap. II., II. B. 2. a. 1) b) (2), S. 139; vgl. *Wilss*, Übersetzungsunterricht, 1996, S. 178.

stituts mit dem Zielrechtsinstitut führen kann, da diese nicht in vollständiger 1:1-Entsprechung zueinander stehen. Die Anwendung eines juristischen Terminus lässt den Leser jedoch in dem Glauben, dass der angewandte Zielbegriff den Ausgangsbegriffsinhalt vollständig wiedergibt.

a) Kennzeichnung der Übersetzung

Aus diesem Grund ist es notwendig, dass eine Übersetzung stets als solche ausgewiesen wird, damit der Leser weiß, dass es sich um ein fremdes Rechtssystem handelt. Wenn ein übersetzter Text keinerlei Informationen (Verweise, Fußnoten, Anwendung von Adjektiv „französisch" bzw. „deutsch") beinhaltet, die dem Leser aufzeigen, dass es sich nicht um sein eigenes Rechtssystem handelt, soll ohne Zweifel auf die Anwendung von Begriffen des Zielrechtssystems verzichtet werden, da die Gefahr einer Verwechslung stets immanent wäre.

b) Latente Gefahr

Auch wenn dem Leser bewusst ist, dass es sich um ein fremdes System handelt, kann eine Verwechslung nicht ausgeschlossen werden. So besteht bei Anwendung eines Begriffs des Zielrechtssystems stets die Gefahr, dass der Leser sein eigenes Verständnis und seine eigene Vorstellung etc. anwenden will und dementsprechend den Begriff seinem eigenen Rechtssystem und Rechtsdenken entsprechend versteht und interpretiert. Selbst wenn es sich dabei um eine latente Gefahr handelt, die zur Natur der Übersetzung gehört, darf diese nicht überschätzt werden und daher nicht als Argument für einen allgemeinen Verzicht der Anwendung der Zielrechtssprache angeführt werden. Vielmehr muss diese Gefahr dem Übersetzer bewusst sein, wobei er sie stets bei der Auswahl eines konkreten partiellen äquivalenten Übersetzungsvorschlags abwägen muss.

Diese Problematik kann anhand folgender bekannter Beispiele kurz veranschaulicht werden.

2) Beispiele

a) Übersetzung von Gerichtsbezeichnungen

Die Übersetzung von staatlichen bzw. nationalen Institutionen ist ein sehr anschauliches Beispiel dafür, dass sich Literatur und Praxis[722] nicht über die genaue Übersetzungsmethode einig sind, wobei eine Verwechslungsgefahr in diesem Bereich klar festzustellen ist.

Es kann an dieser Stelle erneut das Beispiel der Übersetzung des „Conseil d'État"[723] erwähnt werden. Die Suche nach einem Begriff des deutschen Rechtssystems zur Übersetzung des französischen Begriffs kann lediglich zu einer funktionalen Übersetzung mit „Bundesverwaltungsgericht" führen. Bei einem solchen Vorschlag wird der Schwerpunkt auf die ähnliche Funktion der Institutionen in den beiden Ländern gesetzt und auf die Möglichkeit für den Leser, sich etwas unter dem Begriff vorzustellen. Die Institutionen des „Conseil d'État" und des „Bundesverwaltungsgerichts" sind jedoch nur begrenzt vergleichbar, da der „Conseil d'État" beispielsweise über eine Beratungsfunktion der Regierung verfügt, die nicht ins deutsche Rechtssystem übertragbar ist. Es handelt sich daher um die Suggestion einer nicht vorhandenen Identität der Institutionen, die bereits von *Stolze* im Rahmen seiner Interpretation des Grundsatzes des gemeinsamen Minimums der Bedeutung unterstrichen worden ist[724]. Wesentlich ist hier „nicht das Vermeiden unüblicher Formulierungen oder unspezifischer Ausdrücke, sondern (das Vermeiden) von Falschaussagen"[725]. Da nationale Ausgangsinstitutionen keine Parallelen in der Zielrechtssprache finden, kann eine Übersetzung aus der Zielrechtssprache le-

---

[722] Vgl. *Stolze*, Rechts- und Sprachvergleich beim Übersetzen juristischer Texte, in: Baumann/Kalverkämper (Hrsg.), Kontrastive Fachsprachenforschung, 1992, S. 223 (225); *Haydin*, MDÜ 1/1991, 13 (13 f.).

[723] Zur funktionalen Äquivalenz, siehe oben Kap. II., III. B. 3. b. 1) a) (2) (b), S. 188.

[724] Vgl. *Stolze*, Hermeneutisches Übersetzen, 1992, S. 183; *dies.*, Rechts- und Sprachvergleich beim Übersetzen juristischer Texte, in: Baumann/Kalverkämper (Hrsg.), Kontrastive Fachsprachenforschung, 1992, S. 223 (226).

[725] *Stolze*, Rechts- und Sprachvergleich beim Übersetzen juristischer Texte, in: Baumann/Kalverkämper (Hrsg.), Kontrastive Fachsprachenforschung, 1992, S. 223 (225).

diglich einen Teil ihrer Funktion übertragen, ohne die nationale Wirklichkeit wiederzugeben. Letztere kann anhand einer verfremdenden Übersetzung lediglich etwas transparenter erscheinen.

b) Übersetzung von unbestimmten Rechtsbegriffen

Die Unübertragbarkeit der juristischen Wirklichkeit ist ebenfalls offensichtlich bei der Übersetzung von unbestimmten Rechtsbegriffen, die eine gewisse Vorstellungskraft verlangen. Die oben genannten[726] Übersetzungen des französischen ausfüllungsbedürftigen Begriffs „attentat au mœurs" mit dem deutschen Rechtsbegriff „Erregung öffentlichen Ärgernisses" oder „Verstoß gegen die guten Sitten" haben sich als unzufriedenstellende Lösungen erwiesen, weil sie unter anderem die französische Wirklichkeit nicht richtig vermitteln können. Der moderne Grundsatz des gemeinsamen Minimums verzichtet auf die Anwendung der Zielrechtssprache, um den nötigen Auslegungsspielraum zu gewährleisten, den die Dynamik solcher Begriff benötigt[727]. Die Anwendung eines Begriffs der allgemeinen Zielsprache („Verstoß gegen Sitte und Ordnung") führt den Leser nicht zu einer irreführenden Interpretation des Begriffs anhand seines eigenen Rechtssystems.

b. Wechselwirkung zwischen Rechtssprache und Allgemeinsprache

Die bereits unterstrichene[728] enge Beziehung der Allgemeinsprache zur Rechtssprache ermöglicht den Verzicht auf Letztere, ohne den zu übersetzenden Text sonderlich zu beschweren. Die Anwendung der allgemeinen Zielsprache bedeutet häufig, dem Zielbegriff eine zum Teil neue Definition innerhalb der Übersetzung zu verleihen. Dies kann möglicherweise zu einer neuen externen Polysemie[729] führen, die

---

[726]   Siehe oben Kap. II., III. B. 2. b. 1) b) (1), S. 174.

[727]   Siehe oben Kap. II., III. B. 2. b. 2) b), S. 182 f.

[728]   Siehe oben Kap. I., I. B., S. 5 ff, insb. Kap. I., I. B. 3., S. 8.

[729]   Bestehen einer Definition im allgemeinen Zusammenhang und einer anderen Definition im juristischen Zusammenhang, siehe oben Kap. I., III. A. 1., S. 37.

aber nicht mit der oben genannten Verwechslungsgefahr vergleichbar ist.

2. Darstellung der verschiedenen Methoden

Diese „kreativen"[730] Methoden werden erst dann angewendet, wenn die Äquivalenz zu einem unzufriedenstellenden Ergebnis führt, sei es wegen ungenügender Übereinstimmung der wesentlichen Begriffsmerkmale, wegen zu hoher Verwechselungsgefahr oder wegen des Mangels eines äquivalenten Vorschlags. Die zahlreichen Beiträge der Literatur[731] bieten in diesem Fall verschiedene Ersatzlösungen an, die unter folgenden vier Methoden zusammengefasst werden können[732]: die Lehnübersetzung, die Umschreibung, der Neologismus und die Übernahme des Ausgangsbegriffs. Da der moderne Grundsatz des gemeinsamen Minimums ebenfalls auf die Anwendung der Zielrechtssprache verzichtet, muss er auch hier berücksichtigt werden.

Im Gegensatz zur üblichen Darstellung der diversen Methoden, werden sie in dieser Arbeit je nach Anwendung oder Nichtanwendung der gebrauchten Allgemeinzielsprache in zwei Hauptkategorien unterteilt und darüber hinaus in eine bestimmte Reihenfolge gebracht, die auf ihren immer geringeren Bezug zur Äquivalenz hinweist.

---

[730] Vgl. *Koutsivitis*, Meta 1990, Bd. 35, Nr. 1, 226 (227); *Grass*, La traduction juridique bilingue français-allemand, 1999, S. 51.

[731] Vgl. *Šarčević*, Meta 1991, Bd. 36, Nr. 4, 615 (619 ff.); *Weston*, An English Reader's Guide to the French Legal System, 1993, S. 19 ff.; *Groffier/Reed*, La lexicographie juridique, 1990, S. 85 ff.; *Dyrberg/Tournay*, Cahiers de lexicologie, Nr. 56-57, 1990, 261 (270 ff.); *de Groot*, T&T 3.1991, 279 (289 ff.); *Simonnaes*, Übersetzungsprobleme bei juristischen Texten, in: Thelen/Lewandowska-Tomaszczyk (Hrsg.), Translation and Meaning Part 3, 1996, S. 365 (366 f.).

[732] Die Literatur zur allgemeinen Übersetzungswissenschaft bietet wiederum mehr Ersatzlösungen vgl. statt vieler *Malblanc*, Stylistique comparée du français et de l'allemand, 1980, S. 26 ff.

a. Anwendung der Allgemeinzielsprache

Von diesen vier Methoden verwenden die Lehnübersetzung und die Umschreibung die Allgemeinzielsprache.

1) *Lehnübersetzung*

a) **Definition**

(1) Vergleich mit der wörtlichen Übersetzung

Die Lehnübersetzung („calque"[733]) beruht auf den Prinzipien der wörtlichen Übersetzung. Es handelt sich um die Übertragung der Form und der Bedeutung des Ausgangsbegriffs[734] und somit um eine Übersetzung Wort für Wort oder Morphem[735] für Morphem[736]. Der Unterschied zur „normalen" wörtlichen Übersetzung liegt darin, dass in der Lehnübersetzung die Möglichkeit besteht, entweder die morphologische Struktur des Ausgangsbegriffs beizubehalten (z.B. Übertragung von „le Président de la République" durch „der Präsident der Republik") oder sich an die morphologische Struktur der Zielsprache anzulehnen (z.B. Übertragung von „l'Assemblée nationale" durch „die Nationalversammlung" und nicht durch „die Versammlung nationale")[737]. Die Lehnübersetzung kann daher als wörtliche Übersetzung mit der Möglichkeit einer Anlehnung der Struktur des Begriffs an die Zielsprache definiert werden[738].

---

[733] Vgl. *Malblanc*, Stylistique comparée du français et de l'allemand, 1980, S. 26.

[734] Vgl. *Simonnaes*, Übersetzungsprobleme bei juristischen Texten, in: Thelen/ Lewandowska-Tomaszczyk (Hrsg.), Translation and Meaning Part 3, 1996, S. 365 (366).

[735] „Morphem: kleinste bedeutungstragende Einheit im Sprachsystem", Duden, Deutsches Universalwörterbuch, 2003, Stichwort „Morphem".

[736] Vgl. *Weston*, An English Reader's Guide to the French Legal System, 1993, S. 20.

[737] Vgl. *Malblanc*, a.a.O., S. 26; *Grass*, La traduction juridique bilingue français-allemand, 1999, S. 52.

[738] Aufgrund dieses feinen Unterschiedes ist es für manche Verfasser fraglich, ob die Lehnübersetzung eine eigenständige Kategorie der Übersetzungsprozeduren darstellt; vgl. *Wilss*, Übersetzungsunterricht, 1996, S. 183.

Der kreative Aspekt dieser Methode besteht darin, eine neue Wort- oder Morphemkombination in der Zielsprache zu schaffen[739].

(2)   Grenzen

Die hier verwendete Definition beinhaltet ausdrücklich die Voraussetzung erkennen, dass der Übersetzer für eine Lehnübersetzung nur Begriffe der Zielsprache verwenden darf, die selbst über keine juristische Bedeutung im Zielrechtssystem verfügen[740]. Aufgrund der Wechselwirkung zwischen Rechtssprache und Allgemeinsprache sind jedoch die Grenzen zwischen beiden auch für den Übersetzer nicht immer eindeutig, weshalb er mit besonderer Umsicht arbeiten muss.

Darüber hinaus kann der Gebrauch von Zitatzeichen unterstreichen, dass es sich um keinen festen Ausdruck der Zielrechtssprache handelt.

b)   Anwendung

(1)   Beispiel: „Conseil d'État"

Eine wörtliche Übersetzung der einzelnen Bestandteile des französischen Begriffs „Conseil d'État" ins Deutsche ergibt beispielsweise den Begriff „Staatsrat", wobei der deutsche Begriff an die Struktur der deutschen Sprache angelehnt worden ist[741]. Diese verfremdende Lösung ist dem französischen Begriff bzw. der französischen Bezeichnung treu.

(2)   Notwendigkeit eines motivierten Terminus

Damit der Übersetzungsvorschlag den Ausgangsbegriff in der Zielsprache verständlich macht, setzt diese Methode jedoch einen moti-

---

[739] Die Lehnübersetzung wird aufgrund dieses kreativen Aspekts von *Weston* als eine Art Neologismus betrachtet, vgl. *ders.*, An English Reader's Guide to the French Legal System, 1993, S. 20.

[740] Vgl. *Šarčević*, Meta 1991, Bd. 36, Nr. 4, 615 (620).

[741] Ohne Anlehnung an die Struktur der Zielsprache, ergebe sich folgender Vorschlag: „Rat des Staates".

vierten[742] Terminus voraus[743], was das Beispiel „Staatsrat" verdeutlicht hat. Die Bezeichnung „Staatsrat" ist zwar verständlich, da sie –
dem französischen Wortlaut entsprechend – darstellt, dass es sich um
den Rat des Staates handelt. Da der französische „Conseil d'État"
jedoch nicht nur Rat des Staates, sondern auch oberstes Verwaltungsgericht Frankreichs ist[744], kann die Lehnübersetzung diesen äußerst
relevanten Aspekt nicht wiedergeben. Da die französische Bezeichnung selbst nicht transparent genug ist, kann die Lehnübersetzung in
diesem Fall nur eingeschränkte Informationen über den Bedeutungs-
inhalt wiedergeben.

2) *Umschreibung bzw. deskriptives Übersetzen*

a) Darstellung der Methode

(1) Definition

Gemäß dieser Methode [Umschreibung (definitorische oder explikati-
ve Umschreibung[745]), deskriptives Übersetzen] wird der Begriff der
Ausgangssprache nicht im engen Sinne übersetzt, sondern anhand
einer Definition oder Umschreibung seines Inhalts bzw. seiner Funktion wiedergegeben.

(2) Unterschied nach Länge der Umschreibung

Grass[746] unterscheidet nach der Konstruktion und daher nach der Länge der Umschreibung zwei Kategorien: „substitut descriptif" (deskriptiver Ersatz) und „paraphrase" (Paraphrase).

---

[742]   Aus sich selbst verständlich.

[743]   Vgl. *Arntz/Picht/Mayer*, Einführung in die Terminologiearbeit, 2004, S. 156.

[744]   Siehe oben Kap. II., III. B. 3. b. 1) a) (2) (b), S. 188.

[745]   Vgl. *Simonnaes*, Übersetzungsprobleme bei juristischen Texten, in: Thelen/
Lewandowska-Tomaszczyk (Hrsg.), Translation and Meaning Part 3, 1996,
S. 365 (367).

[746]   Vgl. *Grass*, La traduction juridique bilingue français-allemand, 1999, S. 53.

(a) Lösungen

Ein deskriptiver Ersatz für den französischen Begriff „Conseil d'État", wäre, wenn es sich um seine gerichtliche Tätigkeit handelt „oberstes französisches Verwaltungsgericht"[747]. Die Paraphrase enthält im Gegensatz zum deskriptiven Ersatz ein Verb, das entweder konjugiert oder in einer partizipialen Form in der Umschreibung zu finden ist. Der deutsche Begriff „Beamtenverhältnis" beispielsweise kann dementsprechend mit „rapport entre le fonctionnaire et la personne morale de droit public au service de laquelle il est placé"[748] übersetzt werden.

(b) Fazit

Länge und Komplexität der Umschreibung sind zuletzt für das Verständnis der Umschreibung und daher für die Tragfähigkeit der endgültigen Übersetzung bedeutsam. Diese beiden Beispiele zeigen die unterschiedliche Länge der beiden Alternativen deutlich und lassen daraus schließen, dass die Paraphrase in einer Übersetzung seltener verwendet werden kann. Bereits eine kleine Anzahl von Paraphrasen in einem übersetzten Text führt nicht nur zu einer langen, sondern eventuell auch zu einer unverständlichen Übersetzung. Länge und Komplexität einer Umschreibung sind nicht nur von der Stilwahl des Übersetzers abhängig, sondern hauptsächlich auch von der Schwierigkeit des Ausgangbegriffinhalts selbst und dessen inhaltlicher Nähe zum Zielrechtssystem.

---

[747] Ähnlich *Doucet/Fleck*, Wörterbuch der Rechts- und Wirtschaftssprache, Bd. I, 1997, Stichwort „Conseil d'État".

[748] *Internationales Institut für Rechts- und Verwaltungssprache* (Hrsg.), Europa-Glossar der Rechts- und Verwaltungssprache, Deutsch/Französisch, Bd. 8, 1969, Stichwort „Beamtenverhältnis".
Zur Übersetzungstechnik des *Internationalen Instituts für Rechts- und Verwaltungssprache* aus Berlin, siehe oben Kap. II., III. B. 3. b. 2) b) (3), S. 194. In diesem Fall wird der Übersetzungsvorschlag mit dem mathematischen Zeichen „±" angegeben. In den neueren Auflagen, die als Handbücher herausgeben werden, steht zusätzlich zu diesem Zeichen die Anmerkung „*tp.*" („traduction proposée") oder „*Üv.*" („Übersetzungsvorschlag"), um den Äquivalenzmangel zu unterstreichen.

b) Kritik

(1) Informationsbedarf des Lesers

Vergleichbar mit der Methode der funktionalen Äquivalenz wird die Methode der Umschreibung dem Informationsbedarf des Lesers am ehesten gerecht[749]. Beim Beispiel des „Conseil d'État" ist der angebotene deskriptive Ersatz („oberstes französisches Verwaltungsgericht") sehr informationsreich und gibt den Rang des „Conseil d'État" in der Verwaltungsgerichtsbarkeit auf korrekte Art und Weise wieder.

(2) Spielraum des Übersetzers

Um die Tatsache der Beschreibung und somit die Besonderheit des Übersetzungsvorschlags zu unterstreichen, wird der Gebrauch von Anführungszeichen empfohlen[750]. Damit soll betont werden, dass sich der Übersetzer einen gewissen Spielraum erlaubt hat. Da der Ausgangsbegriff im Beispiel „Conseil d'État" – und nicht „juridiction administrative supérieure française" – war, ist der Übersetzer über seine einfache Wiedergabetätigkeit hinausgegangen. Umschreibungen werden dem Übersetzer in der Praxis erlaubt, obwohl diese Methode hinsichtlich des Aufschlüsselungsverbots von Unklarheiten des Ausgangstextes[751] angezweifelt werden kann.

(3) Ergänzende Lösung

Umschreibungen können nicht zuletzt eine Teillösung darstellen, indem sie eine andere Übersetzungsmöglichkeit ergänzen (hauptsächlich in der Form einer Fußnote). Sie bieten dann parallel zu einer kürzeren Lösung, die den Begriffsinhalt nicht wiedergeben kann (wie z.B. eine Lehnübersetzung), eine Möglichkeit zur Verständlichkeit des Begriffs. Die Paraphrasen finden dort wieder eine richtige Anwendung, da die

---

[749] Vgl. *Simonnaes*, Übersetzungsprobleme bei juristischen Texten, in: Thelen/ Lewandowska-Tomaszczyk (Hrsg.), Translation and Meaning Part 3, 1996, S. 365 (367).

[750] Vgl. *Dyrberg/Tournay*, Cahiers de lexicologie, Nr. 56-57, 1990, 261 (272).

[751] Siehe oben Kap. II., II. B. 2. b. 2) a), S. 143.

Verwendung in einer Fußnote eine längere Definition oder Erklärung ermöglicht[752]. Die Notwendigkeit einer längeren Umschreibung ist insbesondere dann gegeben, wenn die Unterschiede des Ausgangsbegriffs im Vergleich zum Zielrechtssystem beträchtlich sind. Dieser ergänzenden Lösung kommt besondere Bedeutung zu, wenn der Ausgangsbegriff nicht übersetzt wird.

c) Anwendung für die Übersetzung deutscher zusammengesetzter Begriffe

Die Technik der Umschreibung ist darüber hinaus für die Übersetzung deutscher zusammengesetzter Begriffe ins Französische bedeutsam. Wie bereits erwähnt[753] stellen deutsche zusammengesetzte Rechtsbegriffe eine besondere Schwierigkeit für die Übersetzung ins Französische dar. Die folgenden bereits erwähnten Beispiele können hier erneut angeführt werden:

„Steuerabzugsverfahren: procédure de la perception de l'impôt par voie de retenue à la source."[754]

„Absichtsverwirklichungsdelikt: délit caractérisé par un acte témoignant de la volonté délictueuse de l'auteur."[755]

Die Lösung der Umschreibung zeigt in solchen Fällen, dass es sich um eine formulierte Lehnübersetzung handelt.

3) Anmerkung zum modernen Grundsatz des gemeinsamen Minimums

Nach dem modernen Grundsatz des „gemeinsamen Minimums"[756] geht es darum, einen allgemeineren Begriff der Allgemeinsprache zu

---

[752] Vgl. *Šarčević*, Meta 1991, Bd. 36, Nr. 4, 615 (621).

[753] Siehe oben Kap. I., III. A. 3. a. 3), S. 54.

[754] *Potonnier/Potonnier*, Wörterbuch für Wirtschaft, Recht und Handel, Bd. I, 1997, Stichwort „Steuerabzugsverfahren".

[755] *Potonnier/Potonnier*, a.a.O., Stichwort „Absichtsverwirklichungsdelikt".

[756] Zur Erklärung dieses Grundsatzes, siehe oben Kap. II., III. B. 2. b. 2) a), S. 179.

verwenden, der den Ausgangsbegriff impliziert[757]. Bei der Übersetzung des unbestimmten Rechtsbegriffs „attentat aux mœurs" verwirklicht sich dieser Grundsatz in der Wiedergabe als „Verstoß gegen Sitte und Ordnung"[758]. Dieser allgemeine Begriff definiert zwar nicht im engeren Sinne den Ausgangsbegriff, jedoch liefert er Informationen über seinen Inhalt und somit eine knappe Erklärung. *Stolze* übersetzt den deutschen Begriff „Landgericht" zum Beispiel mit dem englischen „Regional Court" (etwa „tribunal régional") oder den Begriff „Amtsgericht" mit „Local Court" (etwa „tribunal local").[759] Mit diesen Vorschlägen wird darauf hingewiesen, dass es sich um ein Gericht handelt und in etwa auf dessen Größe des Gerichtsbezirks, auch wenn dieser nicht genau definiert wird. Anhand dieser unterschiedlichen Beispiele wird der moderne Grundsatz des gemeinsamen Minimums eher der Umschreibung, als der Lehnübersetzung zugeordnet, auch wenn es sich hierbei um eine vage Umschreibung handeln kann.

b. Verzicht auf die Anwendung der Allgemeinzielsprache

Insofern die Zielsprache den Ausgangsbegriff nicht übertragen kann – sei es weil der Begriff unübersetzbar ist oder weil eine Verwechslungsgefahr weiterhin bestehe könnte – spricht letztlich vieles für den vollständigen Verzicht auf die Anwendung der Zielsprache durch die einfache Übernahme des Ausgangsbegriffs. Da diese Methode die Annahme der Theorie der Unübersetzbarkeit teilweise voraussetzt[760], muss diese intensive und kontroverse Diskussion[761] vorab im Allgemeinen in der Übersetzungswissenschaft und im Besonderen im juristischen Bereich untersucht werden.

---

[757] Bzw. eine „abstraktneutrale Übersetzungsentsprechung", vgl. *Stolze*, Hermeneutisches Übersetzen, 1992, S. 183.

[758] Siehe oben Kap. II., III. 2. b) 2) b), S. 182.

[759] Vgl. *Stolze*, a.a.O., S. 183.

[760] Vgl. *Groffier/Reed*, La lexicographie juridique, 1990, S. 86.

[761] Vgl. statt vieler *Koller*, Einführung in die Übersetzungswissenschaft, 2004, S. 177 ff.; *Knauer*, Grundkurs Übersetzungswissenschaft Französisch, 1998, S. 18 f.

1) *Übersetzbarkeit*

a) **Kurze Darstellung der allgemeinen Diskussion**

(1) Scheinbare Unübersetzbarkeit

Die Frage nach der Übersetzbarkeit wird etwa seit dem 18. Jahrhundert mit *Humboldt* in der Übersetzungswissenschaft gestellt.[762] Anhand der Unvereinbarkeit der Sprachen hat er die These der Unmöglichkeit einer adäquaten Übersetzbarkeit begründet und daraus die Unmöglichkeit der Übersetzung im Allgemeinen (sog. „scheinbare Unübersetzbarkeit") geschlussfolgert. Dieses sprachtheoretische Axiom, dass Sprachen „ihrem Wesen nach unübersetzbar"[763] sind, wird auch in der heutigen Literatur noch anerkannt.

(2) Potenzielle Übersetzbarkeit

Laut *Humboldt* besteht jedoch in allen Sprachen ein vergleichbares Ausdruckspotential und daher eine sogenannte potenzielle Übersetzbarkeit.[764] Im Gegensatz zur Theorie der Unmöglichkeit der Übersetzung werden heute auch die Thesen der prinzipiellen und der relativen Übersetzbarkeit vertreten.

(a) Relative Übersetzbarkeit

Die These von der relativen Übersetzbarkeit bezieht sich darauf, dass die unübersetzbaren kulturgebundenen Wörter (die häufig als Beweis der Unübersetzbarkeit angeführt werden) „kaum isoliert, sondern meist in Textzusammenhängen vorkommen". Da sich die Möglichkeit des Verstehens des betroffenen Wortes aus dem Textzusammenhang ergeben kann und das Verstehen eines Textes nie absolut, sondern vielmehr relativ und daher veränderlich ist, schließt *Koller* auf die Relativität der Übersetzbarkeit.[765]

---

[762] Vgl. *Knauer*, Grundkurs Übersetzungswissenschaft Französisch, 1998, S. 18 f.
[763] *Koller*, Einführung in die Übersetzungswissenschaft, 2004, S. 170.
[764] Vgl. *Knauer*, a.a.O., S. 18 f.
[765] Vgl. *Koller*, a.a.O., S. 178.

(b)   Prinzipielle Übersetzbarkeit

Darüber hinaus wird die These von der prinzipiellen Übersetzbarkeit ebenfalls in der Literatur vertreten[766]. Sie beruht darauf, dass die menschlichen Sprachen flexibel und dynamisch sind und folglich „alles, was gemeint werden kann, in jeder Sprache ausgedrückt werden (kann)"[767].

b)   Diskussion im Bereich der juristischen Übersetzung

Das Thema der Möglichkeit bzw. Unmöglichkeit der Übersetzung sorgt ebenfalls im juristischen Bereich für viele Diskussionen[768], wobei die Frage in der Literatur nicht einheitlich gestellt wird.

(1)   Linguistische und kulturelle Unübersetzbarkeit

In Anlehnung an *Weisflog*[769] wird die Unterteilung von *Catford*[770] bei zwei Arten der Übersetzbarkeit im juristischen Bereich angewendet. *Catford* unterscheidet hier die linguistische von der kulturellen Unübersetzbarkeit.

(a)   Linguistische Unübersetzbarkeit

Eine linguistische Unübersetzbarkeit liegt vor, „wenn in der Zielsprache kein lexikalischer oder syntaktischer Ersatz für ein in der Ausgangssprache vorhandenes Wort bzw. einen in der Ausgangssprache enthaltenen Terminus besteht."[771] Die linguistische Unübersetzbarkeit stellt insofern kein großes Problem dar, da ausschließlich die Aus-

---

[766]   Vgl. *Koller*, Einführung in die Übersetzungswissenschaft, 2004, S. 179; *Knauer*, Grundkurs Übersetzungswissenschaft Französisch, 1998, S. 23.

[767]   *Koller*, a.a.O., S. 182.

[768]   Vgl. *Weisflog*, Rechtsvergleichung und juristische Übersetzung, 1996, S. 38; *de Groot*, T&T 3.1991, 279 (280).

[769]   Vgl. *Weisflog*, a.a.O., S. 38.

[770]   Vgl. *Catford*, A Linguistic Theory of Translation, 1978, S. 94.

[771]   *Weisflog*, a.a.O., S. 38.

drucksinstrumente in der Zielsprache fehlen, was mittels einer Umschreibung zu überwinden ist. Im Anschluss an die prinzipielle Übersetzbarkeit[772] soll demzufolge die linguistische Unübersetzbarkeit abgelehnt werden.

(b)   Kulturelle Unübersetzbarkeit

Wenn die linguistische Unübersetzbarkeit nicht mittels einer Umschreibung gelöst werden kann, dann liegt das Problem nicht ausschließlich an einem fehlenden Terminus, sondern vielmehr an einem kulturellen Unterschied. Die kulturelle oder rechtskulturelle Unübersetzbarkeit stellt nicht nur wegen ihrer Schwierigkeit, sondern auch wegen ihrer Häufigkeit die relevanteste Art der Unmöglichkeit der juristischen Übersetzung dar. Eine solche Unübersetzbarkeit ist vorhanden, wenn im Zielrechtssystem ein entsprechendes, im Ausgangsrechtssystem vorhandenes Rechtsinstitut fehlt[773].

(2)   Unmöglichkeit der juristischen Übersetzung

(a)   Grundsätzliche kulturelle Unübersetzbarkeit

Der Anspruch an die juristische Übersetzung hinsichtlich einer vollständigen Übertragung sämtlicher Merkmale des Ausgangsbegriffs, führt im Allgemeinen zur juristischen kulturellen Unübersetzbarkeit.[774] Aufgrund fehlender vollständiger und der seltenen fast vollständigen Äquivalenz könnte die juristische Übersetzung als unmögliche Aufgabe angesehen werden. Dies entspricht dem oben genannten sprachtheoretischen Axiom[775] dahingehend, dass Sprachen (und somit Rechtssprachen) ihrem Wesen nach unübersetzbar sind[776].

---

[772] Siehe oben Kap. II., III. C. 2. b. 1) a) (2) (b), S. 212.
[773] Vgl. *Weisflog*, Rechtsvergleichung und juristische Übersetzung, 1996, S. 38.
[774] Zur Definition der allgemeinen kulturellen Unübersetzbarkeit, siehe oben Kap. II., III. C. 2. b. 1) b) (1) (b), S. 213.
[775] Siehe oben Kap. II., III. C. 2. b. 1) a) (1), S. 211; vgl. *Koller*, Einführung in die Übersetzungswissenschaft, 2004, S. 170.
[776] Vgl. *de Groot*, T&T 3.1991, 279 (280).

(b)   Notwendigkeit der Ablehnung der Unübersetzbarkeit

Der Übersetzer könnte nach einer solchen Schlussfolgerung aufgeben und das Ausgangsrechtsinstitut als unübersetzbar hinnehmen, da er kein passendes Äquivalent im Zielrechtssystem findet. Ein solches Verhalten wird heute jedoch in der herrschenden Literatur und Praxis als unvertretbar und unwissenschaftlich angesehen[777]. Der unrealistische Wunsch des Perfektionismus[778] würde im juristischen Bereich zur allgemeinen Übersetzungsverweigerung führen.

Diese Schulfolgerung ist zweifelsohne schon deshalb abzulehnen, da die juristische Übersetzung in vielen Fällen unbedingt notwendig ist.[779] In Anlehnung an *Mincke* kann festgestellt werden, dass die Annahme der These von der Unmöglichkeit der juristischen Übersetzung unter anderem dazu führt, dass die internationale Kooperation insgesamt zu wanken beginnen würde.[780] Wie wären beispielsweise internationale Verträge möglich, wenn die Übersetzung unmöglich ist? *Mincke* bezeichnet die Diskussion daher als „Übersetzungsparadox"[781].

(3)   Frage nach dem Verständnis des Übersetzungsvorschlags

(a)   Genauigkeit

Vielmehr als auf Frage der Unmöglichkeit sollte sich die Diskussion in erster Linie auf die Genauigkeit konzentrieren. Die Frage sollte daher wie folgt umformuliert werden: Kann der Gegenstand, der in der Ausgangsrechtssprache ausgedrückt wird, in der Zielsprache mit aus-

---

[777]   So *Riva*, Meta 1981, Bd. 26, Nr. 3, 223 (223); *Koutsivitis,* La traduction juridique: liberté et contraintes, in: Lederer/Israël (Hrsg.), La liberté en traduction, 1991, S. 139 (157); *Mincke*, ARSP 1991, 446 (448); *de Groot*, T&T 3.1991, 279 (289 f.).

[778]   Vgl. *Kisch*, Droit comparé et terminologie juridique, in: Rotondi (Hrsg.), Inchieste di diritto comparato, 1973, S. 407 (411).

[779]   Zum rechtspolitischen Charakter des Übersetzungswillens, vgl. *Luttermann*, EuZW 1998, 151 (157); *ders.*, Dialog der Kulturen, in: FS Großfeld, 1999, S. 771 (786).

[780]   So *Mincke*, a.a.O., 446 (448).

[781]   So *Mincke*, a.a.O., 446 (449).

reichender Genauigkeit bezeichnet werden?[782] Die Schulfolgerung Unmöglichkeit erfolgt daher ausschließlich, wenn ein Ausgangsrechtsinstitut nicht in der Zielsprache ausgedrückt werden kann.

(b)   Grenzen des Verstehens

Die Frage der rechtskulturellen Unübersetzbarkeit kann an dieser Stelle ebenfalls umformuliert werden. Eine rechtskulturelle Unübersetzbarkeit liegt dann vor, wenn der Ausgangsbegriff dem Juristen anhand der Zielsprache des Zielrechtssystems nicht richtig erklärt werden kann. Die Grenzen des Übersetzens liegen dann in den Grenzen des Verstehens.[783]

Laut *Constantinesco*[784] kann jeder Begriff nur im Rahmen seiner eigenen Rechtsordnung wirklich verstanden werden. Nach dieser Erkenntnis kann der Leser den genauen Inhalt des Ausgangsbegriffs nur verstehen, wenn er die relevanten Elemente des Ausgangsrechtssystems kennt, die diese Begriffe unmittelbar oder mittelbar beeinflussen[785]. Es handelt sich hierbei erneut um ein Paradox, da derjenige, der sich die Mühe machen würde, derartige Informationen zu bekommen und zu untersuchen, die Übersetzung im Grunde nicht mehr bräuchte. Unter diesem Aspekt wäre die Übersetzung der juristischen Terminologie in den meisten Fällen nicht nur unmöglich, sondern auch unbrauchbar und unnötig[786]. Der Meinung von *Constantinesco* kann somit an dieser Stelle nicht gefolgt werden.

---

[782] Vgl. *Mincke*, ARSP 1991, 446 (456).

[783] Vgl. *Koller*, Grundprobleme der Übersetzungstheorie, 1972, S. 66.

[784] Vgl. *Constantinesco*, Rechtsvergleichung, Bd. II, 1972, S. 170.

[785] Vgl. *Constantinesco*, a.a.O., S. 168.

[786] Vgl. *Koller*, a.a.O., S. 66.

(c)   Relevanz des Rechtskreises

Eindeutig verhält es sich so, dass je weiter das Ausgangs- und das
Zielrechtssystem auseinander liegen, umso deutlicher die Unübersetzbarkeit wird[787]. Die Zugehörigkeit des französischen und des deutschen Rechts zum kontinentalen Rechtskreis[788] trägt in diesem Sprachenpaar eher zur Übersetzungsmöglichkeit der juristischen Terminologie bei als bei einer Übersetzung beispielsweise zwischen dem englischen Rechtssystem und dem deutschen oder französischen Recht.
Das Beispiel der allgemein verwendeten Unübersetzbarkeit des Begriffs „common law" ins Französische oder ins Deutsche verdeutlicht
Hindernisse aufgrund der rechtskulturellen Unterschiede. Die Zugehörigkeit des französischen und des deutschen Rechts zu unterschiedlichen Rechtsfamilien[789] lässt dennoch die „Tür" für rechtskulturelle
Unübersetzbarkeiten „offen".

(d)   Relevanz des Zusammenhangs

In Anlehnung an die allgemeine These der relativen Übersetzbarkeit[790]
hängt schließlich das Verstehen eines bestimmten Terminus auch vom
Textzusammenhang ab. *Koller* betont daher, dass die Übersetzung
schlicht unmöglich wäre, wenn „wir nicht darauf vertrauen könnten,
dass der Text, selbst in der Übersetzung, Kenntnisse und Aufschlüsse
liefert, die ein Verstehen in gewissen Grenzen möglich machen".[791]

(4)   Fazit

Die Systemgebundenheit der juristischen Terminologie führt zwar zur
Unmöglichkeit des Bestehens einer vollständigen Äquivalenz, jedoch

---

[787] Vgl. *Berteloot*, Der Rahmen juristischer Übersetzungen, in: de Groot/Schulze
(Hrsg.), Recht und Übersetzen, 1999, S. 101 (102 f.); *Koller*, Grundprobleme der
Übersetzungstheorie, 1972, S. 66.

[788] Siehe oben Kap. I., II. C. 4., S. 35.

[789] Siehe oben Kap. I., II. C. 4., S. 35.

[790] Siehe oben Kap. II., III. C. 2. b) 1) a) (2) (a), S. 211.

[791] *Koller*, a.a.O., S. 66.

nicht zur Unmöglichkeit der juristischen Übersetzung im Allgemeinen. Vielmehr spiegeln sich die Grenzen des Übersetzens in den Grenzen des Verstehens des Übersetzungsvorschlags wider. Es wäre dennoch unrealistisch, vom ausländischen Leser das gleiche Verständnis wie beim „Ausgangsleser"[792] zu erwarten. Im Rahmen des deutschen und des französischen Rechts, die über gewisse Ähnlichkeiten verfügen, kann ein ausreichendes Verständnis vom Leser der Übersetzung teilweise vorausgesetzt werden. Über den unrealistischen Wunsch nach Perfektionismus in der Übersetzung und in der juristischen Terminologie hinaus, muss eine grundsätzliche Unübersetzbarkeit zwischen diesen beiden Systemen abgelehnt werden. Dies bedeutet jedoch nicht, dass „um jeden Preis" eine Übersetzung des Ausgangsbegriffs gefunden werden muss, sondern vielmehr, dass in manchen Fällen der Ausgangsbegriff als solcher bestehen bleiben muss.

2) *Übernahme des Begriffs in die Zielsprache*

a) **Darstellung der Methode**

(1) Übernahme der Ausgangssprache

Bei dieser Lösung wird der Ausgangsbegriff nicht übersetzt, sondern einfach als solcher im Zieltext benutzt. Die Übernahme („emprunt"[793]) kann darüber hinaus sowohl den Gebrauch von Zitatzeichen unterstreichen, als auch von einer eventuellen Anpassung an die Rechtschreibregeln der Zielsprache begleitet werden (z.B. der Gebrauch von großen Anfangsbuchstaben für Substantive in der deutschen Sprache).[794] Die Lösung ist nur vertretbar, solange die Ausgangs- und die Zielsprache über eine gewisse etymologische Verwandtschaft verfü-

---

[792] Der muttersprachliche Leser des Ausgangstextes.

[793] Vgl. *Malblanc*, Stylistique comparée du français et de l'allemand, 1980, S. 26.

[794] Vgl. *Simonnaes*, Übersetzungsprobleme bei juristischen Texten, in: Thelen/ Lewandowska-Tomaszczyk (Hrsg.), Translation and Meaning Part 3, 1996, S. 365 (366).

gen[795] – wie es beispielsweise zwischen der französischen und der deutschen Sprache den Fall ist.

(2)   Eindeutiger Nachteil

Im Hinblick darauf, dass eine Übersetzung dem Leser, der die Ausgangssprache nicht beherrscht, in ersten Linie Informationen über den Ausgangsinhalt liefern soll, kommt der Nachteil dieser Lösung schnell zum Vorschein. Die Übernahme mag zwar dem Ausgangstext gegenüber überaus treu sein, sie vermittelt dem Leser jedoch keinerlei inhaltliche Information. Um diesen Nachteil abzumildern, kann der Begriff jedoch durch eine wörtliche Übersetzung oder Bemerkung bzw. Beschreibung in Klammern oder in einer Fußnote erläutert werden.

b)   Anwendung

(1)   „Kapitulation" des Übersetzers

Die Diskussion um die Übersetzbarkeit und der deutliche Nachteil der Übernahme zeigen, dass sie ausschließlich als „Notlösung" angewendet werden sollte[796]. Sie unterstreicht darüber hinaus eine gewisse „Kapitulation" des Übersetzers[797]. Eine zu häufige Anwendung dieser Methode innerhalb des gleichen Textes würde nicht zuletzt dazu führen, dass „die Übersetzung zu einer Sammlung fremdsprachiger Wörter wird, die durch Verben, Adverbien, Artikel usw. aus der Zielsprache zusammengehalten" wird[798].

---

[795]   Vgl. *de Groot*, T&T 3.1991, 279 (290); *ders.*, Rechtsvergleichung als Kerntätigkeit bei der Übersetzung juristischer Terminologie, in: Haß-Zumkehr (Hrsg.), Sprache und Recht, 2002, S. 222 (233).

[796]   Vgl. statt vieler *Kieffer*, Le traducteur „jurilinguiste", in: Snow/Vanderlinden (Hrsg.), Français juridique et science du droit, 1995, S. 219 (230).

[797]   Vgl. *Kieffer*, a.a.O., S. 219 (230); *Weston*, An English Reader's Guide to the French Legal System, 1993, S. 26.

[798]   *De Groot*, T&T 3.1991, 279 (290).

(2)   Rahmen der Anwendung

Diese Lösung ist demzufolge einerseits für einzelne Begriffe anzu-wenden, wenn die rechtskulturellen Unterschiede in Bezug auf den Ausgangsbegriff unübertragbar sind und andererseits auch dann, wenn eine Übersetzung zu irreführend und daher unbrauchbar wäre[799]. Diese Methode erweist sich zum Beispiel in der Praxis im Zusammenhang mit Verfahrensdokumenten für den Richter und die Parteien als erfor-derlich, da sie ein Maximum an Sicherheit bieten kann. Es bestehen keine Zweifel hinsichtlich der betroffenen Institution – und wenn der Richter Informationen benötigt, kann er gegebenenfalls anhand des Begriffs eine gezielte Suche durchführen.[800]

c.   Neologismus

Als Gegenargument für die Unübersetzbarkeit ist die These von der prinzipiellen Übersetzbarkeit dargelegt worden, wonach Sprachen flexibel genug sind, um alles auszudrücken, was gemeint sein kann[801]. Dieses Argument kann möglicherweise auch auf die Rechtssprache übertragen werden, die so als dynamische Fachsprache[802] dazu in der Lage wäre, alle Ideen auszudrücken – auch wenn sie im Fall eines Mangels an Ausdrucksinstrumenten passende neue Begriffe erfinden müsste.

---

[799]   Vgl. *Kieffer*, Le traducteur „jurilinguiste", in: Snow/Vanderlinden (Hrsg.), Fran-çais juridique et science du droit, 1995, S. 219 (230); *Kisch*, Droit comparé et terminologie juridique, in: Rotondi (Hrsg.), Inchieste di diritto comparato, 1973, S. 407 (418).

[800]   Vgl. *Berteloot*, La traduction juridique dans l'Union européenne, 2000, in: La traduction juridique, Tradulex.org, http://www.tradulex.org/Actes2000/berteloot.pdf, S. 5 (Abfrage: 31.05.2005).

[801]   Siehe oben Kap. II., III. C. 2. b. 1) a) (2) (b), S. 212; vgl. *Koller*, Einführung in die Übersetzungswissenschaft, 2004, S. 182.

[802]   Siehe oben Kap. I., III. B. 3. a., S. 66; vgl. *Eriksen*, IDV-Rundbrief 54.1995, 30 (34).

1) Definition und Kriterien

a) Darstellung

Obwohl die Methode des Neologismus („néologisme"[803]) in der Literatur unterschiedlich dargestellt und ausgelegt wird[804], ist einer Erörterung der Divergenzen an dieser Stelle entbehrlich. Diese Methode kann vielmehr anhand folgender Definition erläutert werden:

> „On appelle néologisme tout mot de création récente ou emprunté depuis peu à une autre langue, ou toute acceptation nouvelle d'un mot déjà ancien."[805]

(1) Arten von Neologismen

Laut dieser Definition gibt es zwei Arten von Neologismen. Einerseits kann ein neues Wort eingeführt werden, indem es komplett neu gebildet, oder aus einer anderen Sprache übernommen wird („néologie de forme"). Die Neologie kann sich andererseits auch eines bestehenden Wortes bedienen und ihm eine neue Bedeutung geben („néologie de sens").[806] Nach dieser Definition stellt die Neologie nicht ausschließlich eine Übersetzungsmethode dar, da sie ein allgemeines Prinzip der Neubildung von Begriffen ist.

(2) Vergleich zu anderen Methoden

Die Methoden der Übernahme des Ausgangbegriffs[807] und der Lehnübersetzung[808] fügen ebenfalls ein neues Wort in der Zielsprache im

---

[803] Vgl. *Grass*, La traduction juridique bilingue français-allemand, 1999, S. 52 f.

[804] Zu dieser Diskussion vgl. *Šarčević*, Meta 1991, Bd. 36, Nr. 4, 615 (621).

[805] *Dubois u.a.* (Hrsg.), Dictionnaire de linguistique, 1973, Stichwort „néologisme" [andere Definition in der aktuellen Aufl. v. 1999: „Le néologisme est une unité lexicale (nouveau signifiant ou nouveau rapport signifiant-signifié fonctionnant dans un modèle de communication déterminé, et qui n'était pas réalisée antérieurement."].

[806] So Duden, Deutsches Universalwörterbuch, 2003, Stichwort „Neologismus".

[807] So *Groffier/Reed*, La lexicographie juridique, 1990, S. 86. Zur Definition der Methode der Übernahme, siehe oben Kap. II., III. C. 2. b. 2) a), S. 217.

Sinne des Neologismus ein. Da sie zuvor schon behandelt worden sind, werden sie an dieser Stelle außer Acht gelassen.

Dadurch, dass sich die Neologie nur teilweise der Zielsprache bedient, kann sie weder der ersten Kategorie der dargestellten Übersetzungs-methoden (Anwendung der Allgemeinzielsprache), noch der zweiten (Verzicht auf die Allgemeinzielsprache) zugeordnet werden.

b) Neologie in der juristischen Übersetzung

(1) *Kriterien von de Groot*

Die Formen der Neologie, die für die juristische Übersetzung relevant sind, entsprechen laut *de Groot* der Verwendung eines Wortes in der Zielsprache, „das nicht (oder nicht mehr) in dem mit der Zielsprache verbundenen Rechtssystem benutzt wird."[809]

(a) Nicht verwendete Begriffe

Voraussetzung für die Bildung eines Neologismus ist die Tatsache, dass es sich um einen Begriff handeln muss, der zum Zeitpunkt der Übersetzung nicht in der Zielsprache benutzt wird. Dies begründet sich mit der großen Gefahr einer Verwechslung bzw. Verwirrung mit der bestehenden Definition.[810]

(b) Verständlichkeit des Neologismus

Die Wahl eines Neologismus soll darüber hinaus der Verständlichkeit dienen, insofern sich der Leser aus dem Zielrechtssystem etwas darun-

---

[808] So *Weston*, An English Reader's Guide to the French Legal System, 1993, S. 20. Zur Definition der Methode der Lehnübersetzung, siehe oben Kap. II., III. C. 2. a. 1) a), S. 204.

[809] *De Groot*, T&T 3.1991, 279 (290).

[810] Vgl. *de Groot*, a.a.O., 279 (291).

ter vorstellen kann.[811] Von dieser Voraussetzung der möglichen Verständlichkeit des Neologismus hängt somit auch die Brauchbarkeit
dieser Lösung ab. Der Neologie wird nämlich häufig vorgeworfen, die
entwickelten Übersetzungsvorschläge könnten ausschließlich von
deren Schöpfern verstanden werden[812].

(2)   Sprachwahl

(a)   Zielsprache des Zielrechtssystems

Der Neologismus kann aus der Zielsprache des Zielrechtssystems
entstehen und sich älterer Begriffe bedienen, die nicht mehr verwendet
werden. Wegen ihrer Verständlichkeit am besten geeignet sind Begriffe, die früher im Zielrechtssystem eine dem Ausgangsbegriff äquivalente Funktion innehatten.[813] Diese Lösung erfordert seitens des Übersetzers besondere Kenntnisse der Rechtsgeschichte und eine ausführliche Recherchearbeit. Im Bereich der Rechtsgeschichte bietet *de Groot*
zum Beispiel als Neologismusvorschläge „Abwandlungen römisch-
rechtlicher Begriffe, soweit man noch annehmen darf, dass Juristen
aus dem Zielrechtssystem noch über Kenntnisse des römischen Rechts
verfügen."[814]

(b)   Zielsprache eines anderen Rechtssystems

Um neue verständliche Begriffe in die Zielsprache einzufügen, eignen
sich Begriffe der Zielsprache, die nicht zur Rechtssprache des Zielrechtssystems gehören, sondern zu einem Rechtssystem, das die selbe
Sprache als Rechtssprache benutzt. Die französische und die deutsche
Sprache können solche Möglichkeiten bieten, da die französische als

---

[811]   Vgl. *de Groot*, T&T 3.1991, 279 (291); *ders.*, Rechtsvergleichung als Kerntätigkeit bei der Übersetzung juristischer Terminologie, in: Haß-Zumkehr (Hrsg.),
Sprache und Recht, 2002, S. 222 (234).

[812]   Vgl. *Kieffer*, Le traducteur „jurilinguiste", in: Snow/Vanderlinden (Hrsg.), Français juridique et science du droit, 1995, S. 219 (229).

[813]   Vgl. *de Groot*, T&T 3.1991, 279 (291).

[814]   *De Groot*, a.a.O., 279 (291).

Rechtssprache für die Rechtssysteme sowohl in Frankreich, als auch in Belgien, der Schweiz, Luxemburg und Kanada verwendet wird[815]. Die deutsche Sprache wird ebenfalls nicht nur in Deutschland, sondern auch in Österreich, in der Schweiz, in Belgien, in Liechtenstein und in Südtirol als Rechtssprache benutzt[816]. Da jede nationale Rechtssprache vom jeweiligen Rechtssystem geprägt ist, hat sich in jedem dieser Rechtssysteme eine selbständige französische oder deutsche juristische Terminologie entwickelt[817], die daher ein breites Angebot an potentiellen Begriffen bietet. Voraussetzung für die Anwendung dieser Lösung ist die notwendige Entscheidung bei der Übersetzung, in welche Rechtssprache aus welchem Rechtssystem zu übersetzen ist[818].

Im untersuchten Sprachpaar Deutsch-Französisch können aufgrund ihrer Mehrsprachigkeit insbesondere die jeweilige französische oder deutsche Terminologie aus den schweizerischen oder belgischen Rechtssystemen eine interessante Quelle für Neologismen bieten. Typische „Belgizismen" wie „Domizilierung"[819], die den französischen Einfluss auf die deutsche Sprache betonen, können beispielsweise für eine französische Übersetzung ins Deutsche als Neologismus in Frage kommen. Diese Lösung erfordert allerdings vom Übersetzer rechtsvergleichende Kenntnisse von mindestens drei Rechtssystemen.

Besonders wichtig ist es schließlich in solchen Fällen, den Neologismus als solchen zu kennzeichnen (anhand des Adjektivs „deutsch" bzw. „französisch" oder mit Anführungszeichen), um jegliche Verwechslung zu verhindern.

---

[815] Siehe oben Kap. I., III. C. 1. b., S. 79.

[816] Siehe oben Kap. I., III. C. 1. a., S. 78.

[817] Siehe oben Kap. I., III. C. 1. c., S. 80.

[818] Diese Entscheidung ist grundsätzlich zu treffen, siehe oben Kap. I., III. C. 2., S. 81.

[819] Siehe oben Kap. I., III. C. 1. a., S. 78; zu den „Belgizismen" vgl. *Combüchen*, T&T 2.1998, 241 (259).

224

2)   Grenzen der Anwendung

a)   Kreative Lösung

Aufgrund ihres Schwerpunktes auf die sprachliche Neubildung stellt die Neologie wohl eindeutig die kreativste Lösung dar. Es ist dennoch insbesondere diese „Kreativität", die in der Literatur und Praxis bei der Anwendung dieser Methode Grund zum Zweifel erweckt.

Da die Neologie im Sinne der Bildung eines neuen Wortes oder der Verleihung einer neuen Definition ein Kennzeichen der Rechtssprache (sprachliche und/oder inhaltliche Änderung, Streichung oder Entstehung von neuen Begriffen)[820] ist, bereitet sie der Übersetzung Schwierigkeiten und Gefahren[821]. Eine Kritik der Anwendung der Neologie als Übersetzungsmethode beruht daher auf der Ausweitung der Rechtsunsicherheit.[822] Dieses Kennzeichen der Rechtssprache unterstreicht aber die Offenheit und Dynamik der juristischen Terminologie, die neue Begriffe teilweise integrieren kann.[823]

b)   Notwendige Vorsicht

Aufgrund dieser latenten Gefahr der Rechtsunsicherheit und des Verständnismangels[824] betont die aktuelle Literatur einhellig, dass bei der Schöpfung von Neologismen große Vorsicht geboten ist[825]. Daher stellt eine vorangehende vertiefende Recherche eine unabdingbare Voraussetzung der Neologie dar.[826]

---

[820]   Siehe oben Kap.I., III. B. 3., S. 65 ff.
[821]   Siehe oben Kap.I., III. B. 3. a. 2), S. 70 f.
[822]   Vgl. *Balian*, Néologismes législatifs pour la forme?, in: Beauchard/Couvrat (Hrsg.), Écrits en hommage à Gérard Cornu, 1994, S. 1 (2).
[823]   Vgl. *Bastarache/Reed*, La nécessité d'un vocabulaire français pour la Common law, in: Gémar (Hrsg.), Langage du droit et traduction, 1982, S. 207 (216).
[824]   Siehe oben Kap. II., III. C. 2. c. 1) b) (1) (b), S. 221.
[825]   Vgl. *Groffier/Reed*, La lexicographie juridique, 1990, S. 86; *Šarčević*, Meta 1991, Bd. 36, Nr. 4, 615 (622); *Weston*, An English Reader's Guide to the French Legal System, 1993, S. 20 f.; *Weisflog*, Rechtsvergleichung und juristische Übersetzung, 1996, S. 118.
[826]   Vgl. *Groffier/Reed*, a.a.O., S. 86.

Die Sprachabteilungen der Vereinten Nationen und der Europäischen Gemeinschaft bekunden beispielsweise ihren eindeutigen Vorbehalt, diese Methode anzuwenden.[827] Es handele sich ausschließlich um die letzte in Frage kommende Methode, die nicht per Versehen erfolgen dürfe, sondern auf einen überlegten Prozess beruhen,[828] und meist aus einem Konsens diverser Lexikologen stammen müsse. Auch wenn sie eine Übersetzungsmethode darstellt, werden Neologismen in der Praxis selten von Übersetzern selbst, sondern eher von Lexikologen entwickelt[829]. Insbesondere im Bereich der Neologie kann schließlich die Standardisierung der Übersetzungen einen sicheren Rahmen anbieten und somit eine Möglichkeit der Anwendung für den Übersetzer darstellen.

D. Zusammenfassung der untersuchten Methoden

Die wichtigsten Merkmale der hier untersuchten Übersetzungsmethoden können anhand folgender Tabelle zusammengefasst werden.

Methode	Vorteile	Nachteile	Anmerkung
I. Anwendung der Zielrechtssprache			
▪ Äquivalenz	Bestmögliche Lösung	Keine	In der Praxis leider nicht vorhanden
▪ Begriffliche Äquivalenz	Gute Lösung	Brauchbarkeit abhängig von der Schnittmenge	Notwendigkeit einer rechtsvergleichenden Untersuchung der jeweiligen Begriffsmerkmale und Einteilung in

---

[827] Vgl. *Šarčević*, Meta 1991, Bd. 36, Nr. 4, 615 (622).

[828] Vgl. *Weston*, An English Reader's Guide to the French Legal System, 1993, S. 21.

[829] Vgl. *Groffier/Reed*, La lexicographie juridique, 1990, S. 86.

			wesentliche und unwesentliche Merkmale
▪ Funktionale Äquivalenz	Deutliche Vorstellungsmöglichkeit für den Leser	Besondere Gefahr aufgrund der fehlerhaften Ersetzung	Ausschließende Ergänzung zur begrifflichen Äquivalenz (keine eigenständige Lösung)

II. Verzicht auf die Anwendung der Zielrechtssprache

A. Anwendung der Allgemeinzielsprache

▪ Lehnübersetzung	Treue dem Ausgangsbegriff gegenüber	Verständnisschwierigkeiten für den Leser	Notwendigkeit eines motivierten Terminus
▪ Umschreibung (umfasst zum Teil den modernen Grundsatz des gemeinsamen Minimums)	Ermöglicht das korrekte Verständnis Informationsreich	Anwendunggrenzen = Länge der Umschreibung	Bietet sich insbesondere als ergänzende Lösung an
B. Verzicht auf Anwendung der Allgemeinzielsprache	Absolute Treue dem Ausgangstext gegenüber	Keine Verständnis-möglichkeit für den Leser	Als Notlösung zu betrachten
C. Neologismus	Treue dem Ausgangstext gegenüber	Verständnisschwierigkeiten für den Leser	Anwendung eher vom Lexikologe als vom Übersetzer (wegen der notwendigen Vorsicht)

Kapitel III. Abschließende Gesamtbetrachtung und Vorschläge für die Praxis

In der Untersuchung der diversen Übersetzungsmethoden, insbesondere der begrifflichen Äquivalenz[830] und der Theorie der Übersetzbarkeit[831], ist stets betont worden, dass ausschließlich relative bzw. ad hoc juristische Übersetzungsvorschläge entwickelt werden können. Diese Feststellung zur Situationsabhängigkeit der juristischen Übersetzung ist ebenfalls in der Literatur vorzufinden.[832] Sie drückt sich sowohl in notwendigen rechtsvergleichenden Kenntnissen des Übersetzers, als auch in der Anwendung der aktuell bestehenden Hilfsmittel – wie den juristischen Wörterbüchern – aus. Über die Tatsache der Situationsabhängigkeit hinaus sollen in dieser Arbeit einige konkrete Lösungen angeboten werden, einerseits im Sinne eines idealen juristischen Wörterbuches, andererseits im Wege einer Suche nach einheitlichen Lösungen für bestimmte Begriffskategorien. Zuletzt wird eine Empfehlung zu dem Verhältnis, das der Jurist zur Übersetzung pflegen sollte, abgegeben.

I. Rechtsvergleichender Aspekt der juristischen Übersetzung

„Wir dürfen in der Rechtsvergleichung nicht zuerst auf ‚Unterschiede‘ starren und sie gar ‚exotisch‘ übersteigern; wichtiger ist es, Gemeinsamkeiten zu erkennen. Sie bilden interkulturelle ‚Brücken‘, ermöglichen entgrenzende Verständigung. Wenn wir Unterschiede addieren, verzerren wird das Bild; Rechtsvergleichung muss zuerst ‚Brückensuche‘ und ‚Brückenbau‘ sein."[833]

---

[830] Siehe oben Kap. II., III. B. 4., S. 197.

[831] Zur relativen Übersetzbarkeit, siehe oben Kap. II., III. C. 2. b. 1) a) (2) (a), S. 211; zur Relevanz des Zusammenhangs für die juristische Übersetzbarkeit, siehe oben Kap. II., III. C. 2. b. 1) b) (3) (d), S. 216.

[832] Vgl. statt vieler *Sandrini*, Terminologiearbeit im Recht, 1996, S. 145; *Koutsivitis*, La traduction juridique, 1988, S. 58.

[833] *Großfeld*, Kernfragen der Rechtsvergleichung, 1996, S. 17.

Diese Definition der Rechtsvergleichung von *Großfeld* als „Brücken-bau" zeigt unmittelbar ihre Affinität zur Übersetzung[834]. Ähnlich wie dieses Bild der Rechtsvergleichung darf der Übersetzer nicht lediglich die Unterschiede zwischen dem Ausgangs- und dem Zielrechtssystem im Auge behalten, was ihn aufgrund der mangelhaften vollständigen Äquivalenz zur „Übersetzungskapitulation"[835] führen würde.

Das Verhältnis zwischen Rechtsvergleichung und juristischer Über-setzung ist nicht nur anhand ihrer Definitionen darzustellen. Bedeut-sam sind hier vielmehr auch ihre gegenseitigen und wechselseitigen sonstigen Beziehungen.

A. Rechtsvergleichung und Übersetzung

1. Beitrag der Rechtsvergleichung für die juristische Übersetzung

Die Bedeutung der Rechtsvergleichung für die juristische Übersetzung kann an dieser Stelle am Beispiel des Unterschiedes zwischen der Mikro- und Makro-Vergleichung[836] veranschaulicht werden.

a. Makro-Vergleichung

Die Makro-Vergleichung setzt sich zum Ziel, die großen Grundstruk-turen und das charakteristische Profil der Rechtsordnungen[837] zu er-klären und sie zu vergleichen, um Verwandtschaften zu entdecken und

---

[834] Zur Definition der Übersetzung als Brücke, siehe oben Kap. II., II. A. 2. a., S. 111; *Wilss*, Übersetzungsunterricht, 1996, S. 7; *Koller*, Grundprobleme der Übersetzungstheorie, 1972, S. 11; *Cary*, La traduction dans le monde moderne, 1956, S. 21 (zit. nach: Koller, Grundprobleme der Übersetzungstheorie, 1972, S. 21).

[835] Zur grundsätzlichen Unmöglichkeit der juristischen Übersetzung, siehe oben Kap. II., III. C. 2. b. 1) b) (2) (a), S. 213; zur „Kapitulation" des juristischen Übersetzers bei der Technik der Übernahme des Ausgangsbegriffs, siehe oben Kap. II., III. C. 2. b. 2) b) (1), S. 218.

[836] Zur Darstellung der Begriffe „Mikro-Vergleichung" und „Makro-Vergleichung" vgl. *Constantinesco*, Rechtsvergleichung, Bd. I, 1971, S. 261; *ders.*, Rechtsver-gleichung, Bd. III, 1983, S. 241.

[837] So *Constantinesco*, Rechtsvergleichung, Bd. I, 1971, S. 261

schließlich die Rechtsordnungen nach Rechtsfamilien und Rechtskreisen herauszuarbeiten[838]. Die Untersuchung der wesentlichen Verwandtschaften und Unterschiede zwischen den Rechtssystemen liefert der juristischen Übersetzung ihren Grundgedanken bzw. ihren praktischen Rahmen[839]. Die rechtsvergleichende Einteilung des deutschen und französischen Rechtssystems zum gleichen Rechtskreis ermöglicht es in dieser Arbeit, die Unmöglichkeit der Übersetzung zwischen diesen beiden Rechtssprachen zurückzuweisen.[840]

b. Mikro-Vergleichung

Die Mikro-Vergleichung beruht wiederum auf dem Vergleich von einzelnen Regelungen oder Rechtsinstituten unterschiedlicher Rechtsordnungen.[841] Sie widmet sich der Untersuchung eines isolierten Rechtselements und soll daher als mikroskopische juristische Untersuchung angesehen werden.[842] Der Beitrag der Mikroanalyse bestimmter Rechtsbegriffe zweier Rechtsordnungen ist nach dieser Definition für die juristische Übersetzung unstrittig, wobei sie nicht mit der vergleichenden Terminologiearbeit zu verwechseln ist. Der Rechtsvergleicher bietet nicht nur einen einfachen Vergleich der Begriffsmerkmale wie der Übersetzer es vornimmt, sondern auch eine Untersuchung der Rechtsquellen im weiteren Sinne, das heißt also auch der Rechtsprechung, des Gewohnheitsrechts, der Handelsbräuche und selbstverständlich auch der Lehre[843]. Diese übergreifenden Untersuchungen stellen daher eine besonders gute Ergänzung zur terminologischen Arbeit dar.

Die Annahme des Bestehens detaillierter Mikro-Vergleichungen für jeden einzelnen Begriff beispielsweise des französischen Rechtssystems unter deutschen Gesichtspunkten würde zur deutlichen Vereinfa-

---

[838] So *Constantinesco*, Rechtsvergleichung, Bd. III, 1983, S. 241.

[839] So *Sandrini*, Terminologiearbeit im Recht, 1996, S. 154.

[840] Siehe oben Kap. II., III. C. 2. b. 1) b) (3) (c), S. 216.

[841] Vgl. *Constantinesco*, Rechtsvergleichung, Bd. I, 1971, S. 258.

[842] So *Constantinesco*, a.a.O., S. 258.

[843] Vgl. *Constantinesco*, Rechtsvergleichung, Bd. III, 1983, S. 198.

230

chung der juristischen Übersetzungsarbeit führen. Über diese jedoch utopische Annahme hinaus, stellt sich daher die praktische Frage, ob der juristische Übersetzer heutzutage nicht automatisch ein Rechtsvergleicher sein muss.

2. Der juristische Übersetzer – ein Rechtsvergleicher?

a. Übersetzungsprozess

Dem Hierarchisierungsprinzip[844] entsprechend benötigt die juristische Übersetzung in erster Linie eine ad hoc-Gegenüberstellung der genauen Begriffsmerkmale und Funktionen des Ausgangsbegriffs im Ausgangsrechtssystem und des Übersetzungsvorschlags im Zielrechtssystem. Wie die Suche nach der Übersetzung des französischen Begriffs „règlement" gezeigt hat[845], benötigt der Übersetzer zu diesem Zweck vielfach über die üblichen Wörterbücher hinaus auch das Nachschlagen in Büchern sowohl über das Ausgangsrechtssystem, als auch über das Zielrechtssystem[846]. Es handelt sich hierbei um die einzige Vorgehensweise, die eine korrekte Wiedergabe der begrifflichen Merkmale gewährleisten kann und gegebenenfalls zur Entscheidung über eine Ersatzlösung führt. Einem Übersetzer muss die Verwendung einer partiellen Äquivalenz stets bewusst sein und er muss ihre Tragbarkeit im gegebenen Zusammenhang prüfen. Dies bedeutet, dass er den vorgeschlagenen Lösungen (insbesondere denen der Wörterbücher) stets kritisch gegenüber eingestellt sein muss. Diese kritische Einstellung ist in der Praxis jedoch bei bedauernswert wenigen Übersetzern tatsächlich festzustellen.

---

[844] Zur allgemeinen Darstellung dieses Prinzips, siehe oben Kap. II., III. A. 3. a., S. 155; *Reiß*, Adäquatheit und Äquivalenz, in: Wilss/Thome (Hrsg.), Die Theorie des Übersetzens und ihr Aufschlußwert für die Übersetzungs- und Dolmetschdidaktik, 1984, S. 80 (86 ff.); zur Anwendung dieses Prinzips an der juristischen Übersetzung, siehe oben Kap. II., III. B. 2. a. 2) a), S. 169.

[845] Siehe oben Kap. II., I. A. 2., S. 87.

[846] Insofern eine hilfreiche Mikro-Rechtsvergleichung nicht gegeben ist.

b.   Der juristische Übersetzer

1)   Kenntnisse des Übersetzers

Diese Ansprüche der juristischen Übersetzung gegenüber verlangen vom Übersetzer Kenntnisse der beiden Rechtssysteme, auch wenn er von Beruf kein Jurist ist.[847] Er muss darüber hinaus diese Kenntnisse vergleichen können und sich daher eindeutig mit Mikro-Rechtsvergleichung beschäftigen. Ein guter juristischer Übersetzer übt somit de facto die Tätigkeit eines Mikro-Rechtsvergleichers mit weitergehenden Kenntnissen im Bereich der Makro-Rechtsvergleichung aus. Dies unterstreicht nötige Aspekte der Aus- und Weiterbildung des juristischen Übersetzers, die in dieser Arbeit nicht im Einzelnen behandelt werden, auch wenn es in diesem Bereich einige Verbesserungsvorschlägen gäbe[848].

2)   Bezeichnung seines Berufs

An dieser Stelle kann zuletzt auf den kanadischen Bezeichnungsvorschlag „jurilinguiste"[849] für den Beruf des juristischen Übersetzers unter anderem von *Gémar* hingewiesen werden, der sowohl auf seine juristischen, als auch seine linguistischen Aspekte hindeutet:

> „Au confluent du droit et de la langue, le traducteur (qui est aussi peu ou prou terminologue) juridique représente la synthèse de l'expression (linguistique) du droit."[850]

---

[847]   Für diese Feststellung siehe oben insb. in der Suche nach einer Übersetzung von „règlement", Kap. II., I. C. 2., S. 108; wegen der ständigen Entwicklung der juristischen Terminologie, Kap. I., III. B. 3. a. 2) c), S. 72.

[848]   So *de Groot*, T&T 3.1991, 279 (310 f.); *Gémar*, Meta 1979, Bd. 24, Nr. 1, 35 (51).

[849]   Die europäischen Institutionen verwenden dafür die ähnliche Bezeichnung „juriste linguiste". Für ein Beispiel dieser Anwendung vgl. statt vieler *Berteloot*, La traduction juridique dans l'Union européenne, 2000, in: La traduction juridique, Tradulex.org, http://www.tradulex.org/Actes2000/berteloot.pdf, S. 2 (Abfrage: 31.05.2005).

[850]   *Gémar*, Meta 1988, Bd. 33, Nr. 2, 305 (314).

c.   Wechselseitige Beziehung

Die Verbindung zwischen juristischer Übersetzung und Rechtsvergleichung ist schließlich wechselhaft bzw. interdependent, da laut *Kisch*:

> „Ein guter Übersetzer (ist) eigentlich ein von außen nach innen
> gekehrter Komparatist und ein guter Komparatist eigentlich ein
> von innen nach außen gekehrter Übersetzer."[851]

Um diese wechselseitige Beziehung zwischen Rechtsvergleichung und juristischer Übersetzung vollständig darzustellen, muss zuletzt die Rolle der juristischen Übersetzung für die Rechtsvergleichung geschildert werden.

B.   Juristische Übersetzung und Rechtsvergleichung

1.   Beitrag der juristischen Übersetzung

> „Vergleichen kann man nur, was durch Übersetzung vergleich
> bar geworden ist."[852]

Laut dieser bekannten Aussage von *Wandruszka* ist die Rechtsvergleichung nur mit Hilfe der Übersetzung möglich, wobei praktische Aspekte diese Hilfe einschränken.

a.   Grenze des möglichen Beitrags

Parallel zu seinen Kenntnissen der Theorien und der Dogmatik des fremden Rechts muss der Rechtsvergleicher die praktischen Aspekte des Rechts erforschen. Über eine einfache Gegenüberstellung seiner theoretischen Kenntnisse beider Rechtssysteme hinaus, muss er beispielsweise die tatsächliche Anwendung einer Rechtsbestimmung in der Praxis oder die Tragweite einer Änderung der Rechtsprechung

---

[851] *Kisch*, in: van Dumné, Acht civilisten in burger, 1977, S. 119, [zit. nach: de Groot, Das Übersetzen juristischer Terminologie, in: ders./Schulze (Hrsg.), Recht und Übersetzen, 1999, S. 11 (11)].

[852] *Wandruszka*, Das Leben der Sprachen, 1984, S. 16.

erfassen[853]. Die Übersetzung kann ihm daher lediglich eine eingeschränkte Hilfe bieten. Obwohl Übersetzungen der relevanten Gesetze allgemein existieren, gibt es dennoch keine Übersetzungen aller nötigen Aspekte des zu vergleichenden Elementes[854]. Wenn die Rechtsvergleichung in ihrer Gesamtheit betrachtet wird, kann die Übersetzung nur einen kleinen und daher unzureichenden Beitrag leisten.

b. Paradox

Wenn die Übersetzungen nicht ausreichend sind, können rechtsvergleichende oder auslandsrechtliche Untersuchungen nicht vorgenommen werden, ohne die betreffende Sprache und Rechtsterminologie zu kennen[855]. Dies führt entweder zu einer sehr geringen möglichen Anzahl von Rechtsvergleichern und einer besonderen Qualität der echten vergleichenden Untersuchungen[856] oder zu einem Paradox bezüglich der Beziehung zwischen Übersetzung und Rechtsvergleichung. Diese bedarf der juristischen Übersetzung und wissenschaftlicher Beiträge über das ausländische Recht, damit sie sich nicht auf einem zu kleinen Kreis von Experten beschränkt.

Rechtsvergleichung und juristische Übersetzung bedingen einander, was den Bedarf nach weiterer Zusammenarbeit verdeutlicht und die „Tür" für weitere aufeinander angepasste rechtsvergleichende Untersuchungen und weitere juristische Übersetzungen offen lässt.

---

[853] Vgl. *Constantinesco*, Rechtsvergleichung, Bd. III, 1983, S. 199.

[854] Vgl. *Constantinesco*, a.a.O., S. 165.

[855] So *Constantinesco*, a.a.O., S. 165.

[856] So *Constantinesco*, a.a.O., S. 165.

2. *Rolle der dokumentarischen Übersetzung*

a. Möglichkeiten der dokumentarischen Übersetzung

Die dokumentarische Übersetzung, die zu kognitiven Zwecken erfolgt, um den Leser über den Inhalt des Ausgangstextes zu informieren[857], hat ihre Bedeutung insbesondere in der Rechtsvergleichung im weiteren Sinne. Sie ermöglicht den Zugang zur ausländischen Literatur im Allgemeinen. Aufgrund ihrer „Nicht-Rechtsverbindlichkeit" bietet sie dem Übersetzer eine gewisse Freiheit hinsichtlich der Treue zum Ausgangstext und kann daher mehr deskriptive Übersetzungen mittels der Methode der Umschreibung verwenden. Im Unterschied zur instrumentellen Übersetzung[858] kann die dokumentarische Alternative sogar längere Umschreibungen in der Form der Paraphrase[859] oder Anmerkungen in Klammern bzw. Fußnoten verwenden, die den Informationsbedarf des Lesers tatsächlich decken können.

b. Aneignung des Ausgangstextes

Denkbar wäre zum Zweck der Rechtsvergleichung schließlich eine Überschreitung der Grenzen der Übersetzung, wobei die dokumentarische Übersetzung sowohl eine Übersetzung, als auch eine Lehre bzw. Erklärung des Ausgangstextes und seines Rechtssystems anbieten könnte. Es würde sich daher um eine dokumentarische Übersetzung mit Anmerkungen handeln, die am besten in Kooperation eines Übersetzers und eines Rechtsvergleichers herzustellen wäre. Je nach Anzahl der Anmerkungen entwickelt sich die Übersetzung zu einem selbständigen Werk, da sich der Verfasser den Ausgangstext aneignen

---

[857] Siehe oben Kap. II., II. A. 2. d. 2) b) (1), S. 122.

[858] Sie liefert einen Text, der auch in sich rechtlich eine Wirkung hat; siehe oben Kap. II., II. A. 2. d. 2) b) (2), S. 123; vgl. *Dullion*, Du document à l'instrument, 2000, in: La traduction juridique, Tradulex.org, http://www.tradulex.org/Actes2000/dullion.pdf, S. 1 (Abfrage: 31.05.2005).

[859] Zur Definition der Paraphrase, siehe oben Kap. II., III. C. 2. a. 2) a) (2) (a), S. 207; zur ergänzenden Rolle der Paraphrase in der Übersetzung, siehe oben Kap. II., III. C. 2. a. 2) b) (3), S. 208.

würde[860]. Dies könnte den Anfang einer anderen und neuen Art der Zusammenarbeit zwischen Übersetzer und Rechtsvergleicher darstellen.

II. Suche nach angemessenen Hilfsmitteln für den juristischen Übersetzer

Der juristische Übersetzer verwendet als Hilfsmittel einsprachige oder zweisprachige Wörterbücher, teilweise selbst hergestellte fachliche Glossare[861], andere offizielle Übersetzungen aus ähnlichen Bereichen, in denen er Übersetzungsvorschläge findet, anhand derer er Glossare entwickelt und schließlich Fachbücher über das Ausgangsrechtssystem und das Zielrechtssystem, die ihm die nötigen juristischen Informationen liefern.[862] Der Schwerpunkt der Lösungsvorschläge wird an dieser Stelle den traditionellen Hilfsmitteln – den zweisprachigen juristischen Wörterbüchern – gewidmet, an die neue Anforderungen gestellt werden müssen.

A. Anforderungen an das ideale zweisprachige juristische Wörterbuch

1. Notwendigkeit eines Wörterbuches

Es gibt keinen Übersetzer, der keine Wörterbücher benötigt – zumal niemand alle Wörter einer Sprache, auch nicht der eigenen Sprache, kennt.[863] Im juristischen Bereich wird der Anwendung einsprachiger Fachwörterbücher gegenüber zweisprachigen juristischen Wörterbü-

---

[860]   Berühmtes Beispiel für die Aneignung eines juristischen Textes durch seinen Übersetzer sind die Übersetzungen des Handbuches des Französischen Zivilrechts von *Zachariae*, welches mehrfach von *Lingenthal von Aubry* und *Rau* ins Französische übersetzt wurde; vgl. *Bocquet*, Traduction juridique et appropriation par le traducteur, 2000, in: La traduction juridique, Tradulex.org, http://www.tradulex.org/Actes2000/bocquet.pdf, S. 1 ff. (Abfrage: 31.05.2005).

[861]   Der Begriff „Glossar" wird an dieser Stelle als spezifisches mehrsprachiges Wörterbuch verstanden, das sich auf einen bestimmten Bereich beschränkt.

[862]   Vgl. z.B. *Greenstein*, Traduire 1/1997, 21 (26).

[863]   Vgl. *Güttinger*, Zielsprache, 1963, S. 89.

cher der Vorrang gewährt.[864] Der nützliche Beitrag des zweisprachigen Wörterbuches zur genauen Definition der betreffenden Begriffe bedarf hier keiner weiteren Erläuterung[865]. Diese wesentlichen Informationen helfen dem Übersetzer jedoch nicht weiter, die Verbindung zum anderen Rechtssystem herzustellen. Das zweisprachige Wörterbuch bleibt unerlässlich, da es den passiven Wortschatz des Übersetzers aktiviert und ihm demzufolge Worte in Erinnerung ruft, die ihm im Augenblick entfallen sein mögen[866].

Die Grenzen eines zweisprachigen Wörterbuches bestehen jedoch darin, dass es dem Übersetzer in den meisten Fällen nicht genügend Informationen darüber liefert, wie die Übersetzungsvorschläge zu verwenden sind. Die Hindernisse, die diese Wörterbücher zu überwinden haben, beruhen auf unterschiedlichen Schwierigkeiten der juristischen Übersetzung oder der juristischen Terminologie. Über diese Kritik hinaus werden an dieser Stelle Ansätze für ein ideales zweisprachiges juristisches Wörterbuch herausgearbeitet.

2. Aktuelle Kritik

a. Problematik der Situationsabhängigkeit

1) Kritik der Wörterbücher

Die Problematik der Situationsabhängigkeit bedeutet nicht unmittelbar, dass keine Übersetzungsvorschläge in einem Wörterbuch gemacht werden können, sondern deutet lediglich auf die inhaltlichen Grenzen ihrer Anwendung hin. Die häufig gegen viele Wörterbücher geübte Kritik besteht darin, dass sie eine Reihe von Übersetzungsvorschlägen anbieten, wobei im konkreten Zusammenhang meist nur einer richtig ist[867] und die Hilfsansätze zur Auswahl dieser Vorschläge unzureichend sind. Dies bedeutet für den Benutzer meist die selbständige

---

[864] So *Sandrini*, Terminologiearbeit im Recht, 1996, S. 200; *Constantinesco*, Rechtsvergleichung, Bd. III, 1983, S. 171.

[865] Feststellung bereits z.B. bei der Übersetzung des Begriffs „règlement", siehe oben Kap. II., I. B. 1. b. 2), S. 94.

[866] Vgl. *Güttinger*, Zielsprache, 1963, S. 91.

[867] Vgl. *de Groot*, T&T 3.1991, 279 (305).

Suche nach zusätzlichen Informationen, um die Auswahl treffen zu können. Der Nutzen eines solchen unzureichenden Wörterbuches ist gering, weshalb es ausschließlich als eine „Ideenliste" anzusehen ist.[868] Die Lösung dieses Kritikpunktes läge darin, deutliche Erklärungen zum Zusammenhang jedes einzelnen Übersetzungsvorschlags anzubieten.

2) *Form der Angabe des Zusammenhangs*

Die notwendigen Erklärungen zum Zusammenhang sind nicht einfach in Form einer Angabe des allgemeinen juristischen Bereichs (wie Zivilrecht, Strafprozessrecht, usw.) darzulegen, sondern verlangen vielmehr sehr viel deutlichere Erläuterungen. Es werden Angaben im Rahmen eines präzisen juristischen Bereichs wie Erbschaft, Außenhandel usw. angeboten.[869] Diese Präzision wird häufig mit Angabe eines kurzen Satzteiles als Anwendungsbeispiel ergänzt, wobei diese zweite Lösung die Grenzen des Zusammenhangs nicht eindeutig festlegt. Hinweise auf Gesetzesbücher oder Gesetze werden ebenfalls zu diesem Zweck angegeben. Diese Informationen sind bereits – jedoch in unterschiedlicher Weise – in den aktuellen Rechtswörterbüchern zu finden. Die Präzision könnte schließlich verbessert werden, indem Definitionen angeben werden. Sie helfen dem Übersetzer nicht nur, den Kontext einzugrenzen, sondern auch die Unterschiede zwischen

---

[868] Diese Kritik kann insb. in dem untersuchten Sprachpaar gegen das Rechtswörterbuch von *Köbler* ausgeübt werden, vgl. *ders.*, Rechtsfranzösisch, 2004. Dieses Wörterbuch bietet fast ausschließlich Listen von Übersetzungsvorschlägen mit sehr wenigen Informationen über deren Anwendung an. Z.B. für den Begriff „règlement" werden einfach folgende Vorschläge angeboten: „Abwicklung (F.), Anordnung (F.), Beilegung (F.), Bereinigung (F.), Erledigung (F.), Rechtsverordnung (F.), Regel (F.), Regelung (F.), Regulation (F.), Verordnung (F.), Vorschrift (F.)". Zu den Vorschlägen besteht absolut keine Information, die eine Auswahl ermöglicht.

[869] *Doucet/Fleck* verwenden hierzu z.B. 80 verschiedene Fachbereiche des Rechts und der Wirtschaft, vgl. *dies.*, Wörterbuch der Rechts- und Wirtschaftssprache, Bd. I, 1997, S. V. Für eine Befragung eines Verfassers dieses Wörterbuch bezüglich seiner Methode vgl. *Grass*, La traduction juridique bilingue françaisallemand, 1999, S. 235.

Ausgangs- und Zielbegriff zu verdeutlichen, ihm somit beispielsweise die Anwendung eines partiellen Äquivalents bewusst wird[870].

b. Problematik der Unmöglichkeit der vollständigen Äquivalenz

1) *Problematik*

a) Darstellung

Die dargestellte Untersuchung zur Äquivalenz hat nachdrücklich dargelegt, dass eine vollständige Äquivalenz und daher ein „perfekter" Übersetzungsvorschlag eine Ausnahme darstellt und sich Übersetzungsvorschläge mehr oder weniger von diesem Wunsch nach Perfektion entfernen müssen. Übersetzungsvorschläge sind daher nicht alle gleich zu beurteilen und anzuwenden, wobei dem Übersetzer jegliche begriffliche Unterschiede bewusst sein müssen. Dies bedingt es, in einem zweisprachigen juristischen Wörterbuch die Gleichwertigkeit der Begriffe und der rechtlichen Konzepte anzugeben[871]. Im Vergleich zur mangelhaften Angabe bezüglich des Anwendungszusammenhangs eines Übersetzungsvorschlags wird diese wesentliche Kritik selten in der Literatur laut, obwohl sehr wenige Wörterbücher Informationen zum Äquivalentsgrad der angegebenen Übersetzungsvorschläge anbieten.

b) Lösung der Glossare des Internationalen Instituts für Rechts- und Verwaltungssprache (Berlin)

Auch wenn es sich lediglich um Glossare[872] handelt, so ist der Beitrag der Reihe *Europaglossare der Rechts- und Verwaltungssprache* des *Internationalen Instituts für Rechts- und Verwaltungssprache* in Ber-

---

[870] Diese Anwendung darf nicht per Versehen erfolgen, siehe oben Kap. III., I. A. 2. a., S. 230.

[871] Vgl. *Constantinesco*, Rechtsvergleichung, Bd. III, 1983, S. 171.

[872] Die nur einen bestimmten juristischen Bereich und nicht die komplette juristische Terminologie abdecken, siehe oben Fußn. 861.

lin[873] an dieser Stelle erneut[874] erwähnenswert. Aufgrund ihres Versuches, Angaben zur Gleichwertigkeit ihrer Übersetzungsvorschläge zu machen, ist diese Reihe auf diesem Gebiet Vorreiter. Ihre Methode beruht auf der traditionellen Unterteilung in wesentliche und unwesentliche Begriffsmerkmale des Ausgangs- und des Zielbegriffs[875]. Danach werden drei Äquivalenzstufen unterschieden. Bei einer geringeren Anzahl von nicht wesentlichen Begriffsmerkmalen gelten die Begriffe als „gleich" und sind mit dem mathematischen Zeichen „=" angegeben. Wenn sich die meisten wesentlichen Begriffsmerkmale und nur eine kleine Anzahl der nicht wesentlichen Begriffsmerkmale entsprechen, gelten beide Begriffe als „ähnlich" und das mathematische Zeichen „±" wird verwendet, um die partielle Äquivalenz darzustellen. Die letzte Äquivalenzstufe bzw. die mangelhafte Äquivalenz im Fall des Unterschiedes einiger wesentlicher Begriffsmerkmale wird mit dem Zeichen „≠" bezeichnet. Zunächst ist diese Methode gegenüber den klassischen Wörterbüchern besonders hervorzuheben. Die Unterteilung in drei Stufen, die mit mathematischen Zeichen angegeben sind, ist auch sehr einfach anwendbar. Es ist dennoch diese einfache Unterteilung, die teilweise kritisiert wird, da sie die vielseitigen Schwierigkeiten der juristischen Übersetzung und die Brandbreite der Mängel eines Übersetzungsvorschlags nicht wiedergeben kann. Diese Methode trifft schließlich pauschal eine Entscheidung darüber, was unter wesentliche Begriffsmerkmale fällt oder nicht, obwohl diese meist nur ad hoc getroffen werden kann[876]. Für die mögliche Verwendung unter anderem eines ähnlichen Begriffs (±) in seiner Überset-

---

[873] Z.B. *Internationales Institut für Rechts- und Verwaltungssprache* (Hrsg.), Handbuch der Internationalen Rechts- und Verwaltungssprache, Deutsch/Französisch, Bd. Staats- und Verwaltungsorganisation Behörden - Amtsbezeichnungen, 1984. Die Handbücher sind in verschiedenen Sprachkombinationen herausgegeben worden.

[874] Zur Darstellung der Übersetzungskriterien dieses Instituts, siehe oben Kap. II., III. B. 3. b. 2) b) (3), S. 194.

[875] Vergleichbar mit der Theorie von *Kisch*, siehe oben Kap. II., III. B. 2. a., S. 166 ff; Kap. II., III. B. 3. b. 2) b) (3) (c), S. 196.

[876] Zum Pragmatismus der Theorie von *Kisch*, siehe oben Kap. II., III. B. 2. a. 2) b), S. 170.

zung soll der Übersetzer letztendlich stets allein die Entscheidung treffen[877].

2) Angabe von Definitionen

a) Inhalt und Format der Angabe

Um eine bessere Transparenz der Gleichwertigkeit der Begriffe und der rechtlichen Konzepte zu gewährleisten, bietet sich erneut die Lösung der Angabe von Definitionen an[878]. Das zweisprachige Wörterbuch würde demzufolge die Vorteile eines einsprachigen und eines klassischen zweisprachigen Wörterbuches vereinen. An dieser Stelle wäre eine Art Definition denkbar, die in ihrer Form alle Begriffsmerkmale (Substanz und Attribute[879]) deutlich darstellt.

Es sollte daher für den Ausgangsbegriff eine detaillierte Definition geben, die seine Begriffsmerkmale erläutert und ebenfalls für die Übersetzungsvorschläge eine detaillierte Definition, die darüber hinaus die unterschiedlichen Merkmale in einer besonderen graphischen Darstellungsweise (unterschiedlichen Layout: Farbe, Kursiv etc.) betont. So würden dem Wörterbuchanwender die Unterschiede zwischen Ausgangsbegriff und Übersetzungsvorschlag unmittelbar bewusst werden. Diese vorzugswürdige Lösung vereinigt auch einige Vorteile des täglichen Nachschlagens der Lehrbücher, indem sie es ermöglicht, dass der Übersetzer großteils bereits anhand des Wörterbuches selbst die Entscheidung über eine mögliche Verwendung für seinen Zusammenhang treffen kann. Der Aufbau und der Inhalt dieser Definitionen müssen daher anders als in einem klassischen einsprachigen Wörterbuch durchgeführt werden.

---

[877] Vgl. *Groffier/Reed*, La lexicographie juridique, 1990, S. 84; *Šarčević*, Meta 1991, Bd. 36, Nr. 4, 615 (618 f.).

[878] Eine Forderung nach Definitionen in fachlichen oder technischen Wörterbüchern ist letztendlich in der Literatur nicht neu; vgl. statt vieler *Mounin*, Les problèmes théoriques de la traduction, 1976, S. 128.

[879] In Anlehnung an die Unterteilung von *Kisch*, siehe oben Kap. II., III. B. 2. a. 1) a), S. 166.

Wenn es sich nicht deutlich aus der Definition ergibt, sollte schließlich eine kurze weitergehende Angabe für den Fall vorgesehen sein, dass der Übersetzungsvorschlag gerade wegen seiner funktionalen Äquivalenz angeboten wird.

b)   Ergänzung dieser Angabe

Diese Lösung der Definition ist schließlich nur solange zu verwirklichen, wie die Übersetzungsvorschläge aus der Zielrechtssprache stammen. Wenn diese Vorschläge nicht ausreichen, wird zusätzlich auf die Allgemeinzielsprache zurückgegriffen oder komplett auf die Zielsprache verzichtet. Die Transparenz drückt sich an dieser Stelle nicht in der Angabe des Äquivalenzgrades aus, sondern in der angewandten Methode. Über die Tatsache des Verzichts auf die Allgemeinzielsprache hinaus muss die genaue Methode angegeben werden, da anhand eines Übersetzungsvorschlags der Unterschied zwischen Lehnübersetzung, Umschreibung, Neologismus und Übernahme für den Leser bzw. Anwender nicht immer eindeutig ist.

3)   *Notwendige Grenzen eines Wörterbuches*

a)   Beschränkung auf zwei Rechtssysteme

Hinsichtlich der Transparenz der Gleichwertigkeit der Übersetzungsvorschläge muss sich das zweisprachige juristische Wörterbuch – wie die juristische Übersetzung selbst[880] – auf zwei Rechtssprachen und somit auf zwei Rechtssysteme beschränken. In Folge der Systemgebundenheit der juristischen Terminologie gilt ein Übersetzungsvorschlag nur im Rahmen eines bestimmten Rechtssystems und nicht auch für Rechtssysteme, die die gleiche Sprache als Rechtssprache benutzen.[881]

---

[880] Als Konsequenz der Systemgebundenheit der juristischen Terminologie, siehe oben Kap. I., III. C. 2., S. 81.

[881] Vgl. *de Groot*, T&T 3.1991, 279 (307); *ders.*, Rechtsvergleichung als Kerntätigkeit bei der Übersetzung juristischer Terminologie, in: Haß-Zumkehr (Hrsg.), Sprache und Recht, 2002, S. 222 (236).

b) Unmöglichkeit der Umkehrbarkeit der Übersetzungsvorschläge

(1)   Prinzip

Der erste Band eines zweisprachigen juristischen Wörterbuches mit Übersetzungsvorschlägen der Sprache A in die Sprache B kann nicht einfach „umgedreht" werden, um Übersetzungsvorschläge der Sprache A in die Sprache B zu entwickeln. Die Literatur ist sich mittlerweile einig über diese Unmöglichkeit.[882] Partielle Äquivalente bieten keine 1:1-Entsprechung zwischen Ausgangsbegriff und Zielbegriff und sind daher per se nicht automatisch umkehrbar[883]. Dies wird insbesondere deutlich bei der Anwendung von Methoden, die auf die Zielrechtssprache verzichten. Eine Umkehrbarkeit würde in diesem Fall sogar zu nutzlosen oder völlig falschen Übersetzungsvorschlägen führen[884].

(2)   Beispiel

Dies lässt sich anhand eines Beispiels aus dem Wörterbuch von *Köbler*[885] veranschaulichen, das die Umkehrbarkeit verwendet. In dem Teil Deutsch-Französisch ist zum Beispiel folgenden Eintrag zu finden:

---

[882]   So *de Groot*, T&T 3.1991, 279 (292); *ders.*, Rechtsvergleichung als Kerntätigkeit bei der Übersetzung juristischer Terminologie, in: Haß-Zumkehr (Hrsg.), Sprache und Recht, 2002, S. 222 (232), *Thiry*, Équivalence bilingue en traduction et en terminologie juridiques, 2000, in: La traduction juridique, Tradulex.org, http://www.tradulex.org/Actes2000/Thiry.pdf, S. 3 (Abfrage: 31.05.2005); *Grass*, La traduction juridique bilingue français-allemand, 1999, S. 236. *Grass* hebt hervor, dass die multilinguale terminologische Datenbank Eurodicautom der *Übersetzungsabteilung der Europäischen Kommission* sich nicht auf zwei Rechtssysteme beschränkt und die Umkehrbarkeit ihrer Übersetzungsvorschläge verwendet, vgl. *Übersetzungsabteilung der Europäischen Kommission*, Eurodicautom (Datenbank), in: Das Portal der Europäischen Union, http://europa.eu.int/ eurodicautom/Controller (Abfrage: 31.05.2005).

[883]   Vgl. *de Groot*, T&T 3.1991, 279 (292); *Thiry*, a.a.O., S. 3 (Abfrage: 31.05.2005).

[884]   Vgl. *de Groot*, a.a.O., 279 (307).

[885]   Vgl. *Köbler*, Rechtsfranzösisch, 2004.

„Staatsrat (M.) = conseil (M.) d'État"[886]

Es handelt sich offensichtlich hierbei um eine Lehnübersetzung[887] des französischen „Conseil d'État", die aus dem Teil Französisch-Deutsch stammt. Ein solcher Eintrag wirft dahingehend Kritik auf, dass er als sinnlos bezeichnet werden und zudem zu Verwirrung führen kann. Wenn ein französischer Leser die gefundene Übersetzung von „Conseil d'État" mit „Staatsrat" aus dem Teil Französisch-Deutsch im Teil Deutsch-Französisch überprüfen würde, lässt ihn dieser Eintrag möglicherweise in dem Glauben, dass der Begriff „Staatsrat" zur deutschen juristischen Terminologie gehört. Diese Fehlinformation des Wörterbuches wird aufgrund des Fehlens jeglicher zusätzlicher Information noch verstärkt und zeigt die Notwendigkeit einer Angabe zur angewandten Übersetzungsmethode auf[888].

Diese Anmerkungen sind in Bezug auf die Form des Wörterbuches bedeutsam, da trotz computergestützter Systeme die Notwendigkeit einer getrennten Überarbeitung der deutsch-französischen und der französisch-deutschen Fassung besteht[889].

c. Problematik der ständigen Entwicklung der juristischen Terminologie

Die stetige und rasche Fortentwicklung der juristischen Terminologie bewirkt eine schnelle Veralterung und erfordert daher eine ständige Aktualisierung der angegebenen Übersetzungsvorschläge.[890] So wur-

---

[886] *Köbler*, Rechtsfranzösisch, 2004, Stichwort „Staatsrat". Weitere Informationen sind zu diesem Eintrag im Wörterbuch nicht gegeben.

[887] Die Lehnübersetzung ähnelt der Technik der wörtlichen Übersetzung; zur Definition dieser Methode, siehe oben Kap. II., III. C. 2. a. 1) a), S. 204; zum Beispiel der Lehnübersetzung für den Begriff „Conseil d'État", siehe oben Kap. II., III. C. 2. a. 1) b) (1), S. 205.

[888] Siehe oben Kap. III., II. A. 2. b. 2) c), S. 241.

[889] Vgl. *de Groot*, T&T 3.1991, 279 (292).

[890] Zur Darstellung der Gefahren und Schwierigkeiten der ständigen Entwicklung der juristischen Terminologie, siehe oben Kap. I., III. B. 3., S. 65 ff.

den diese Änderungen zumeist gemeinsam mit einer Aktualisierung nach einer (Neu-)Kodifikation eines wichtigen Rechtsgebietes wie dem Strafrecht, Verwaltungsrecht oder Zivilrecht aufgenommen[891].

Diese Problematik betont schließlich einen wichtigen Punkt der Realisierbarkeit des idealen zweisprachigen Wörterbuches, das heißt seines Auftraggebers und seiner Form.

3. *Fazit: Richtlinien für ein „ideales" zweisprachiges juristisches Wörterbuch*

a.   Transparenz des Inhalts

Diese Art der Transparenz betrifft Informationen in Bezug auf den Anwendungszusammenhang des Übersetzungsvorschlags und die Gleichwertigkeit der Begriffe und der rechtlichen Konzepte. Die Angabe von detaillierten Definitionen erweist sich als Lösung für beide Anforderungen. Diese Definitionen müssen die jeweiligen begrifflichen Merkmale und die angewandten Übersetzungsmethoden kenntlich machen, um den unbedingt erforderlichen Vergleich zu ermöglichen. Für die Effektivität des zweisprachigen Wörterbuches muss es sich schließlich auf zwei Rechtssysteme beschränken und darf nicht auf der Umkehrbarkeit der Ausgangsbegriffe und Übersetzungsvorschläge beruhen.

b.   Konkrete Vorschläge zur Herstellung eines solchen Wörterbuches

1)   Verfasser

Um ein solches zweisprachiges Wörterbuch zu entwickeln, ist die Zusammenarbeit von unterschiedlichen Verfassern der beiden Rechtssysteme, die jeweils mit der Makro- und Mikro-Rechtsvergleichung vertraut sind, erforderlich. Dementsprechend muss ein Spezialist für jeden Bereich gefunden werden, da die Forderung nach Kenntnisse

---

[891]   Vgl. *de Groot*, T&T 3.1991, 279 (307).

der gesamten Mikro-Rechtsvergleichung von keinem Juristen verlangt werden kann.

2) *Form*

Die Anzahl der angeforderten Informationen ist nur sehr schlecht mit einer traditionellen schriftlichen Fassung eines zweisprachigen Wörterbuches zu vereinbaren und erfordert folglich die Anwendung der modernen Technik bzw. der Informatik. Ein computergestütztes System stellt für die Übersetzer kein Anwendungshindernis mehr dar, da sie bereits mit den modernen Mitteln des Internets und/oder der standardisierten Glossare vertraut sein müssen. Ein solches System bietet sowohl eine einfache Bedienung und schnelleres Auffinden des gesuchten Begriffs, als auch eine klare Übersicht der verschiedenen Übersetzungsvorschläge mit möglicherweise auch „anklickbaren" Funktionen für nähere Informationen zu Definition, Zusammenhang und zur angewandten Übersetzungsmethode im Fall eines Verzichtes auf die Zielrechtssprache. Die notwendige ständige Aktualisierung des Bestandes des Wörterbuches ist dann ausschließlich mittels eines solchen Systems möglich und führt eher zur Lösung durch ein Internetangebot, als mittels eines Datenträgers.

B. Anmerkungen zu anderen Hilfsmitteln

1. *Glossare und Bestandsaufnahme bereits vorliegender juristischer Übersetzungen*

Über die traditionellen und bekannten Hilfsmittel hinaus muss die große Anzahl privater Initiativen erwähnt werden, die anregende Übersetzungsvorschläge vorlegen. Das Internet bietet beispielsweise viele interessante Glossare und Terminologiesammlungen mit Übersetzungsvorschlägen an. Inspirierend sind darüber hinaus Übersetzungen von ähnlichen Texten aus demselben Sprachpaar[892]. An dieser Stelle muss die Leistung der Universität des Saarlandes mit ihrem „*Centre juridique français-allemand*" im Bereich der Übersetzung

---

[892] Vgl. *de Groot*, T&T 3.1991, 279 (309).

französischer und deutscher Rechtsnormen jeweils ins Deutsche oder ins Französische als überragend hervorgehoben werden[893]. Die Problematik liegt dennoch allgemein in der Kenntnis des Bestehens solcher Initiativen. Daher ist im Rahmen der Lösungsvorschläge die Erstellung einer Liste sowohl der juristischen Glossare zwischen dem französischen und deutschen Rechtssystem, als auch der bestehenden Übersetzungen von Gesetzestexten, Standardformulierungen (wie Verträge, Satzungen, Gerichtsentscheidungen, Klageschriften, Urkunden usw.) zu befürworten. Wünschenswert wäre, dass eine solche Inventarisierung bei einer zentralen öffentlichen Institution erfolgt. Solche Auflistungsinitiativen sind bereits auf Seiten wissenschaftlicher Institute[894] festzustellen.

2. Maschinelles Übersetzen

Das maschinelle Übersetzen oder die automatische Übersetzung besteht aus der Übersetzung eines Textes mit Hilfe einer Automatisierung des Übersetzungsprozesses durch einen Computer[895]. Dieses Thema der Möglichkeit der automatischen Übersetzung ist bereits sehr breit diskutiert worden[896] und hat mittlerweile seine Brisanz teilweise verloren. Die dargestellten Probleme der juristischen Übersetzung

---

[893] Das „*Centre juridique français-allemand*" der Universität des Saarlandes bietet kostenlos im Internet zugängliche Übersetzungen ins Deutsche der Constitution und ins Französische des Grundgesetzes oder der jeweiligen wichtigen Rechtsnormen in allen Rechtsgebieten an; vgl. *dass.*, BIJUS-Norm (Datenbank), in: Universität des Saarlandes, http://www.jura.uni-sb.de/BIJUS/norm.htm (Abfrage: 31.05.2005).

[894] Insb. die Terminologiesammlung des Deutschen Terminologie-Portals der Fachhochschule Köln i.V.m. dem Institut für Informationsmanagement und dem Deutschen Terminologie-Tag e.V., die im juristischen Bereich eine detaillierte Linkauflistung der deutschen einsprachigen oder mehrsprachigen Glossare im Internet anbietet, vgl. *Institut für Informationsmanagement/Deutscher Terminologie-Tag e.V.*, Terminologiesammlung/Recht, in: Institut für Informationsmanagement, Fachhochschule Köln, http://www.iim.fh-koeln.de/dtp/ (dort unter: „Terminologiebestände/Recht") (Abfrage: 31.05.2005).

[895] Vgl. *Knauer*, Grundkurs Übersetzungswissenschaft Französisch, 1998, S. 116.

[896] Vgl. statt vieler *Mais/Schiemenz*, Gute Übersetzungen – (k)ein Problem, Sonderdruck, ADÜ Nord e.V., 1999-2002, 1 (4).

allgemein und insbesondere deren Situationsabhängigkeit betonen schließlich die Selbstverständlichkeit des geringen Anwendungsbereichs solcher modernen Techniken auf diesem Gebiet. Solche Techniken würden nur dann in Frage kommen, wenn eine Einheitlichkeit im gesamten Bereich der juristischen Übersetzung realisierbar wäre.

III. Suche nach einheitlichen Lösungen

A. Derzeitige Uneinheitlichkeit in der juristischen Übersetzung

1. Problematik

Die häufig betonte Situationsabhängigkeit der juristischen Übersetzung und das Gebot der Klarheit und Genauigkeit der Rechtssprache, das zum gleichen Gebot für die juristische Übersetzung führt, sollen dennoch nicht bedeuten, dass unzählige Übersetzungsvorschläge entwickeln werden müssen, die jeweils die feinen Nuancen in den gegebenen Zusammenhängen wiedergäben. Vielmehr ist das Gebot der Klarheit und Genauigkeit anhand des Gebots der Rechtssicherheit so auszulegen, dass eine gewisse Einheitlichkeit in der juristischen Übersetzung besteht.

Es kann im juristischen Bereich keinen „perfekten" Übersetzungsvorschlag geben, der die Genauigkeit und die Klarheit des Ausgangsbegriffs wiedergibt.[897] Der idealistische Wunsch kann jedoch dahingegend umformuliert werden, dass feste Übersetzungsvorschläge entwickelt werden, die wiederum aufgrund ihrer einheitlichen Anwendung eine gewisse Rechtssicherheit und sogar Klarheit aufweisen würden. Wenn es für den selben Begriff stets eine unterschiedliche Übersetzung gibt, können ausländische Rechtsanwender unmöglich wissen, dass es sich jeweils um tatsächlich den selben Begriff handelt.

---

[897] Zum unrealistischen Wunsch des Perfektionismus im juristischen Bereich, siehe oben Kap. II., III. C. 2. b. 1) b) (2) (b), S. 214; vgl. *Kisch*, Droit comparé et terminologie juridique, in: Rotondi (Hrsg.), Inchieste di diritto comparato, 1973, S. 407 (411).

2.   *Realisierbarkeit einer Einheitlichkeit*

a.   Veröffentlichung der Übersetzungsvorschläge

1)   Im nationalen Rahmen

Listen von Übersetzungsvorschlägen könnten veröffentlicht werden, so dass sie über einen offiziellen Status verfügen. Diese Veröffentlichung „von Amts wegen" wäre dann gewährleistet, wenn zum Beispiel Listen im *Amtsblatt* bzw. im *Journal officiel* veröffentlicht würden. Eine Initiative des *Auswärtigen Amtes* in Deutschland ist unter diesem Aspekt erwähnenswert, bei der es sich um eine terminologische Schriftenreihe mit Übersetzungen beispielsweise der deutschen Einrichtungen (u.a. mit den Gerichtsbezeichnungen) oder Übersetzungen der Standardformulierungen für deutsche Vertragstexte in englischer, französischer und spanischer Sprache handelt[898]. Eine ähnliche offizielle Initiative ist auf französischer Seite leider nicht vorzufinden. Solche Projekte sollten dennoch von einer öffentlichen Organisation ausgehen, damit ihren Vorschlägen eine gewisse Autorität anhaftet. Denn nur eine öffentliche Quelle erweckt das nötige Vertrauen, das zur Einheitlichkeit führen kann.

2)   Im europäischen Rahmen

Über den binationalen Rahmen hinaus, könnte eine solche Initiative aus der Europäischen Gemeinschaft entstehen. Diese Lösung ist insofern realisierbar, dass zum Beispiel die internen Sprachendienste des EuGH[899] oder der Europäischen Kommission zum Teil schon über solche Listen mit Übersetzungsvorschlägen verfügen. Es wäre wünschenswert diese internen Listen über den Weg des *Europäischen Amtsblatts* für alle Übersetzer zugänglich zu machen, um somit eine Einheitlichkeit und Normierung im europäischen Sprachraum zu erreichen.

---

[898]   Vgl. *Sprachendienst des Auswärtigen Amtes*, German Institutions, 1989; *ders.*, Standardformulierungen für deutsche Vertragstexte, 1992.

[899]   Vgl. z.B. das interne „Vade-mecum" des Europäischen Gerichtshofs, das zur Einheitlichkeit der amtlichen Texte beitragen soll.

b.   Kritik und Eingrenzung

Viele Praktiker sind gegen solchen Initiativen, da sie den Übersetzer unnötigen Zwängen unterwerfen würden. Ihre Argumentation baut auf dem notwendigen Vertrauen in den Übersetzer auf, er werde je nach Zusammenhang selbst imstande sein, die korrekte und passende Bezeichnung zu wählen.[900] Das Vertrauen in den Übersetzer soll mit dem dargelegten Vorschlag aber nicht in Frage gestellt werden, jedoch muss die Gewährleistung von Rechtssicherheit stets im Auge behalten werden. Ein gewisser Spielraum wird und muss dem juristischen Übersetzer weiterhin überlassen werden, doch ist es denkbar, in bestimmten Bereichen der juristischen Terminologie feste Übersetzungsvorschläge anzubieten. Realistisch ist eine solche Initiative in erster Linie für Begriffe, die weder von der Polysemie, noch von der ständigen Entwicklung unter anderem wegen des Einflusses der Rechtsprechung betroffen sind. Dieser Versuch soll an dieser Stelle begonnen werden.

B.   Einige konkrete Lösungsvorschläge

Ein bedeutsamer Schwerpunkt nachstehender Vorschläge besteht in dem Unterschied zwischen der dokumentarischen und der instrumentellen Übersetzung[901]. Die dokumentarische Übersetzung hat einen kognitiven Zweck, indem sie den Leser über den Inhalt des Ausgangstexts informieren will. Die instrumentelle Übersetzung ist in dieser Arbeit als eine Übersetzung definiert worden, bei der die Rechtsverbindlichkeit des Ausgangstextes im Zieltext bestehen bleibt und der übersetzte Text somit ebenfalls eine rechtliche Wirkung hat.[902] In Hinblick auf die Einheitlichkeit ist die dokumentarische Übersetzung nicht als eine Möglichkeit zu verstehen, dem Übersetzer einen voll-

---

[900]   Vgl. *Haydin*, MDÜ 1/1991, 13 (14).

[901]   Zur Darstellung dieser Unterteilung, siehe oben Kap. II., II. A. 2. d. 2) b) (1), S. 122; *Nord*, Einführung in das funktionale Übersetzen, 1993, S. 24 ff.

[902]   Siehe oben Kap. II., II. A. 2. d. 2) b) (2), S. 123; vgl. *Dullion*, Du document à l'instrument, 2000, in: La traduction juridique, Tradulex.org, http://www.tradulex.org/Actes2000/dullion.pdf, S. 1 (Abfrage: 31.05.2005).

ständig freien Spielraum zu überlassen. Vielmehr öffnet diese Methode die Tür für eine eventuelle deskriptive Übersetzung[903].

1. Übersetzung von Institutionsbezeichnungen

Die Systemgebundenheit drückt sich in diesem Bereich so aus, dass begriffliche Äquivalente nicht bestehen können. Im Rahmen der Anwendung der Zielrechtssprache und somit der Äquivalenz bleibt lediglich die funktionale Äquivalenz denkbar.[904] Insofern diese auszuschließen ist, muss die Frage gestellt werden, ob die Ersatzlösungen (Lehnübersetzung, Umschreibung, Übernahme oder Neologismus) anzuwenden sind.

An dieser Stelle wird eine einheitliche Linie vertreten, die sowohl die Anwendung der Übersetzungsmethode, als auch die Übersetzungsvorschläge betrifft und auf alle Institutionsbezeichnungen (auch Amtsbezeichnungen) anwendbar ist. Im Einklang mit dem juristischen Aspekt dieser Arbeit werden nicht alle Institutionen behandelt, sondern der Schwerpunkt auf die Gerichtsbezeichnungen gelegt.

a. Übersetzung von Gerichtsbezeichnungen

Die strittige Frage der Übersetzung von Gerichtsbezeichnungen spielt sowohl in der Praxis, als auch in der Literatur eine wichtige Rolle.[905] In Hinblick auf eine Übersetzungseinheitlichkeit sollen praktikable Lösungen entwickelt werden.

---

[903] Zur Rolle der deskriptiven dokumentarischen Übersetzung im Rahmen der Rechtsvergleichung, siehe oben Kap. III., I. A. 2., S. 234 f.

[904] Siehe oben Kap. II., III. B. 3. b. 1) a) (2) (b), S. 188.

[905] Vgl. *Haydin*, MDÜ 1/1991, 13 (13 f.); *Stolze*, Hermeneutisches Übersetzen, 1992, S. 183; *Schülter-Ellner*, MDÜ 2/2000, 25 (25 f.); *Jessnitzer*, Dolmetscher, 1982, S. 53.

1) Entwicklung einer einheitlichen Methode

a) Übernahme bei instrumenteller Übersetzung

(1) Notwendige Treue

Der Verzicht der Anwendung der Zielrechtssprache im Allgemeinen (und somit der funktionalen Übersetzung) ist damit zu begründen, dass die Hervorrufung einer falschen Identität insbesondere bei einer instrumentellen Übersetzung dazu führen kann, dass der Leser nicht weiß, welche nationalen Gerichte betroffen sind. Instrumentelle Übersetzungen, die eine Gerichtsbezeichnung verwenden, betreffen unter anderem Gerichtsentscheidungen oder die Klageschriften. Da die betroffenen Parteien konkret wissen müssen, welches Gericht gemeint ist, damit sie zum Beispiel erfahren, über welche Rechtsmittel sie verfügen, ist die Methode der Übernahme (und somit des Nicht-Übersetzens) des Ausgangsbegriffs bei instrumentellen Übersetzungen zu bevorzugen. Diese Lösung entspricht der erwünschten Treue im juristischen Rahmen[906] und soll anhand diverser Beispiele veranschaulicht werden.

(2) Beispiele

(a) In der Rechtsprechung

Als Beispiel für die große Bedeutung der richtigen Bezeichnung des Gerichts im Verfahrensrecht kann zunächst die Entscheidung des Bundesgerichtshofs (BGH) vom 12. Mai 1989[907] bezüglich § 518 Abs. 2 Nr. 1 Zivilprozessordnung (ZPO)[908] genannt werden, die besagt, dass die falsche Bezeichnung des Gerichts des ersten Rechtszugs in einer Berufungsschrift in der Regel zur Unzulässigkeit des Rechtsmittels führt.

---

[906] Siehe oben Kap. II., II. B. 2. 2) a) (2), S. 141.
[907] BGH 12.05.1989, NJW 1989, 2396.
[908] Heute § 519 Abs. 2 Nr. 1.

(b)   In der Terminologie

Die Unbrauchbarkeit der funktionalen Übersetzung kann anhand des detaillierten Beispiels der Übersetzung der französischen Gerichtsbezeichnungen „tribunal de grande instance" und „tribunal d'instance" mit jeweils „Landgericht" und „Amtsgericht" geschildert werden[909]. Diese Übersetzungen können zu einer Verwechslung beispielsweise der möglichen Rechtsmittel führen.

Es besteht im deutschen Zivilrecht die Möglichkeit der Berufung von Rechtssachen des Amtsgerichts vor dem Landgericht[910], die im französischen Gerichtssystem undenkbar ist. Die französischen Instanzen des Zivilrechts sind strikt in drei getrennte Ebenen unterteilt [Gerichte 1. Instanz, „cours d'appel" (etwa Berufungsgerichte) und „Cour de cassation"]. Die doppeltseitige Funktion des deutschen Landgerichts als Gericht erster Instanz[911] und Gericht zweiter Instanz (Berufungsinstanz)[912] findet keine übertragbare Funktion im französischen System. Die Übersetzung der Gerichtsbezeichnung „tribunal d'instance" mit „Amtsgericht" und „tribunal de grande instance" mit „Landgericht" würde somit bei einem deutschen Juristen unter anderem das Vorhandensein einer irreführenden möglichen Berufung der Rechtssachen des „tribunal d'instance" vor dem „tribunal de grande instance" hervorrufen. Dies deutet eine falsche Einordnung im Gerichtsgefüge an und kann im Rahmen der Übersetzung einer Gerichtsentscheidung zu gravierenden Folgen in Bezug auf die Rechtsmittel führen.

Diese Argumente haben die aktuelle Praxis bei instrumentellen Übersetzungen zu einer verbreitenden Anwendung der Originalgerichtsbezeichnung und somit der Methode der Übernahme des Ausgangsbe-

---

[909] Ähnlich *Potonnier/Potonnier*, Wörterbuch für Wirtschaft, Recht und Handel, Bd. II, 2001, Stichwort „tribunal"; *Doucet/Fleck*, Wörterbuch der Rechts- und Wirtschaftssprache, Bd. I, 1997, Stichwort „tribunal de grande instance", „tribunal d'instance".

[910] § 72 GVG.

[911] § 73 GVG.

[912] § 74 GVG.

griffs geführt[913]. Diese Anwendung soll an dieser Stelle bestätigt und als einheitliche Methode empfohlen werden.

b)   Ergänzende Übersetzung

Im Übrigen strittig bleibt die Frage der möglichen parallelen Anwendung einer Lehnübersetzung[914] bzw. einer Umschreibung[915] (in Klammern[916] oder in einer Fußnote).

(1)   Allgemeine Anwendung

Die hier entwickelten einheitlichen Übersetzungsvorschläge sollen, indem sie die Übernahme des Ausgangsbegriffs in einer instrumentellen Übersetzung ergänzen, nicht nur ein besseres Verstehen des Zieltextes ermöglichen. Die gleichen Übersetzungen werden darüber hinaus als Übersetzung im Text der dokumentarischen Übersetzungen verwendet. Diese doppelseitige Funktion solcher Übersetzungen unterstreicht die große Bedeutung ihrer Einheitlichkeit.

---

[913]   So *BDÜ-Landesverband Nordrhein-Westfalen*, Richtlinien für die Anfertigung von Urkundenübersetzungen, DÜV-info NRW 1/2003, 7 (8).
Anders *Freie und Hansestadt Hamburg, Behörde für Inneres*, Merkblatt für die Anfertigung von beglaubigten Übersetzungen, 2002, in: Sachsen-Anhalt, http://www.sachsen-anhalt.de/pdf/pdf26282.pdf (Abfrage: 11.11.2004).

[914]   Die Lehnübersetzung ist in dieser Arbeit als eine wörtliche Übersetzung mit Möglichkeit einer Anlehnung der Struktur des Begriffs an die Zielsprache definiert worden, siehe oben Kap. II., III. C. 2. a. 1) a) (1), S. 204.

[915]   Die Umschreibung besteht aus einer Definition oder dem Umschreiben des Inhalts bzw. der Funktion des Ausgangsbegriffs in der Zielsprache, siehe oben Kap. II., III. C. 2. a. 2) a) (1), S. 206.

[916]   Die Norm DIN 2345: 1998-04 empfiehlt die Verwendung der deutschen Gerichtsbezeichnung mit der fremdsprachigen Übersetzung in Klammern, wobei andere Verfasser die umgekehrte Reihenfolge empfehlen. Für die unterschiedlichen Methodenmöglichkeiten vgl. *Schülter-Ellner*, MDÜ 2/2000, 25 (25); DIN 2345: 1998-04, abgedr. in: Baxmann-Krafft/Herzog, Normen für Übersetzer und technische Autoren, 1999, S. 15.

(2)   Anwendung in der instrumentellen Übersetzung

Die ergänzende Übersetzung sollte bei einer instrumentellen Übersetzung in Form einer Fußnote (als „Anmerkung des Übersetzers") erscheinen, da sie den Text nicht unnötig erschweren darf und auch
nicht zum eigentlichen Text gehört. Um eine Belastung des Textes zu
vermeiden, sollte die Anmerkung ausschließlich beim ersten Gebrauch
des Begriffs stattfinden.

Eine Umschreibung wird insofern benutzt, dass die Lehnübersetzung
kein informatives und verständliches Ergebnis ermöglicht, da der
Schwerpunkt an dieser Stelle auf den informativen Zweck dieser
Übersetzungsvorschläge zu setzen ist.

Somit werden einheitliche Übersetzungsvorschläge für die jeweiligen
deutschen oder französischen Gerichtsbezeichnungen ins Französische
oder Deutsche angeboten, die sowohl als zusätzliche Anmerkung zur
Information bei einer instrumentellen Übersetzung, als auch als Übersetzung bei einer dokumentarischen Übersetzung dienen.

**2)   *Entwicklung von Übersetzungsvorschlägen der deut-
schen Gerichtsbezeichnungen ins Französische***

a)   Vorschläge des Auswärtigen Amtes

Das *Auswärtiges Amt* hat im Einvernehmen mit dem *Bundesminister
der Justiz* eine Liste der deutschen Gerichtsbezeichnungen und ihren
Übersetzungen ins Englische, ins Französische und ins Spanische
erarbeitet.[917] In Hinblick auf den Wunsch zur Einheitlichkeit wäre es
unangemessen, eine neue Liste zu erarbeiten[918], sofern sich die Vorschläge als zufriedenstellend erweisen.

Diese Liste mit den französischen Übersetzungsvorschlägen ist an
dieser Stelle zunächst einmal hier wiederzugeben:

---

[917]   Vgl. *Sprachendienst des Auswärtigen Amtes*, German Institutions, 1989; *Schülter-Ellner*, MDÜ 2/2000, 25 (25); *Jessnitzer*, Dolmetscher, 1982, S. 53.

[918]   So *Schülter-Ellner*, a.a.O., 25 (25).

Amtsgericht	Tribunal cantonal
Landgericht	Tribunal régional
Oberlandesgericht	Tribunal régional supérieur
Bundesgerichtshof	Cour fédérale de justice
Bundesverfassungsgericht	Cour constitutionnelle fédérale
Verwaltungsgericht	Tribunal administratif
Oberverwaltungsgericht[919]	Tribunal administratif supérieur
Bundesverwaltungsgericht	Cour administrative fédérale
Finanzgericht	Tribunal des finances
Bundesfinanzhof	Cour fédérale des finances
Arbeitsgericht	Tribunal du travail
Landesarbeitsgericht	Tribunal supérieur du travail
Bundesarbeitsgericht	Cour fédérale du travail
Sozialgericht	Tribunal du contentieux social
Landessozialgericht	Tribunal supérieur du contentieux social
Bundessozialgericht	Cour fédérale du contentieux social
Bundespatentgericht	Cour fédérale des brevets

---

[919] In Baden-Württemberg, Bayern und Hessen: „Verwaltungsgerichtshof".

b) Kritik

(1) Angewandte Methode

Die zumeist angewandte Methode ähnelt einer wörtlichen Übersetzung mit Anlehnung an die Zielsprachenstruktur und somit der Lehnübersetzung[920] („Landgericht" mit „Tribunal régional" oder „Bundesverwaltungsgericht" mit „Cour administrative fédérale"), wobei der
Einfluss einer Umschreibung zum Teil eindeutig ist („Amtsgericht"
mit „Tribunal cantonal"). Die angewandten Umschreibungen beschränken sich jedoch hierbei auf einen deskriptiven Ersatz[921], da sie
stets kurz und nie in Form einer Paraphrase erfolgen.

(2) Mögliche Verwechslung

Bei der Auswahl der Vorschläge ist nicht berücksichtigt worden, ob
die Übersetzung einer vergleichbaren Funktion eines Gerichts im
französischen Rechtssystem entspricht.[922] Dieses Problem besteht
lediglich für das Verwaltungsgericht mit dessen Übersetzung „tribunal
administratif", was ein französisches Gericht der gleichen Instanz
bezeichnet und daher als funktionale Übersetzung betrachtet werden
könnte. Wenn der deutsche Zusammenhang nicht eindeutig wäre,
könnte einfach die zusätzliche Angabe „allemand" angehängt und
dieser Vorschlag so beibehalten werden.

Diese Übersetzungen sind vom *Auswärtigen Amt* parallel in Französisch, Englisch und Spanisch entwickelt worden, wobei darüber hinaus versucht worden ist, die einzelnen Sprachfassungen einander soweit wie möglich anzugleichen.[923] In Hinblick auf diese Leistung darf
die oben geführte Kritik als irrelevant betrachtet werden.

---

[920] Zur Definition der Lehnübersetzung im Vergleich zur wörtlichen Übersetzung,
siehe oben Kap. II., III. C. 2. a. 1) a) (1), S. 204.

[921] Der deskriptive Ersatz enthält im Gegensatz zur Paraphrase kein Verb in konju-
gierter oder partizipialer Form; zur Darstellung der beiden Varianten der Umschreibung, siehe oben Kap. II., III. C. 2. a. 2) a) (2) (a), S. 207.

[922] Vgl. *Schülter-Ellner*, MDÜ 2/2000, 25 (25).

[923] Vgl. *Schülter-Ellner*, a.a.O., 25 (25).

(3)   Verständnis der Vorschläge

Angesichts der bisherigen strittigen Übersetzungsvorschläge war das Ziel des *Auswärtigen Amtes*, möglichst einfache Bezeichnungen vorzuschlagen, um die Stellung der einzelnen Gerichte im deutschen Gerichtsaufbau weitestgehend verständlich zu machen.[924]

In Bezug auf das Verständnis und die Einheitlichkeit der Übersetzungsvorschläge ist die durchgehende und zutreffende Verwendung von „tribunal" für Gerichte erster Instanz, von „tribunal supérieur" für Gerichte zweiter Instanz und von „Cour" in letzter Instanz hervorzuheben. Dies entspricht genau dem französischen Gebrauch, wobei „tribunal" ein Gericht der ersten Instanz und „Cour" ein Gericht der höherer Instanz bezeichnet. Die zusätzliche Angabe „Cour fédérale" betont das nationale Kennzeichen des Gerichts und lässt somit die Stellung einer letzten Instanz auf Bundesebene zum Vorschein kommen. Der Begriff „tribunal supérieur" ist zwar der französischen Rechtssprache fremd, diese einfache Bezeichnung ist jedoch eindeutig zu verstehen.

Die einzelnen Bezeichnungen der besonderen Zuständigkeiten („administratif", „du travail", „du contentieux social", usw.) sind deutlich und geben dem Leser ausreichend Informationen über den Zuständigkeitsbereich des einzelnen Gerichts.

Folglich können und sollten diese vom *Auswärtigen Amt* vorgeschlagenen Übersetzungen der deutschen Gerichtsbezeichnungen aufgrund ihrer Qualität weiterverwendet werden.

3)   Entwicklung von Übersetzungsvorschlägen der französischen Gerichtsbezeichnungen ins Deutsche

Da eine vergleichbare Initiative für die Übersetzung der französischen Gerichtsbezeichnungen ins Deutsche leider fehlt, müssen an dieser

---

[924]   Vgl. *Schülter-Ellner*, MDÜ 2/2000, 25 (25).

Stelle Übersetzungsvorschläge nach einer ähnlichen Methode entwickelt werden.

a)   Darstellung der französischen Gerichtsorganisation

Die Unterscheidung zwischen der ordentlichen Gerichtsbarkeit (Zivil- und Strafgerichte) und der Verwaltungsgerichtsbarkeit stellt in Frankreich den Grundstein der Gerichtsorganisation dar.

(1)   Ordentliche Gerichtsbarkeit

Die ordentliche Gerichtsbarkeit ist in drei Stufen unterteilt: erste Instanz, zweite Instanz oder Berufung und „Cour de cassation". Eine Unterscheidung zwischen Zivilrecht und Strafrecht ist darüber hinaus in erster Instanz erforderlich.

(a)   Zivilrechtliche erste Instanz

In der ersten Instanz besteht im Zivilrecht wiederum eine Unterteilung zwischen Gerichten allgemeiner Zuständigkeit[925] („tribunaux de droit commun") und Gerichten mit einer besonderen oder spezialisierten Zuständigkeit („tribunaux d'exception" oder „tribunaux spécialisés").

Zur Kategorie der Gerichte mit allgemeiner Zuständigkeit gehört ausschließlich das „tribunal de grande instance", das sowohl für allgemeine Zivilsachen als auch für besondere Zuständigkeiten[926] – wie zum Beispiel das Familienrecht[927] – zuständig ist. Die Verwirrung im französischen System ist insofern noch größer, als dass der „tribunal de grande instance" nicht mehr allein für allgemeine Zivilsachen zuständig ist, sondern lediglich ab einer bestimmten Höhe des Streitwerts[928] entscheidet und darunter seine allgemeine Zuständigkeit dem

---

[925]   Das heißt für alle Streitigkeiten, die nicht ausdrücklich einem anderen Gericht zugewiesen sind.

[926]   Art. L. 311-2 i.V.m Art. R. 311-2 ff. COJ.

[927]   Art. L. 312-1 COJ.

[928]   Art. R. 311-1 COJ.

„tribunal d'instance" überlässt. Über diese allgemeinen Zivilsachen kleineren Umfangs[929] hinaus, entscheidet das „tribunal d'instance" ebenfalls besondere Zuständigkeiten[930] – wie zum Beispiel Mahnbescheide – und gehört aufgrund dieser zweiten Zuständigkeit wiederum zur Kategorie der Gerichte mit besonderen Zuständigkeiten.

Zur Kategorie der Gerichte mit besonderen Zuständigkeiten gehören ebenfalls das „tribunal de commerce" (zuständig für Handelrechtssachen hauptsächlich unter den Handeltreibenden[931]), der „Conseil de prud'hommes" (zuständig für Rechtsstreitigkeiten bezüglich eines Arbeitsvertrages unter den Arbeitsvertragsparteien[932]), das „tribunal paritaire de baux ruraux" (zuständig für Landwirtschaftspachtverträge[933]) und das „tribunal de la sécurité sociale" (zuständig für allgemeine Rechtsstreitigkeiten bezüglich der „sécurité sociale"[934]).

(b)   Strafrechtliche erste Instanz

Im Strafrecht sind die Zuständigkeitsbereiche durch die Unterteilung nach Straftaten festgelegt, die jeweils ausschließlich anhand ihrer Strafmaßnahmen definiert sind. Die Straftaten sind in drei Kategorien[935] unterteilt: die „contraventions" (wofür Geldstrafen bis zu einer Höhe von 3 000   verhängt werden[936]), die „délits" (wofür hauptsächlich Geldstrafen und/oder Freiheitsstrafen bis zu 10 Jahren verhängt

---

Das „tribunal de grande instance" entscheidet im allgemeinen Zivilrecht bei Verfahren mit einem Streitwert ab 10 000   (Art. R 321-3, Abs. 2 COJ).

[929]   Das "tribunal d'instance" entscheidet im allgemeinen Zivilrecht für bei Verfahren mit einem Streitwert bis zu 10 000   (Art. R 321-3, Abs. 2 COJ).

[930]   Art. R. 321-4 ff. COJ.

[931]   Art. L. 411-4 ff. COJ.

[932]   Art. L. 511-1 C. trav.

[933]   Art. L. 441-1 COJ.

[934]   Art. L. 142-2 C. séc. soc.

[935]   Art. 111-1 C. pén.

[936]   Art. 131-12 ff C. pén.

werden[937]) und die „crimes" (wofür Freiheitsstrafen ab 10 Jahren und eventuell Geldstrafen verhängt werden[938]).

Die Strafgerichte[939] der ersten Instanz unterteilen sich dementsprechend in das „tribunal de police" (zuständig für die „contraventions"), das „tribunal correctionnel" (zuständig für die „délits") und dem „cour d'assises" (zuständig für die „crimes"). Das besondere Kennzeichen der „cours d'assises" besteht darin, dass sie sich sowohl aus Berufsrichtern, als auch aus Schöffen („jurés") zusammensetzten[940].

(c)   Höhere Instanzen

Die Rechtsstreitigkeiten aller hier genannten Gerichte der ersten Instanz können unter bestimmten Voraussetzungen[941] vor den „cours d'appel" zur Berufung vorgelegt werden. An der Spitze der ordentlichen Gerichtsbarkeit befindet sich der „Cour de cassation" mit verschiedenen Kammern, der insgesamt die einheitliche Rechtsanwendung gewährleisten soll. Er ist keine Tatsacheninstanz, sondern überprüft ausschließlich die Rechtsanwendung[942] und wird daher nicht als dritte Instanz gesehen[943].

(2)   Verwaltungsgerichtsbarkeit

Die Unterteilung in drei Stufen besteht zwar auch in der Verwaltungsgerichtsbarkeit, jedoch spielt der „Conseil d'État" eine außergewöhnliche Rolle im Vergleich zum „Cour de cassation".

---

[937]   Art. 131-3 ff. C. pén.

[938]   Art. 131-1 f. C. pén.

[939]   Es handelt sich hier nur um eine Darstellung der Gerichte, die für Volljährige zuständig sind. Das französische Rechtssystem kennt darüber hinaus eigenständige Strafgerichte für Minderjährige.

[940]   Art. 240 C. proc. pén.

[941]   Art. L. 443-1, R. 311-2, R. 321-2 – R. 321-23 COJ; Art. D. 517-1 C. trav.

[942]   Art. L. 111-2, Abs. 2 COJ.

[943]   Vgl. statt vieler *Hübner/Constantinesco*, Einführung in das französische Recht, 2001, S. 18.

Für die allgemeinen Rechtssachen sind in der ersten Instanz die „tribunaux administratifs"[944] und in der zweiten Instanz die „cours d'appel administratives"[945] zuständig. Der „Conseil d'État" bildet zwar die letzte Instanz der Verwaltungsgerichtsbarkeit, jedoch entscheidet er die Rechtsanwendung nach einem „tribunal administratif" und einem „cour d'appel administrative" ausschließlich im Bereich allgemeiner Rechtsstreitigkeiten. Er kann darüber hinaus für besondere Rechtsstreitigkeiten entweder direkt als erste Instanz oder nach einer Entscheidung eines „tribunal administratif" als zweite Instanz beschließen.

(3) „Tribunal des conflits"

Zwischen diesen zwei Gerichtsbarkeiten steht das „Tribunal des conflits", das für die Regelung von Kompetenzkonflikten angerufen wird. Es entscheidet sowohl in positiven und negativen Kompetenzkonflikten, als auch in Konflikten einerseits zur Unvereinbarkeit von Entscheidungen eines Gerichts der ordentlichen Gerichtsbarkeit und andererseits eines Gerichts der Verwaltungsgerichtsbarkeit[946].

Auch wenn das „Tribunal des conflits" zu keiner Gerichtsbarkeit gehört, stellt es selbst keine eigenständige Gerichtsbarkeit dar[947].

(4) „Conseil constitutionnel"

Zuletzt soll noch der „Conseil constitutionnel" erwähnt werden, obwohl er in Frankreich nicht von einer Privatperson angerufen werden kann. Er ist hauptsächlich für die Verfassungsmäßigkeitskontrolle der

---

[944] Art. L. 211-1 CJA.
[945] Art. L. 211-2 CJA.
[946] Vgl. statt vieler *Hübner/Constantinesco*, Einführung in das französische Recht, 2001, S. 22 f.
[947] Vgl. statt vieler *Guimezanes*, Introduction au droit français, 1999, S. 36.

Gesetze zuständig und gehört zur selbständigen Verfassungsgerichtsbarkeit im französischen Rechtssystem[948].

b)   Übersetzungsvorschläge

Aus dieser kurzen Darstellung der jeweiligen Zuständigkeiten der französischen Gerichte ergeben sich folgende Übersetzungsvorschläge[949]. In Anlehnung an die vom *Auswärtigen Amt* angewandte Technik[950] soll das Verständnis und die Einheitlichkeit im Vordergrund stehen.

Tribunal de grande instance	Allgemeines Zivilgericht
Tribunal d'instance	Besonderes Zivilgericht
Tribunal de commerce	Handelsgericht[951]
Conseil de prud'hommes	Arbeitsgericht[952]
Tribunal paritaire des baux ruraux	Landwirtschaftspachtgericht[953]
Tribunal des affaires de la sécurité sociale	Sozialgericht[954]

---

[948]   Zur französischen Verfassungsgerichtsbarkeit gehören der „Conseil constitutionnel", der „Haute Cour de justice" (zuständig für bestimmte Straftaten des „Président de la République" von Amts wegen) und der „Cour de Justice de la République" (vergleichbar mit dem „Haute Cour de justice" für die Minister); vgl. statt vieler *Guimezanes*, Introduction au droit français, 1999, S. 36 f.

[949]   Es handelt sich hierbei um eigene entwickelten Übersetzungsvorschläge, solange keine Anmerkung besteht.

[950]   Siehe oben Kap. III., III. B. 1. a. 2) b), S. 256 f.

[951]   So *Doucet/Fleck*, Wörterbuch der Rechts- und Wirtschaftssprache, Bd. I, 1997, Stichwort „tribunal de commerce"; *Potonnier/Potonnier*, Wörterbuch für Wirtschaft, Recht und Handel, Bd. II, 2001, Stichwort „tribunal"; *Hübner/Constantinesco*, Einführung in das französische Recht, 2001, S. 18.

[952]   So *Hübner/Constantinesco*, a.a.O., S. 17; ähnlich *Doucet/Fleck*, a.a.O., Stichwort „tribunal de commerce"; *Potonnier/Potonnier*, a.a.O., Stichwort „prud'homme".

[953]   So *Hübner/Constantinesco*, a.a.O., S. 18.

[954]   So *Hübner/Constantinesco*, a.a.O., S. 17

Tribunal de police	Strafgericht für geringe Straftaten[955]
Tribunal correctionnel	Strafgericht für mittlere Straftaten
Cour d'assises	Geschworenengericht[956]
Cour d'appel	Berufungsgericht[957]
Cour de cassation	Oberster Zivil- und Strafgerichtshof[958]

Tribunal administratif	Verwaltungsgericht[959]
Cour administrative d'appel	Verwaltungsberufungsgericht
Conseil d'État	Oberster Verwaltungsgerichtshof

Tribunal des conflits	Kompetenzkonfliktgericht[960]

Conseil constitutionnel	Verfassungsgerichtshof[961]

---

[955] Auf eine Verwendung der deutschen Begriffe „Verbrechen", „Vergehen" oder „Ordnungswidrigkeit" ist verzichtet worden, da die deutschen Kategorien den französischen nicht entsprechen.

[956] So *Doucet/Fleck*, Wörterbuch der Rechts- und Wirtschaftssprache, Bd. I, 1997, Stichwort „cour d'assises".

[957] So *Doucet/Fleck*, a.a.O., Stichwort „cour d'appel"; *Potonnier/Potonnier*, Wörterbuch für Wirtschaft, Recht und Handel, Bd. II, 2001, Stichwort „cour".

[958] Auf die häufig verwendete Übersetzung „Kassationshof" ist an dieser Stelle zugunsten einer Umschreibung und einer mit der Übersetzung von „Conseil d'État" einheitlichen Lösung verzichtet worden.

[959] So *Potonnier/Potonnier*, a.a.O., Stichwort „tribunal"; ähnlich *Doucet/Fleck*, a.a.O., Stichwort „tribunal administratif".

[960] Ähnlich *Doucet/Fleck*, a.a.O., Stichwort „Tribunal des conflits"; *Potonnier/Potonnier*, a.a.O., Stichwort „tribunal".

[961] Ähnlich *Doucet/Fleck*, a.a.O., Stichwort „Conseil constitutionnel".

Im Rahmen des Möglichen ist versucht worden, Begriffe anzubieten, die im deutschen Rechtssystem nicht bestehen, auch wenn eine unbeabsichtigte funktionale Übersetzung bei der Anwendung von „Arbeitsgericht", „Sozialgericht" und „Verwaltungsgericht" existiert. Diese drei Übersetzungen werden jedoch aufgrund ihrer Klarheit angeboten und gegebenenfalls mit dem Adjektiv „französisch" ergänzt.

b. Verallgemeinerung der entwickelten einheitlichen Methode für die Institutionsbezeichnungen

Institutionsbezeichnungen verfolgen zwei Zwecke, da sie einerseits zur Identifikation der Institution dienen und andererseits Auskunft über ihren Aufgabenbereich geben. Eigentlich sollten sie aufgrund dieses zweiten, informativen Merkmals übersetzt werden.[962] In Anlehnung an die Darstellung der Übersetzung von Gerichtsbezeichnungen, die auch im Allgemeinen zur Institutionsbezeichnungen gehören, wird an dieser Stelle versucht, eine allgemein einheitliche Linie zu verfolgen und demzufolge auf die Unterteilung im dokumentarische und instrumentelle Übersetzung zurückgegriffen.

1)   *Unterschied nach Übersetzungszweck*

a)   **Instrumentelle Übersetzung**

(1)   Übernahme des Ausgangsbegriffs

Bei der instrumentellen Übersetzung steht der Identifikationszweck der Bezeichnung im Vordergrund. Es geht darum, die Institution tatsächlich zu identifizieren und sie insbesondere innerhalb der staatlichen Organisation wiederzufinden oder bei einem Rechtsmittel oder Zuständigkeitsproblem zu wissen, welche Institution genau betroffen ist. Die Anwendung einer „tatsächlichen" Übersetzung (bzw. der Zielsprache) hilft dem Leser in diesem Fall kaum und soll daher nicht stattfinden. Vielmehr ist die Übernahme des Ausgangsbegriffs bei der instrumentellen Übersetzung erneut zu befürworten.

---

[962] So *Iluk*, Zur Übersetzbarkeit von Namen öffentlicher Einrichtungen, in: Spillner (Hrsg.), Interkulturelle Kommunikation, 1990, S. 193 (193).

*(2)   Einheitlicher Übersetzungsvorschlag als ergänzende In-
formation*

Aufgrund des weiterhin bestehenden Informationszwecks ist darüber
hinaus eine Übersetzung in Form einer Fußnote[963] anzufügen, die dann
als Umschreibung erfolgen sollte, wenn eine Lehnübersetzung zuvor
nicht zu einem informativen Ergebnis geführt hat. Die Methode des
Neologismus (bzw. Neubildung eines neuen Begriffs in der Zielsprache) ist an dieser Stelle auszuschließen, da sie erst in Frage käme,
wenn die Anwendung der Zielsprache nicht zufriedenstellend wäre
und meist keine informative Lösung bieten kann.[964]

b)   Dokumentarische Übersetzung

Bei der dokumentarischen Übersetzung steht wiederum den Aus-
kunftszweck der Institutionsbezeichnung im Vordergrund. Um diese
Information wiederzugeben, ist auf eine Methode der „tatsächlichen"
Übersetzung bzw. der Anwendung der Zielsprache zurückzugreifen.
Um diesen informativen Zweck zu erreichen, eignet sich ebenfalls die
Methode der Lehnübersetzung, gegebenenfalls der Umschreibung.
Dies bedeutet nicht, dass der Übersetzer stets innerhalb einer dokumentarischen Übersetzung tatsächlich übersetzen muss. Vielmehr ist
ihm die Wahl zwischen den einheitlichen Übersetzungsvorschlägen
und der Übernahme des Ausgangsbegriffs gelassen. Die heutige Praxis
zum Beispiel, in allen Übersetzungsarten die Begriffe „Bundestag"
und „Bundesrat" schlichtweg zu übernehmen[965], kann weiterhin vertreten werden.

---

[963]   Es wird weiterhin die Wahl der Fußnote zur Anfügung der Übersetzung vertreten, um den Text nicht zu erschweren. Es wäre dennoch denkbar die Übersetzung
in Klammer anzufügen. Relevant bleibt bei dieser Option, dass diese Reihenfolge
bestehen bleibt, da die Originalbezeichnung im Vordergrund stehen soll. Siehe
oben Kap. III., III. B. 1. a. 1) b) (2), S. 254.

[964]   Zur Definition und Kritik der Methode des Neologismus, siehe oben Kap. II., III.
C. 2. c., S. 219 ff.

[965]   So *Sprachendienst des Auswärtigen Amtes*, German Institutions, 1989, S. 29,
S. 41.

Die Einheitlichkeit besteht schließlich darin, wenn tatsächlich eine Übersetzung stattfindet, stets auf die einheitlich entwickelten Vorschläge zurückzugreifen.

2) Anwendung von Abkürzungen

Die Anwendung von Abkürzungen für Institutionsbezeichnung ist gängig. In der Praxis wird vertreten, dass Abkürzungen aufgelöst und übersetzt werden sollen.[966] Diese Praxis muss dennoch mit der entwickelten einheitlichen Methode in Einklang gebracht werden.

a) Instrumentelle Übersetzung

Da in der instrumentellen Übersetzung die Originalbezeichnung übernommen wird, ist diese Methode ebenfalls bei einer Abkürzung im Text zu bevorzugen. Darüber hinaus ist die Abkürzung in einer Fußnote in der Ausgangsprache aufzulösen und der einheitliche Übersetzungsvorschlag aus der Zielsprache einzufügen.

b) Dokumentarische Übersetzung

Bei der dokumentarischen Übersetzung kann unmittelbar im Text eine Übersetzung der aufgelösten Abkürzung erfolgen. Die Entwicklung einer neuen Abkürzung in der Zielsprache ist meist unnötig, da diese keinerlei Information enthält.

3) Allgemeine Anwendung

Um eine tatsächliche Einheitlichkeit zu erreichen, sollen die entwickelten Übersetzungsvorschläge über den Rahmen der Übersetzung hinaus verwendet werden, indem sie in der gesamten Literatur über das französische oder deutsche Recht jeweils in der deutschen oder

---

[966] So *BDÜ-Landesverband Nordrhein-Westfalen*, Richtlinien für die Anfertigung von Urkundenübersetzungen, DÜV-info NRW 1/2003, 7 (8); *Fleischmann*, MDÜ 3/2004, 24 (24).

der französischen Sprache benutzt werden. Die erwünschte Einheitlichkeit kann nur mittels einer kompletten Normierung der Begriffe in der Fremdsprache bewirkt werden.

2. Andere Begriffskategorien

An dieser Stelle sollen andere Begriffskategorien genannt werden, für die einheitliche Übersetzungsvorschläge und -methoden entwickelt werden können.

a. Übersetzung von Gesetzesnamen

Es kann ebenfalls auf die für die Übersetzung von Institutionsbezeichnungen entwickelte einheitliche Methode[967] zurückgegriffen werden. Der Identifikationszweck eines Gesetzesnamens steht regelmäßig im Vordergrund, da die Angabe eines Gesetzes meistens der rechtlichen Vervollständigung einer Information dient. Insofern der Leser eines Rechtstextes die Angabe des Gesetzes verwenden will, muss er auf das Gesetz zurückgreifen können, was wiederum nur anhand der Originalbezeichnung möglich ist. Daher würde eine Übersetzung der Gesetzesnamen den Zweck solcher Angaben zerstören. In einer instrumentellen Übersetzung ist daher die Übernahme des Originalnamens empfehlenswert.

Um den dennoch bestehenden Informationszweck des Gesetzesnamens zu übertragen, wird darüber hinaus auf eine einheitlich entwickelte Übersetzung zurückgegriffen. Diese kann beim ersten Auftreten im Text in einer Fußnote erfolgen. Sie findet hier meist in Form einer Lehnübersetzung statt, indem jedes einzelne Morphem des Namens übersetzt wird. Die Weimarer Reichsverfassung wird zum Beispiel mit „Constitution de l'Empire allemand" oder das Urheberrechtsgesetz mit „loi sur la propriété intellectuelle" übersetzt. Wenn sich der Übersetzer für eine tatsächliche Übersetzung in einer dokumentarischen Übersetzung entscheidet, sind solche einheitlich entwickelten Übersetzungsvorschläge anzuwenden.

---

[967] Siehe oben Kap. III., III. B. 1. b., S. 264 ff.

Die oben gemachten Anmerkungen zur Übersetzung von Abkürzungen[968] sind auch an dieser Stelle von Bedeutung, da die Angabe eines
Gesetzes häufig in Form der Abkürzung stattfindet.

b.   Übersetzung von Berufsbezeichnungen

Die Übersetzung der juristischen Berufsbezeichnungen gehört ebenfalls zu einem Bereich, der einheitlich geregelt werden kann. Eine
Initiative dieser Art ist dennoch nicht zu finden, obwohl die gemeinschaftsrechtlichen Verordnungen oder Richtlinien zur Harmonisierung
der Berufe in der Europäischen Gemeinschaft eine gewisse Hilfe anbieten[969].

1)   Anwendung der Äquivalenz

Dieser Bereich der Berufsbezeichnung stellt an sich ein Problem bezüglich einer einheitlichen Übersetzungsmethode insofern dar, als
dass nicht alle juristischen Berufsbezeichnungen zwischen dem deutschen und dem französischen Rechtssystem von einem Mangel an
Äquivalenz betroffen sind. Die Anwendung der entwickelten Methode[970] mit Unterscheidung zwischen instrumentellem und dokumentari-
schem Übersetzungszweck bedeutet einen Verzicht der Anwendung
der Zielsprache im instrumentellen Rahmen. Eine solche Lösung darf
jedoch erst in Frage kommen, wenn die begriffliche oder funktionale
Äquivalenz auszuschließen ist[971]. Es bestehen dennoch juristische
Berufe in Deutschland und Frankreich, die deutlich vergleichbar sind
und ihre Bezeichnung daher unproblematisch anhand eines „funktionalen" Äquivalents übersetzt werden können. Eine solche Lösung ist
zum Beispiel für die traditionellen Berufe des Anwaltes („avocat"),
des Notars („notaire"), des Staatsanwalts („procureur") oder des Richters („juge" oder „magistrat") vertretbar. Der Wunsch nach einer ein-

---

[968]   Siehe oben Kap. III., III. B. 1. b. 3), S. 266 f.

[969]   Vgl. *Kieffer*, Le traducteur „jurilinguiste", in: Snow/Vanderlinden (Hrsg.), Français juridique et science du droit, 1995, S. 219 (230).

[970]   Siehe oben Kap. III., III. B. 1. b., S. 264.

[971]   Siehe oben Kap. II., III. C. 4., S. 197.

heitlichen Lösung darf in diesem Bereich nicht zum allgemeinen Verzicht auf Äquivalenz führen. Übersetzungsschwierigkeiten bestehen jedoch für Berufsbezeichnungen, die kein direktes Äquivalent im anderen System finden.

2) Beispiel: „avoué"

Das Beispiel des „avoué" stellt eine solche Schwierigkeit dar, da es einen spezifischen Beruf innerhalb des französischen Systems bezeichnet. Der „avoué" übernimmt einen Teil der Anwaltstätigkeit vor der Berufungsinstanz („cour d'appel")[972], indem er alleine für die Klageschriften und die Verfahrenschriften am „cour d'appel" zuständig ist. Der Anwalt behält für die übrigen Tätigkeiten vor dieser Instanz weiterhin seine Zuständigkeit. Dies bedeutet das gleichzeitige Bestehen von zwei Vertretern des Mandaten vor dem „cour d'appel", auch wenn der „avoué" eine ausschließlich „schriftliche" Rolle übernimmt. Diese Besonderheit des französischen Rechts ist in Deutschland nicht zu finden, wo der Anwalt all diese Tätigkeiten übernimmt. Eine Übersetzung von „avoué" anhand funktionaler Äquivalenz führt demnach zum Vorschlag „Anwalt"[973], was wiederum nur zur Verwirrung beiträgt, da es sich im französischen Recht um zwei getrennte Berufe handelt.

3) Einheitlicher Lösungsvorschlag

In Anlehnung an die DIN 2345: 1998-04[974] und zum Zweck der Einheitlichkeit ist folgende Lösung zu vertreten. Wenn ein äquivalenter Begriff im anderen System zu finden ist, muss dieser als einheitliche Übersetzung festgelegt sein, und andernfalls die Originalbezeichnung

---

[972] Art. 1 ordonnance n° 45-2591 du 2 novembre 1945 relative au statut des avoués (J.O. v. 03.11.1945 S. 7161).

[973] So *Potonnier/Potonnier*, Wörterbuch für Wirtschaft, Recht und Handel, Bd. II, 2001, Stichwort „avoué".

[974] Vgl. DIN 2345: 1998-04, abgedr. in: Baxmann-Krafft/Herzog, Normen für Übersetzer und technische Autoren, 1999, S. 15; demnach kann diese Lösung für die Berufs- und Funktionsbezeichnungen verwendet werden.

verwendet werden. Diese kann von einer Erklärung bzw. Umschreibung beim ersten Auftreten im Text in Form einer Fußnote ergänzt
werden. Diese Umschreibung sollte gegebenenfalls auch im Rahmen
einer dokumentarischen Übersetzung benutzt werden.

c. Übersetzung von Standardformeln

Die Standardisierung einiger Formeln insbesondere im Bereich des
Verfahrens- und Vertragsrechts dient selbst der Einheitlichkeit der
betroffenen Texte. Aus diesem Grund verfügt der Übersetzer über
keine Formulierungsfreiheit.[975] Auch wenn die Problematik der Übersetzung solcher Formeln zur juristischen Stilistik gehört und in dieser
Arbeit nicht zu behandeln ist, kann festgestellt werden, dass sich dieser Bereich für die Entwicklung einheitlicher Übersetzungsvorschläge
(bzw. standardisierter Übersetzungsformeln) eignet[976].

IV. Ausblick (Beziehung des Juristen zur Übersetzung)

Es bleibt am Ende dieser Untersuchung die Frage nach der Beziehung
des Juristen zur Übersetzung. An dieser Stelle werden zwei Behaup-
tungen bzw. Tatsachen diesbezüglich dargestellt und kritisiert, um
daraus den gewünschten Umgang des Juristen zur Übersetzung her-
vorheben zu können.

---

[975] Vgl. *Stolze*, Rechts- und Sprachvergleich beim Übersetzen juristischer Texte, in:
Baumann/Kalverkämper (Hrsg.), Kontrastive Fachsprachenforschung, 1992,
S. 223 (229).

[976] Es soll erneut die Initiative des deutschen Auswärtigen Amtes herausgestellt
werden, das Übersetzungen ins Französische, ins Englische und ins Spanische in
diesem Bereich entwickelt hat; vgl. *Sprachendienst des Auswärtigen Amtes*,
Standardformulierungen für deutsche Vertragstexte, 1992.

A. Keine unsichtbare Übersetzung

Wenn eine Übersetzung gewissermaßen einen „Verrat" darstellt[977], dann ist diese Tatsache im juristischen Bereich bedauerlicherweise besonders zutreffend. Es besteht keine perfekte juristische Übersetzung, da sie stets aus einem Kompromiss besteht, wobei dies dem Leser bzw. dem Juristen bewusst sein muss. *Riva*[978] hebt das Paradox hervor, dass die Kenntnis des Übersetzungscharakters eines Textes die Übersetzung selbst vernichtet. Sie behauptet, dass der Anwender des übersetzten Textes sich verraten fühlt und nicht mehr an ihn glaubt. Er würde demzufolge, auch wenn er seine Sprache nicht richtig beherrscht, lieber den Ausgangstext bevorzugen, als einen übersetzten Text dessen Inhalt zweifelhaft wäre. Demnach sollte die Übersetzung laut *Riva* unsichtbar sein.[979] Dieser Schlussfolgerung der Unsichtbarkeit der Übersetzung darf nicht gefolgt werden, da sie dem Leser die Schwierigkeit und Mängel der juristischen Übersetzung bewusst verschweigt. Vielmehr ist an dieser Stelle dafür zu plädieren, dass der Leser unmittelbar zu erfahren hat, dass der Text oder die verwendeten Begriffe lediglich eine Übersetzung sind. Nur dann kann er eigenständig über die Aussagekraft und Richtigkeit des übersetzten Textes entscheiden.

B. Vermeiden der Vorstellbarkeit einer Ersetzung

Die Angabe des Übersetzungscharakters eines Textes weist unmittelbar darauf hin, dass sich die verwendeten Begriffe auf das Ausgangsrechtssystem beziehen. Dies betrifft die Problematik der Beziehung des Juristen zur Übersetzung. *Constantinesco* zeigt auf, dass die Anwendung eines Begriffs des Zielrechtssystems als Übersetzung (und somit die Anwendung der Äquivalenz) beim Juristen automatisch „nicht das Bild dieses Begriffs oder dieser Vorstellung im ursprünglichen Recht (weckt), sondern das Bild des entsprechenden Begriffs

---

[977] Siehe oben Kap. II., II. B. 1. a. 3), S. 131; vgl. *Weisflog*, Rechtsvergleichung und juristische Übersetzung, 1996, S. 32.

[978] Vgl. *Riva*, Meta 1981, Bd. 26, Nr. 3, 223 (224).

[979] Vgl. *Riva*, a.a.O., 223 (224).

bzw. der entsprechenden Vorstellung in dem Recht, in das man übersetzt".[980] Dies bedeutet, dass die Übersetzung vom Juristen nicht als
eine Umsetzung, sondern als eine Ersetzung wahrgenommen wird.
Diese Tatsache stellt eine Gefahr für die Wahrnehmung der Übersetzung dar, die zwar dem Übersetzer bewusst sein muss, dennoch nicht
zum automatischen Ausschluss der Anwendung der Äquivalenz in der
juristischen Übersetzung führen darf, da dies gegen die hier dargestellten Übersetzungsprinzipien verstoßen würde. Vielmehr kann der hier
gewünschte Umgang des Juristen mit der Übersetzung geschildert
werden.

Es existieren Länder wie Schotland, Israel, Südafrika, Louisiana oder
Quebec, die zwei Rechtssysteme und zwei Rechtssprachen kennen.
Die angewandten Begriffe der jeweils anderen Sprache geben nie den
genauen Inhalt des Ausgangsbegriffs wieder, wobei sich jeder der
Gefahr bewusst ist, und damit umzugehen weiß.[981] Dies beweist, dass
der erfahrene Jurist mit Übersetzungen umgehen kann, was zum Teil
gegen die geschilderten Schwierigkeiten spricht. Doch es fragt sich,
wie dabei zwischen dem französischen und dem deutschen Rechtssystem vorzugehen ist. Zunächst ist die juristische Übersetzung zwischen
diesen beiden Systemen aufgrund ihrer Zugehörigkeit zum gleichen
Rechtskreis und den daraus resultierenden Gemeinsamkeiten zum Teil
möglich.[982] Diese Gemeinsamkeiten ermöglichen dem Juristen darüber hinaus das andere Rechtssystem innerhalb einer Übersetzung
verstehen zu können. Anhand dieser Grundlagen sind Übersetzungen
zu entwickeln, die die Unterschiede zwischen den Rechtssystemen im
Rahmen des Möglichen sichtbar machen. Dem Juristen muss es
nichtsdestoweniger immer bewusst sein, dass er nicht mit einem Originaltext, sondern mit einer Übersetzung und demzufolge mit einem
fremden Rechtssystem umgeht und stets wissen, dass die Analogien,
die er automatisch zu seinem eigenen System herstellt, nur in einem

---

[980] *Constantinesco*, Rechtsvergleichung, Bd. II, 1972, S. 170.
    Für ein Beispiel derartiger Verwechslung, siehe oben Kap. II., II. A. 2. c. 1) a),
    S. 113; Kap. II., I. C. 1., S. 107.

[981] Vgl. *Bastarache/Reed*, La nécessité d'un vocabulaire français pour la Common
    law, in: Gémar (Hrsg.), Langage du droit et traduction, 1982, S. 207 (210 f.).

[982] Siehe oben Kap. II., III. C. 2. b. 1) b) (3) (c), S. 216; Kap. I., II. C. 4., S. 35.

beschränkten Rahmen bestehen können und dürfen. Die juristische Übersetzung ist lediglich der Versuch einer Wiedergabe oder einer Umsetzung eines fremden Rechtssystems hin zum eigenen – und nie eine Ersetzung.

Im Rahmen des erwünschten Umgangs des Juristen mit der Übersetzung sind letztlich zwei Anmerkungen erforderlich. Zunächst muss der relevante Unterschied zwischen instrumentellen und dokumentarischen Übersetzungen geläufig werden, damit der Jurist die Qualität der Übersetzung besser einschätzen kann. Wenn der Jurist erst die vielfältigen Schwierigkeiten, Mängel und Gefahren der juristischen Übersetzung erkannt hat, wird er sich selbst an die eventuelle Durchführung dieser Tätigkeit, und dann nur mit Umsicht, wagen und die gute Leistung eines guten Übersetzers zu würdigen wissen.

Zusammenfassung in Thesen

1. Die Rechtssprache ist als Fachsprache der Juristen zu definieren, die sich einerseits auf die juristische Terminologie bezieht – als Gesamtheit aller Termini, die eine oder mehrere juristische Bedeutungen besitzen – und andererseits einem besonderen Stil bzw. einer juristischen Ausdrucksweise unterliegt. Sie ist insbesondere durch eine Wechselwirkung mit der Allgemeinsprache gekennzeichnet.

2. Die geschichtliche Entwicklung der französischen und der deutschen Rechtssprache weist auf deren heutige Kennzeichen hin. Der Vergleich des BGB und des Code civil unterstreicht beispielsweise die Eleganz des französischen Gesetzbuches, wobei diese jedoch teilweise zu mangelnder Präzision und Deutlichkeit, als auch zu einem geringen Abstraktionsgrad dem BGB gegenüber führt.

3. Die Wechselwirkung der Rechtssprache zur Allgemeinsprache deutet insbesondere auf die Polysemie sowohl zwischen Rechtssprache und Allgemeinsprache, als auch innerhalb der Rechtssprache hin. Die Polysemie stellt eine erste Schwierigkeit für die Übersetzung dar, da eine 1:1-Entsprechung demzufolge meist auszuschließen ist. Andere Übersetzungsschwierigkeit gehen aus den juristischen Kennzeichen der Rechtssprache hervor, die sich insbesondere in dem Bestehen von abstrakten und somit unbestimmten Rechtsbegriffen ausdrücken, wobei das bedeutsame Hindernis für die juristische Übersetzung letztlich in der Systemgebundenheit der juristischen Terminologie besteht.

4. Auch wenn ihre Eigenheiten den gesamten Übersetzungsvorgang und die dabei angewandten Methoden beeinflussen, ist die juristische Übersetzung nicht als besonderes Phänomen zu betrachten. Der allgemeinen Definition der Übersetzung entsprechend handelt es sich um das Umsetzen von Begriffen aus einer Sprache in eine andere mit einem Rechtssprachen- und juristischen Kommunikationsgemeinschaftswechsel. Problematisch erweist sich schließlich das Umsetzen der Begriffe, das naturgemäß das Umsetzen juristischer Bedeutungen bedeutet. Innerhalb des Übersetzungsvorgangs ist die Analyse des Ausgangstextes im juristischen Bereich besonders zu betrachten, da die Auslegungsmöglichkeit des juristischen Übersetzers innerhalb der

Suche nach dem Sinn und nicht nach der Absicht des Textes als uneingeschränkt definiert worden ist.

5. Die Äquivalenz oder Übereinstimmung der begrifflichen Merkmale
erfordert eine Selektion bzw. Analyse der Merkmale des Ausgangsbegriffs und ihre Hierarchisierung. Da im juristischen Bereich keine
vollständige Äquivalenz und kaum eine nahezu vollständige Äquivalenz besteht, muss folglich auf die partielle Äquivalenz zurückgegriffen werden, auch wenn sie stets eine ad hoc Hierarchisierung benötigt.
Der moderne Grundsatz des „gemeinsamen Minimums" als Suche
nach einer abstraktneutralen Übersetzungsentsprechung erweist sich
als adäquate Lösung für die Übersetzung unbestimmter Rechtsbegriffe. Schließlich kann die auf die Funktion der Begriffe beruhende sogenannte funktionale Äquivalenz als eine zwar zusätzliche, dennoch
nicht eigenständige Übersetzungsmethode betrachtet werden.

6. Wenn die Anwendung der Zielrechtssprache zu einem unbefriedi-
gen – irreführenden oder nicht genügend informativen – Ergebnis
führt, wird auf die Zielrechtssprache zuerst zugunsten der Zielallge-
meinsprache verzichtet. Die juristische Übersetzung ist im Allgemeinen als ein möglicher Vorgang anzusehen, auch wenn es auf eine lange Umschreibung zurückgegriffen werden muss, die den Zieltext naturgemäß erschwert. Ein vollständiger Verzicht auf die Zielsprache
wird daher ausschließlich als „Notlösung" befürwortet.

7. Die Besonderheiten der juristischen Terminologie und deren Übersetzung verlangen vom Übersetzer generell fundierte Kenntnisse der
beiden Rechtssyteme und des Weiteren Kenntnisse der Makro- und
insbesondere der Mikro-Rechtsvergleichung, da der Vergleich von
einzelnen Regelungen oder Rechtsinstituten eine „conditio sinne qua
non" für die Gegenüberstellung von begrifflichen Merkmalen darstellt.

8. Als tägliches Hilfsmittel des Übersetzers muss das zweisprachige
juristische Wörterbuch eine gewisse Transparenz aufweisen, indem es
Informationen bezüglich des Anwendungszusammenhangs des Übersetzungsvorschlags und der Gleichwertigkeit der Begriffe und der
rechtlichen Konzepte, als auch der angewandten Übersetzungsmethoden liefert. Um diese Transparenz zu realisieren, bietet sich inhaltlich
die Angabe von detaillierten Definitionen als Lösung, und bezüglich

der Form des Wörterbuches die Anwendung der neuen informatischen Mitteln bzw. des Internets an.

9. Aufgrund der notwendigen Rechtssicherheit auch innerhalb der juristischen Übersetzung muss eine gewisse Einheitlichkeit der juristischen Übersetzungsvorschläge befürwortet werden. Eine derartige Einheitlichkeit kann nur mittels einer offiziellen Veröffentlichung realisiert werden und ist zumindest für Begriffe denkbar, die weder von der Polysemie, noch von dem Einfluss der Rechtssprechung betroffen sind. Die beispielsweise für die Institutionsbezeichnungen entwickelten wörtlichen oder umschreibenden Übersetzungsvorschläge – die ein informatives Ergebnis anbieten müssen – werden zwar im Text einer dokumentarischen Übersetzung angewendet, im Rahmen einer instrumentellen (rechtsverbindlichen) Übersetzung jedoch ausschließlich in Form einer Fußnote, da im Text der Ausgangsbegriff zu übernehmen ist.

10. Damit der Jurist seinen Umgang an den Text anpassen kann, muss eine Übersetzung sichtbar bzw. als solche gekennzeichnet sein. Da die juristische Übersetzung lediglich der Versuch der Wiedergabe oder der Umsetzung eines fremden Rechtssystems hin zum eigenen darstellt, dürfen die automatisch durchgeführten Analogien zum eigenen Rechtssystem nie als Ersetzung verstanden werden.

Abkürzungsverzeichnis

a.a.O.	am angegebenen Ort
ABGB	(österreichisches) Allgemeines Bürgerliches Gesetzbuch
abgedr.	abgedruckt
ABl. EG	Amtsblatt der Europäischen Gemeinschaft
Abs.	Absatz
AcP	Archiv für die civilistische Praxis
ALR	Allgemeines Landrecht für die Preußischen Staaten
APD	Archives de Philosophie du droit
ARSP	Archiv für Recht und Sozialphilosophie
Art.	Artikel
AS	Ausgangssprache
Aufl.	Auflage
bayer.	bayerisch
Bd.	Band
BDÜ	Bundesverband der Dolmetscher und Übersetzer
Bearb.	Bearbeiter
Begr.	Begründer
BGB	Bürgerliches Gesetzbuch
BGBl.	Bundesgesetzblatt (I: Teil I) (II: Teil II)
BGH	Bundesgerichtshof
bildungsspr.	bildungssprachlich
Bull. civ.	Bulletin civil (Zeitschrift)
BV	schweizerische Bundesverfassung
BVerfG	Bundesverfassungsgericht
bzw.	beziehungsweise
C. civ.	Code civil
C. com.	Code de commerce

C. pén.	Code pénal
C. proc. pén.	Code de procédure pénale
C. séc. soc.	Code de la sécurité sociale
C. trav.	Code du travail
ca.	circa
Cass. soc.	Cour de cassation, chambre sociale
CJA	Code de justice administrative
COJ	Code de l'organisation judiciaire
D.	décret (partie „décrets" d'un code)
d.h.	das heißt
dass.	dasselbe
DDR	Deutsche Demokratische Republik
ders.	derselbe
dies.	dieselbe, dieselben
DIN	Deutsches Institut für Normung
Diss.	Dissertation
DJT	Deutscher Juristentag
DÜV	Dolmetscher- & und Übersetzervereinigung
DÜV-info NRW	Nachrichten des BDÜ-Landesverbandes Nordrhein-Westfalen (Zeitschrift)
e.V.	eingetragener Verein
EG	Europäische Gemeinschaft(en)
EGBGB	Einführungsgesetz zum Bürgerlichen Gesetzbuch vom 18.08.1896
etc.	et cetera
EuGH	Gerichtshof der Europäischen Gemeinschaften
EuR	Europarecht (Zeitschrift)
EuZW	Europäisches Zeitschrift für Wirtschafsrecht

EV	Einigungsvertrag (Vertrag zwischen der Bundesrepublik Deutschland und der Deutschen Demokratischen Republik über die Herstellung der Einheit Deutschlands vom 31.08.1990)
EWG	Europäische Wirtschaftsgemeischaft
ex.	exemple
f.	folgende
F.	Feminimum
FamRefK	Familienrechtsreformkommentar
FamRZ	Zeitschrift für das gesamte Familienrecht
ff.	fortfolgende
FS	Festschrift
Fußn.	Fußnote
GG	Grundgesetz
GRURInt	Gewerblicher Rechtsschutz und Urheberrecht, Internationaler Teil (Zeitschrift)
GVG	Gerichtsverfassungsgesetz
GWB	Gesetz gegen Wettbewerbsbeschränkungen
HRG	Handwörterbuch zur deutschen Rechtsgeschichte
Hrsg.	Herausgeber
hrsg.	herausgegeben von
i. allg.	im Allgemeinen
i.d.F.	in der Fassung
i.V.m.	in Verbindung mit
IDV-Rundbrief	Zeitschrift des Internationalen Deutschlehrerverbandes
insb.	insbesondere
Jh.	Jahrhundert
JO	Journal officiel
JuS	Juristische Schulung (Zeitschrift)

JZ	Juristen Zeitung (Zeitschrift)
Kap.	Kapitel
KG	Kammergericht
L.	loi (partie législative d'un code)
landsch.	landschaftlich
LPartG	Gesetz über die Eingetragene Lebenspartnerschaft
M.	Maskulinum
Math.	Mathematik
MDÜ	Mitteilungsblatt für Dolmetscher und Übersetzer (Zeitschrift)
mlat.	mittellateinisch
MünchKommBGB	Münchener Kommentar zum Bürgerlichen Gesetzbuch
m.w.N.	mit weiteren Nachweisen
n. Chr.	nach Christus
n°	numéro
NJW	Neue Juristische Wochenschrift (Zeitschrift)
Nr.	Nummer(n)
NRW	Nordrhein-Westfalen
NStZ	Neue Zeitschrift für Strafrecht
R.	règlement (partie réglementaire d'un code)
Rec.	recueil Lebon (recueil de la jurisprudence du Conseil d'État) (Zeitschrift)
Red.	Redaktor
Rn.	Randnummer
Rs.	Rechtssache
S.	Satz/Seite
S.A.R.L.	société à responsabilité limitée
SF	Sozialer Fortschritt (Zeitschrift)

Slg.	amtliche Sammlung der Entscheidungen des EuGH und des Gerichts erster Instanz
sog.	sogenannte/-r/-s
StGB	Strafgesetzbuch
StVO	Straßenverkehrs-Ordnung
T&T	Terminologie et Traduction (Zeitschrift)
u.a.	und andere/unter anderem
Univ.	Universität
usw.	und so weiter
v.	von, vom
V.	voir
VerkMitt	Verkehrsrechtliche Mitteilungen (Zeitschrift)
vgl.	vergleiche
VO	Verordnung, Rechtsverordnung
z.B.	zum Beispiel
ZEuP	Zeitschrift für europäisches Privatrecht
ZfD	Zeitschrift für Deutschkunde
ZfRV	Zeitschrift für Rechtsvergleichung
ZG	Zeitschrift für Gesetzgebung
zit.	zitiert
ZPO	Zivilprozessordnung
ZS	Zielsprache
zugl.	zugleich

Literaturverzeichnis

Agostini, Eric, Droit comparé, Paris 1988.

Albrecht, Jörn, Invarianz, Äquivalenz, Adäquatheit, in: Arntz, Reiner/Thome, Gisela (Hrsg.), Übersetzungswissenschaft. Ergebnisse und Perspektiven, Festschrift für Wolfram Wilss zum 65. Geburstag, Tübingen 1990, S. 71-81.

Allignol, Claire, Die zusammengesetzten Wörter: Eine Schwierigkeit bei der Übersetzung technischer Fachtexte aus dem Deutschen ins Französische, in: Lebende Sprache 2/1998, S. 64-66.

Arntz, Reiner/Picht, Heribert, Einführung in die übersetzungsbezogene Terminologiearbeit, Hildesheim u.a. 1982.

— *dies./Mayer, Felix*, Einführung in die Terminologiearbeit, 5. Auflage, Hildesheim u.a. 2004.

Auby, Jean-Marie (Hrsg.), Droit public, Bd. I, Théorie générale de l'Etat et droit constitutionnel. Droit administratif, Paris 1985.

Autexier, Christian, Introduction au droit public allemand, Paris 1997.

Autin, Jean-Louis/Ribot, Catherine, Droit administratif général, 3. Auflage, Paris 2004.

Balian, Serge, Néologismes législatifs pour la forme?, in: Beauchard, Jean/Couvrat, Pierre (Hrsg.), Écrits en hommage à Gérard Cornu, Paris 1994, S. 1-7.

Bamberger, Georg/Roth, Herbert (Hrsg.), Kommentar zum Bürgerlichen Gesetzbuch, Bd. 3, §§ 1297 - 2385, EGBGB, CISG, München 2003.

Bartsch, Robert, Zur Geschichte der deutschen Rechtssprache, in: AcP 153 (1954), S. 412-424.

Basedow, Jürgen, Grundlagen des europäischen Privatrechts, in: JuS 2004, S. 89-96.

Bastarache, Michel/Reed, David, La nécessité d'un vocabulaire français pour la Common law, in: Gémar, Jean-Claude (Hrsg.), Langage du droit et traduction. The Langage of the Law and Translation, Montreal 1982, S. 207-216.

Battifol, Henri, Observations sur la spécificité du vocabulaire juridique, in: Marty, Gabriel (Hrsg.), Mélanges dédiés à Gabriel Marty, Toulouse 1978, S. 35-44.

Bäumel, Dieter/Bienwald, Werner/Häußermann, Röse/Hoffmann, Jörg/Maurer, Hans-Ulrich/Meyer-Stolte, Klaus/Rogner, Jörg/ Sonnenfeld, Susanne/Wax Peter (Bearb.), Familienrechtsreformkommentar, Bielefeld 1998.

Baur, Fritz/Walter, Gerhard, Einführung in das Recht der Bundesrepublik Deutschland, 6. Auflage, München 1992.

Baxmann-Krafft, Eva-Maria/Herzog, Gottfried, Normen für Übersetzer und technische Autoren, Berlin u.a., 1999.

BDÜ-Landesverband Nordrhein-Westfalen, Richtlinien für die Anfertigung von Urkundenübersetzungen, in: DÜV-info NRW 1/2003, S. 7-10.

Berteloot, Pascale, Der Rahmen juristischer Übersetzungen, in: Groot de, Gérard-René/Schulze, Reiner (Hrsg.), Recht und Übersetzen, Baden-Baden 1999, S. 101-113.

— *dies.*, La traduction juridique dans l'Union européenne, en particulier à la Cour de justice, 2000, in: La traduction juridique. Histoire, théorie(s) et pratique, Colloque international organisé par l'École de traduction et interprétation de l'Université de Genève et l'Association suisse des traducteurs, terminologues et interprètes, à l'Université de Genève, les 17, 18 et 19 février 2000, Tradulex.org, http://www.tradulex.org/Actes2000/berteloot.pdf (Abfrage: 31.05.2005).

Bleckmann, Albert, Ermessensmißbrauch und détournement de pouvoir - Probleme des Übersetzens juristischer Texte, in: Bender, Karl-Heinz/Berger, Klaus/Wandruszka, Mario (Hrsg.), Imago linguae. Beiträge zur Sprache. Deutung und Übersetzen, Festschrift zum 60. Geburstag von Fritz Paepcke, München 1977, S. 95-101.

— *ders.*, Zu den Auslegungsmethoden des Europäischen Gerichtshofs, in: NJW 1982, S. 1177-1182.

— *ders.*, Europarecht. Das Recht der Europäischen Union und der Europäischen Gemeinschaften, 6. Auflage, Köln u.a. 1997.

Bocquet, Claude, Phraséologie et traduction dans les langues de spécialité, in: T&T 2/3.1992, S. 271-284.

— *ders.*, Pour une méthode de traduction juridique, Lausanne 1994.

— *ders.*, Traduction juridique et appropriation par le traducteur. L'affaire Zachariae, Aubry et Rau, 2000, in: La traduction juridique. Histoire, théorie(s) et pratique, Colloque international organisé par l'École de traduction et interprétation de l'Université de Genève et l'Association suisse des traducteurs, terminologues et interprètes, à l'Université de Genève, les 17, 18 et 19 février 2000, Tradulex.org, http://www.tradulex.org/ Actes2000/bocquet.pdf (Abfrage: 31.05.2005).

Brand, Oliver, Grundfragen der Rechtsvergleichung. Ein Leitfaden für die Wahlfachprüfung, in: JuS 2003, S. 1082-1091.

Braselmann, Petra, Übernationales Recht und Mehrsprachigkeit. Linguistische Überlegungen zu Sprachproblemen in EuGH-Urteilen, in: EuR 1992, S. 55-74.

Brox, Hans, Allgemeiner Teil des BGB, 28. Auflage, Köln u.a. 2004.

Brunot, Ferdinand, La langue du Palais et la formation du „bel usage", in: Chabaneau, Camille (Hrsg.), Mélanges Chabeneau, Genf 1973, S. 677-690.

Carbonnier, Jean, Droit civil, Bd. II, La famille, l'enfant, le couple, 21. Auflage, Paris 2002.

Catford, John Cunnison, A Linguistic Theory of Translation. An Essay in Applied Linguistics, 5. Auflage, London 1978.

288

Centre juridique franco-allemand, BIJUS-Norm (Datenbank), in: Universität des Saarlandes, http://www.jura.uni-sb.de/BIJUS/ norm.htm (Abfrage: 31.05.2005).

— *dass.*, Die Verfassung der französischen Republik vom 4. Oktober 1958, in: Universität des Saarlandes, http://www.jura.uni-sb.de/BIJUS/constitution58/constit.htm (Abfrage: 31.05.2005).

Chapus, René, Droit administratif général, Bd. I, Administration, 15. Auflage, Paris 2001.

Christensen, Christoph, Glossar zur Juristischen Methodik, 2003, in: Recht und Sprache, http://www.recht-und-sprache.de/archiv/ PDF/jm_gloss01.pdf (Abfrage: 11.11.2004).

Combüchen, Josef, Die belgische Rechts- und Verwaltungsterminologie im Spiegel der deutschen Sprache, in: T&T 2.1998, S. 241-268.

Conrad, Hermann, Deutsche Rechtsgeschichte, Bd. I, Frühzeit und Mittelalter, 2. Auflage, Karlsruhe 1962.

— *ders.*, Deutsche Rechtsgeschichte, Bd. II, Neuzeit bis 1806, Karlsruhe 1966.

Constantinesco, Léontin-Jean, Rechtsvergleichung, Bd. I, Einführung in die Rechtsvergleichung, Köln u.a. 1971.

— *ders.*, Rechtsvergleichung, Bd. II, Die rechtsvergleichende Methode, Köln u.a. 1972.

— *ders.*, Rechtsvergleichung, Bd. III, Die rechtsvergleichende Wissenschaft, Köln u.a. 1983.

Cornu, Gérard, Linguistique juridique, 2. Auflage, Paris 2000.

— *ders.* (Hrsg.), Vocabulaire juridique, 6. Auflage, Paris 2004.

Creifelds, Carl (Begr.), *Weber, Klaus* (Hrsg.), Rechtswörterbuch, 18. Auflage, München 2004.

Dahm, Georg, Deutsches Recht. Die geschichtlichen und dogmatischen Grundlagen des geltenden Rechts. Eine Einführung, 2. Auflage, Stuttgart 1965.

Degenhart, Christoph, Staatsrecht I. Staatsorganisationsrecht, 20. Auflage, Heidelberg 2004.

Dejean Le Féal, Karla, Pédagogie raisonnée de la traduction, in: T&T 3.1994, S. 7-30.

Diddens-Wischmeyer, Hanny, La traduction juridique, in: Babel 1969, S. 170-171.

Doucet, Michel/Fleck, Klaus E. W., Wörterbuch der Rechts- und Wirtschaftssprache, Bd. I, Französisch-Deutsch, 5. Auflage, München 1997.

— *dies.*, Wörterbuch der Rechts- und Wirtschaftssprache, Bd. II, Deutsch-Französisch, 6. Auflage, München 2002.

Dressler, Wolfgang, Der Beitrag der Textlinguistik zur Übersetzungswissenschaft, in: Kapp, Volker (Hrsg.), Übersetzer und Dolmetscher. Theoretische Grundlagen, Ausbildung, Berufspraxis, 3. Auflage, Tübingen 1991, S. 61-71.

Dubois, Jean/Giacomo, Mathée/Guespin, Louis/Marcellesi, Christiane/Marcellesi, Jean-Baptiste/Mével, Jean-Pierre (Hrsg.), Dictionnaire de linguistique et des sciences du langage, Paris 1999.

Dudenredaktion (hrsg.), Der Duden, Bd. 5, Das Fremdwörterbuch, 8. Auflage, Mannheim 2005.

Dullion, Valérie, Du document à l'instrument: les fonctions de la traduction des lois, 2000, in: La traduction juridique. Histoire, théorie(s) et pratique, Colloque international organisé par l'École de traduction et interprétation de l'Université de Genève et l'Association suisse des traducteurs, terminologues et interprètes, à l'Université de Genève, les 17, 18 et 19 février 2000, Tradulex.org, http://www.tradulex.org/Actes2000/dullion.pdf (Abfrage: 31.05.2005).

Durand, Bernard, Regards français sur l'histoire du droit en Allemagne, in: Beaud, Olivier/Heyen, Volkmar Erk (Hrsg.), Eine deutsch-französische Rechtswissenschaft? Une science juridique franco-allemande. Kritische Bilanz und Perspektiven eines kulturellen Dialogs, Baden-Baden 1999, S. 11-40.

Duve, Hans Ernst/Weirich, Hans-Armin, Die Verständigung zwischen dem Bürger und den Juristen kann verbessert werden, in: Radtke, Ingulf (Bearb.), Die Sprache des Rechts und der Verwaltung. Der öffentliche Sprachgebrauch, Bd. II, Stuttgart 1981, S. 119-127.

Dyrberg, Gunhild/Tournay, Joan, Définition des équivalents de traduction de termes économiques et juridiques sur la base de textes parallèles, in: Cahiers de lexicologie, Nr. 56-57, 1990, S. 261-274.

Ebert, Kurt Hanns, Rechtsvergleichung. Einführung in die Grundlagen, Bern 1978.

Elsener, Ferdinand, Deutsche Rechtssprache und Rezeption, in: Gernhuber, Joachim (Hrsg.), Tradition und Fortschritt im Recht. Festschrift, gewidmet der Tübinger Juristenfakultät zu ihrem 500jährigen Bestehen 1977 von ihren gegenwärtigen Mitgliedern, Tübingen, 1977, S 47-72.

Emmerich, Volker, Kartellrecht, 9. Auflage, München 2001.

Engberg, Jan, Übersetzen von Gerichtsurteilen: Der Einfluss der Perspektive, in: Sandrini, Peter (Hrsg.), Übersetzen von Rechtstexten. Fachkommunikation im Spannungsfeld zwischen Rechtsordnung und Sprache, Tübingen 1999, S. 83-101.

Eriksen, Lars, Die Fachsprache des Juristen, in: IDV-Rundbrief, Zeitschrift des Internationalen Deutschlehrerverbandes 54.1995, S. 30-37.

— *ders.*, Einführung in die Systematik der juritischen Fachsprache, in: ders./Luttermann, Karin (Hrsg.), Juristische Fachsprache. Kongressberichte des 12th European Symposium on Language for

Special Purposes, Brixen/Bressanone 1999, Münster u.a. 2002, S. 1-19.

Erler, Adalbert/Kaufmann, Ekkehard (Hrsg.), Handwörterbuch zur deutschen Rechtsgeschichte, Bd. IV, Berlin 1990.

Fehr, Hans, Deutsche Rechtsgeschichte, 6. Auflage, Berlin 1962.

Ferid, Murad/Sonnenberger, Hans Jürgen, Das Französische Zivilrecht, Bd. 1/1, Erster Teil: Allgemeine Lehren des Französischen Zivilrechts: Einführung und Allgemeiner Teil des Zivilrechts, 2. Auflage, Heidelberg 1994.

Fleischmann, Eberhard, Abkürzungen als translatorisches Problem, in: MDÜ 3/2004, S. 24-28.

Forsthoff, Ernst, Recht und Sprache. Prolegomena zu einer richterlichen Hermeneutik, Darmstadt 1971.

Forstmoser, Peter, Einführung in das Recht, 3. Auflage, Bern 2003.

Freie und Hansestadt Hamburg, Behörde für Inneres, Merkblatt für die Anfertigung von beglaubigten Übersetzungen, 2002, in: Sachsen-Anhalt, http://www.sachsen-anhalt.de/pdf/pdf26282. pdf (Abfrage: 11.11.2004).

Freitag, Brigitte, Domaine public – ouvrage public. Der Übersetzungswissenschafliche Status von Grundbegriffen des französischen Verwaltungsrechts, Heidelberg, Univ., Diss., 1978.

Friederich, Wolf, Technik des Übersetzens. Englisch und Deutsch. Eine systematische Anleitung für das Übersetzen ins Englische und ins Deutsche für Unterricht und Selbststudium, 4. Auflage, München 1977.

Fromont, Michel/Rieg, Alfred, Introduction au droit allemand (République fédérale), Bd. I, Les fondements, Paris 1977.

Fuchs-Khakhar, Christine, Die Verwaltungssprache zwischen dem Anspruch auf Fachsprachlichkeit und Verständlichkeit. Ein Vergleich der Darstellungen dieses Konfliktes in der deutschen Verwaltungssprache und der Vorschläge zu seiner Bewältigung seit 1958; ergänzt durch einen Blick auf die neueren Ansätze zur Verbesserung der Verwaltungssprache in Großbritannien, Tübingen 1987.

Gémar, Jean-Claude, La traduction juridique et son enseignement: aspects théoriques et pratiques, in: Meta 1979, Numéro spécial, La traduction juridique, Bd. 24, Nr. 1, S. 35-53.

— *ders.*, La traduction juridique: art ou technique d'interprétation?, in: Meta 1988, Bd. 33, Nr. 2, S. 305-319.

— *ders.*, Pour une méthode générale de traduction: traduire par l'interprétation du texte, in: Meta 1990, Bd. 35, Nr. 4, S. 57-668.

— *ders.*, Terminologie, langue et discours juridiques. Sens et signification du langage du droit, in: Meta 1991, Bd. 36, Nr. 1, S. 275-283.

— *ders.*, Le langage du droit au risque de la traduction. De l'universel et du particulier, in: Snow, Gérard/Vanderlinden, Jacques (Hrsg.), Français juridique et science du droit, Brüssel 1995, S. 123-154.

Geyl, Ernst-Günther, Die Rechtssprache als Objekt der wissenschaftlich begründeten Sprachpflege, in: Muttersprache 1972, S. 75-91.

Gläser, Rosemarie, Bürgerferne Verwaltungssprache in den ostdeutschen Bundesländern, in: Eriksen, Lars/Luttermann, Karin (Hrsg.), Juristische Fachsprache. Kongressberichte des 12th European Symposium on Language for Special Purposes, Brixen/Bressanone 1999, Münster u.a. 2002, S. 77-94.

Goethem, Hermann van, Die Sprachenpolitik in Frankreich zwischen 1620 und 1804, in: Ecker, Jörn/Hattenhauer, Hans (Hrsg.), Sprache – Recht – Geschichte. Rechtshistorisches Kolloquium 5. - 9. Juni 1990, Christian - Albrechts - Universität zu Kiel, Heidelberg 1991, S. 169-194.

Gönnenwein, Otto, Geschichte des juristischen Vokabulars, in: Wolff, Ernst (Hrsg.), Beiträge zur Rechtsforschung, Berlin 1950, S. 36-49.

Grass, Thierry, La traduction juridique bilingue français-allemand: problématique et résolution des ambiguïtés terminologiques, Bonn 1999, zugl. Nancy, Univ., Diss. 1996.

Greenstein, Rosalind, Sur la traduction juridique, in: Traduire, Revue française de la traduction, 1/1997, S. 21-34.

Gridel, Jean-Pierre, Introduction au droit et au droit français, 2. Auflage, Paris 1994.

Groffier, Ethel/Reed, David, La lexicographie juridique. Principes et méthodes, Cowansville (Québec) 1990.

Groot de, Gérard-René, Die relative Äquivalenz juristischer Begriffe und deren Folge für mehrsprachige juristische Wörterbücher, in: Thelen, Marcel/Lewandowska-Tomaszczyk, Barbara (Hrsg.), Translation and Meaning, Part 1, Proceedings of the Maastricht Session of the 1990 Maastricht-Łódź Duo Colloquium on „Translation and Meaning", Held in Maastricht, The Netherlands, 4-6 January 1990, Maastricht 1990, S. 122-128.

— *ders.*, Recht, Rechtssprache und Rechtssystem. Betrachtungen über die Problematik der Übersetzung juristischer Texte, in: T&T 3.1991, S. 279-316.

— *ders.*, Das Übersetzen juristischer Terminologie, in: ders./Schulze, Reiner (Hrsg.), Recht und Übersetzen, Baden-Baden 1999, S. 11-46.

— *ders.*, Zweisprachige juristische Rechtswörterbücher, in: Sandrini, Peter (Hrsg.), Übersetzen von Rechtstexten. Fachkommunikation im Spannungsfeld zwischen Rechtsordnung und Sprache, Tübingen 1999, S. 203-227.

— *ders.*, Rechtsvergleichung als Kerntätigkeit bei der Übersetzung juristischer Terminologie, in: Haß-Zumkehr, Ulrike (Hrsg.), Sprache und Recht, Berlin u.a. 2002, S. 222-239.

Großfeld, Bernhard, Sprache und Recht, in: JZ 1984, S. 1-6.

— *ders.,* Sprache, Recht, Demokratie, in: NJW 1985, S. 1577-1586.

— *ders.,* Kernfragen der Rechtsvergleichung, Tübingen 1996.

Guillien, Raymond/Vincent, Jean (Hrsg.), Termes juridiques, 14. Auflage, Paris 2003.

Guimezanes, Nicole, Introduction au droit français, 2. Auflage, Baden-Baden 1999.

Gunst, Dietrich, Amtsdeutsch und seine Gestaltungsformen, in: Muttersprache 1975, S. 342-349.

Günther, Carsten A., Das gemeinschaftsrechtliche Rückwirkungsverbot vor dem Hintergrund der Entsorgung von Altautos, in: EuZW 2000, S. 329-332.

Güttinger, Fritz, Zielsprache. Theorie und Technik des Übersetzens, 3. Auflage, Zürich 1963.

Haba, P. Enrique, Etudes en allemand sur les rapports entre droit et langue, in: APD 1974, Nr. 19, Le langage du droit, S. 257-290.

Haibach, Ulrike, Familienrecht in der Rechtssprache. Die historische Entwicklung zentraler Ausdrücke des geltenden Familienrechts, Frankfurt am Main u.a. 1991.

Haß, Ulrike, Brisanter Text. Der Entwurf eines Vertrages über eine Verfassung für Europa, in: Busse, Dietrich/Niehr, Thomas/Wengeler, Martin (Hrsg.), Brisante Semantik. Neuere Konzepte und Forschungsergebnisse einer kulturwissenschaftlichen Linguistik, Tübingen 2005, S. 293-307.

Hattenhauer, Hans, Zur Zukunft des Deutschen als Sprache der Rechtswissenschaft, in: JZ 2000, S. 545-551.

Hatz, Helmut, Rechtssprache und juristischer Begriff. Vom richtigen Verstehen des Rechtssatzes, Stuttgart, 1963.

Haydin, Izzet, Gerichtsbezeichnungen Deutsch – Türkisch, Gerichtswesen der Bundesrepublik Deutschland, in: MDÜ 1/1991, S. 13-14.

Heitmann, Steffen, Rechtliche Probleme der deutschen Einheit, in: Ständige Deputation des Deutschen Juristentages, Verhandlungen des Neunundfünfzigsten Deutschen Juristentages, Bd. II, Hannover 1992, L.

Herdegen, Matthias, Europarecht, 6. Auflage, München 2004.

Herschel, Wilhelm, Die Sprache des Rechts, in: SF 1982, S. 42-45.

Hohloch, Gerhard, Familienrecht, Stuttgart u.a., 2002.

Hönig, Hans G., Von der erzwungenen Selbstentfremdung des Übersetzers. Ein offener Brief an Justa Holz-Mänttäri, in: Textcon-Text 1992, S. 1-14.

— *ders./Kußmaul, Paul,* Strategie der Übersetzung. Ein Lehr- und Arbeitsbuch, 5. Auflage, Tübingen 1999.

Horn, Norbert, Ein Jahrhundert Bürgerliches Gesetzbuch, in: NJW 2000, S. 40-46

Horn-Helf, Brigitte, Technisches Übersetzen in Theorie und Praxis, Tübingen u.a. 1999.

Houbert, Frédéric, Spécificités de la traduction juridique, 1999, in: Point Com, Bulletin en ligne de l'Associaiton des Anciens Élèves de l'École supérieure d'Interprètes et de Traducteurs de l'Université de Paris – Membre associé de la FIT, http://www. geocities.com/Eureka/Office/1936/juri5.html, (Abfrage: 31.05. 2005).

Hübner, Ulrich/Constantinesco, Vlad, Einführung in das französische Recht, 4. Auflage, München 2001.

Hulst, Lieven d', Cent ans de théorie française de la traduction. De Batteux à Littré (1748-1847), Lille 1990.

296

Iluk, Jan, Zur Übersetzbarkeit von Namen öffentlicher Einrichtungen, in: Spillner, Bernd (Hrsg.), Interkulturelle Kommunikation, Kongreßbeiträge zur 20. Jahrestagung der Gesellschaft für Angewandte Linguistik GAL e.V., Frankfurt am Main u.a. 1990, S. 193-198.

Institut für Informationsmanagement/Deutscher Terminologie-Tag e.V., Terminologiesammlung/Recht, in: Institut für Informationsmanagement, Fachhochschule Köln, http://www.iim.fh-koeln.de/dtp/ (dort unter: „Terminologiebestände/Recht") (Abfrage: 31.05.2005).

Internationales Institut für Rechts- und Verwaltungssprache (Hrsg.), Europa-Glossar der Rechts- und Verwaltungssprache/Glossaire européen de terminologie juridique et administrative, Deutsch/Französisch, Bd. 8, Beamtenrecht, Berlin u.a., 1969.

— *dass.,* (Hrsg.), Handbuch der Internationalen Rechts- und Verwaltungssprache, Deutsch/Französisch, Bd. Staats- und Verwaltungsorganisation – Behörden – Amtsbezeichnungen, Köln u.a. 1984.

Jessnitzer, Kurt, Dolmetscher. Ein Handbuch für die Praxis der Dolmetscher, Übersetzer und ihrer Auftraggeber im Gerichts-, Beurkundungs- und Verwaltungsverfahren, Köln u.a. 1982.

Jumpelt, Rudolf Walter, Die Übersetzung naturwissenschaftlicher und technischer Literatur. Sprachliche Maßstäbe und Methoden zur Bestimmung ihrer Wesenszüge und Probleme, Berlin-Schöneberg, 1961, zugl. Bonn, Univ., Diss., 1961.

Juriscope, Traduction de textes étrangers (Datenbank), in: Juriscope, http://www.juriscope.org/publications/documents/index.htm (Abfrage: 31.05.2005).

Kapp, Volker, Probleme von Theorie und Praxis in der Ausbildung zum Übersetzer und Dolmetscher, in: ders. (Hrsg.), Übersetzer und Dolmetscher. Theoretische Grundlagen, Ausbildung, Berufspraxis, 3. Auflage, Tübingen 1991, S. 7-13.

Kaspers, Heinrich, Vom Sachsenspiegel zum Code Napoléon. Kleine Rechtsgeschichte im Spiegel alter Rechtsbücher, 4. Auflage, Köln 1978.

Katz, Alfred, Staatsrecht. Grundkurs im öffentlichen Recht, 15. Auflage, Heidelberg 2002.

Kaufmann, Ekkehard, Deutsches Recht. Die Grundlagen, Berlin 1984.

Kerby, Jean, La traduction juridique, un cas d'espèce, in: Gémar, Jean-Claude (Hrsg.), Langage du droit et traduction. The Langage of the Law and Translation, Montreal 1982, S. 3-10.

Kieffer, Jean-Marc, Le traducteur „jurilinguiste", in: Snow, Gérard/ Vanderlinden, Jacques (Hrsg.), Français juridique et science du droit, Brüssel 1995, S. 219-232.

Kirchhof, Paul, Die Bestimmtheit und Offenheit der Rechtssprache. Vortrag gehalten vor der Juristischen Gesellschaft zu Berlin am 29. April 1987, Berlin u.a. 1987.

Kisch, Isaac, Droit comparé et terminologie juridique, in: Rotondi, Mario (Hrsg.), Inchieste di diritto comparato, Padova u.a. 1973, S. 407-423.

Kjær, Anne Lise, Vergleich von Unvergleichbarem. Zur kontrastiven Analyse unbestimmter Rechtsbegriffe, in: Krimann, Hans-Peter/Kjær, Anne Lise (Hrsg.), Von der Allgegenwart der Lexikologie. Kontrastive Lexikologie als Vorstufe zur zweisprachigen Lexikographie, Akten des Internationalen Werkstattgesprächs zur Kontrastiven Lexikologie, 29.-30.10.1994 in Kopenhagen, Tübingen 1995, S. 39-56.

— *dies.*, „Eurospeak" - „Eurotexte" - „Eurobegriffe": Zur Pluralität von Sprachen und Rechten bei der Produktion und Rezeption gemeinschaftsrechtlicher Texte .in: Eriksen, Lars/Luttermann, Karin (Hrsg.), Juristische Fachsprache. Kongressberichte des 12th European Symposium on Language for Special Purposes, Brixen/Bressanone 1999, Münster u.a. 2002, S. 115-131.

Knauer, Gabriele, Grundkurs Übersetzungswissenschaft Französisch, Stuttgart 1998.

Köbler, Gerhard, Etymologisches Rechtswörterbuch, Tübingen 1995.

— *ders.*, Rechtsfranzösisch. Deutsch-französisches und französisch-deutsches Rechtswörterbuch für jedermann, 4. Auflage, München 2004.

— *ders./Pohl, Heidrun*, Deutsch-Deutsches Rechtswörterbuch, München 1991.

Koller, Werner, Grundprobleme der Übersetzungstheorie. Unter besonderer Berücksichtigung schwedisch-deutscher Übersetzungsfälle, Bern u.a. 1972.

— *ders.*, Einführung in die Übersetzungswissenschaft, 7. Auflage, Wiebelsheim 2004.

Koutsivitis, Vassilis G., La traduction juridique. Etude d'un cas: la traduction des textes législatifs des Communautés européennes, et en particulier à partir du français vers le grec, Paris, Univ., Diss., 1988.

— *ders.*, La traduction juridique: standardisation versus créativité, in: Meta, 1990, Bd. 35, Nr. 1, S. 226-229.

— *ders.*, La traduction juridique: liberté et contraintes, in: Lederer, Marianne/Israël, Fortunato (Hrsg.), La liberté en traduction, Paris 1991, S. 139-157.

Krefeld, Thomas, Das französische Gerichtsurteil in linguistischer Sicht: Zwischen Fach- und Standessprache, Frankfurt am Main u.a. 1985, zugl. Freiburg (Breisgau), Univ., Diss., 1983.

Künßberg, Eberhard Frh. von, Rechtssprachgeographie, Heidelberg 1926.

— *ders.*, Die deutsche Rechtssprache, in: ZfD 1930, S. 379-389.

Kußmaul, Paul, Wie genau soll eine Übersetzung sein? Wie können wir Studierenden bei ihren semantischen Entscheidungen helfen? in: Wilss, Wolfram/Thome, Gisela (Hrsg.), Die Theorie des Übersetzens und ihr Aufschlußwert für die Übersetzungs- und Dolmetschdidaktik, Tübingen 1984, S. 52-60.

Lampe, Ernst-Joachim, Juristische Semantik, Bad Homburg u.a. 1970.

Lane, Alexander, Legal and Administrative Terminology and Translation Problems, in: Gémar, Jean-Claude (Hrsg.), Langage du droit et traduction. The Language of the Law and Translation, Montreal 1982, S. 219-231.

Larenz, Karl, Methodenlehre der Rechtswissenschaft, 6. Auflage, Berlin u.a. 1991.

Lasserre-Kiesow, Valérie/Luzeaux, Didier, Le droit civil allemand dans la science juridique française. Plaidoyer pour une meilleure connaissance, in: Beaud, Olivier/Heyen, Volkmar Erk (Hrsg.), Eine deutsch-französische Rechtswissenschaft? Une science juridique franco-allemande. Kritische Bilanz und Perspektiven eines kulturellen Dialogs, Baden-Baden 1999, S. 163-181.

Leveneur, Laurent, Le choix des mots en droit des personnes et de la famille, in: Molfessis, Nicolas (Hrsg.), Les mots de la loi, Paris 1999, S. 11-29.

Lohaus, Marianne, Recht und Sprache in Österreich und Deutschland. Gemeinsamkeiten und Verschiedenheiten als Folge geschichtlicher Entwicklungen. Untersuchung zur juristischen Fachterminologie in Österreich und Deutschland, Gießen 2000, zugl. Innsbruck, Univ., Diss., 2000.

Losson, Gérard, Petit guide linguistique à travers les dédales de l'Union européenne. Évolution de certaines questions formelles du fait du traité de Maastricht et de l'adhésion de trois nouveaux membres, in: T&T 3.1995, S. 9-37.

Luhmann, Niklas, Soziologische Aufklärung, Bd. I, Aufsätze zur Theorie sozialer Systeme, 6. Auflage, Opladen 1991.

Luttermann, Claus, Juristische Übersetzung als Rechtspolitik im Europa der Sprachen. Eine wirtschaftsrechtlich-linguistische Betrachtung, in: EuZW 1998, S. 151-157.

— *ders.*, Der Sinn für das Europäische Recht. Eine zukunftsträchtige Aufgabe, in: JZ 1998, S. 880-884.

— *ders.*, Rechtssprachenvergleich in der Europäischen Union. Ein Lehrbuchfall: EuGH, EuZW 1999, 154-Codan, in: EuZW 1999, S. 401-404.

— *ders.*, Dialog der Kulturen. Vergleichendes Handels- und Kapitalmarktrecht im Sprachspiegel, in: Hübner, Ulrich/Ebke, Werner F., Festschrift für Bernard Großfeld zum 65. Geburstag, Heidelberg 1999, S. 771-789.

— *ders.*, Die bilanzrechtliche Generalnorm im europäischen Sprachenspiel. Eine Verlaufsstudie zur Rechtspolitik, in: Groot de, Gérard-René/Schulze, Reiner (Hrsg.), Recht und Übersetzen, Baden-Baden 1999, S. 115-123.

— *ders./Luttermann, Karin*, Ein Sprachenrecht für die Europäische Union. Rechtssprachenvergleich und Referenzsprachenmodel als Integrationsansatz, in: JZ 2004, S. 1002-1010.

Lyon-Caen, Gérard, Le langage en droit du travail, in: Molfessis, Nicolas (Hrsg.), Les mots de la loi, Paris 1999, S. 1-10.

Madsen, Dorte, Towards a Description of Communication in the Legal Universe. Translation of Legal Texts and the Skopos Theory, in: Fachsprache 1-2/1997, S. 17-27.

Mais, Georgia/Schiemenz, Jacquelinge, Gute Übersetzungen – (k)ein Problem, Sonderdruck, ADÜ Nord e.V., 1999-2002, 1-4.

Malblanc, Alfred, Stylistique comparée du français et de l'allemand. Essai de représentation linguistique comparée et Étude de traduction, 5. Auflage, Paris 1980.

Marburger, Peter, Technische Begriffe und Rechtsbegriffe, in: Rüthers, Bernd/Stern, Klaus (Hrsg.), Freiheit und Verantwortung im Verfassungsstaat, München 1984, S. 275-293.

Mincke, Wolfgang, Die Problematik von Recht und Sprache in der Übersetzung von Rechtstexten, in: ARSP 1991, S. 446-465.

Ministère des affaires étrangères, Base Pacte/Traités bilatéraux (Datenbank), in: Ministère des affaires étrangères, http://www.doc. diplomatie.gouv.fr/BASIS/pacte/webext/bilat/sf (Abfrage: 31. 05.2005).

Montaigne, Michel de, Les Essais, 1595.

Montesquieu, Charles de Secondat, De l'Esprit des lois, 1748.

Moreau, Michel, L'avenir de la traduction juridique, in: Snow, Gérard/Vanderlinden, Jacques (Hrsg.), Français juridique et science du droit, Brüssel 1995, S. 267-277.

Mounin, Georges, Les problèmes théoriques de la traduction, Paris 1976.

Müller-Tochtermann, Helmut, Struktur der deutschen Rechtssprache. Beobachtungen und Gedanken zum Thema Fachsprache und Allgemeinsprache, in: Muttersprache 1959, S. 84-92.

Nerson, Roger, Exercices de vocabulaire, in: Voirin, Pierre (Hrsg.), Mélanges offerts à Monsieur le Professeur Pierre Voirin, Paris 1966, S. 603-617.

Neumann, Ulfrid, Juristische Fachsprache und Umgangssprache, in: Grewendorf, Günther (Hrsg.), Rechtskultur als Sprachkultur, Frankfurt am Main 1992, S. 110-121.

Neumann-Duesberg, Horst, Sprache im Recht, Münster 1949.

Nida, Eugene A., Principles of translation as exemplified by Bible translating, in: Brower, Reuben Arthur (Hrsg.), On translation, New York, 1966, S. 11-31.

Nord, Christiane, Einführung in das funktionale Übersetzen. Am Beispiel von Titeln und Überschriften, Tübingen u.a., 1993.

Nussbaumer, Markus, Gesetzestexte als juristische Fachtexte?, in: Eriksen, Lars/Luttermann, Karin (Hrsg.), Juristische Fachsprache. Kongressberichte des 12th European Symposium on Language for Special Purposes, Brixen/Bressanone 1999, Münster u.a. 2002, S. 21-42.

Oksaar, Els, Kommunikation mit dem Bürger. Sprache als Werkzeug und Problem der Verwaltung, in: Radtke, Ingulf (Bearb.), Die Sprache des Rechts und der Verwaltung. Der öffentliche Sprachgebrauch, Bd. II, Stuttgart 1981, S. 170-181.

— *ders.,* Sprache als Problem und Werkzeug des Juristen, ARSP 1967, 91-132.

Olivier-Martin, François, Histoire du droit français. Des origines à la Révolution, Paris 1984.

Pactet, Pierre/Mélin-Soucramanien,Ferdinand, Droit constitutionnel, 23. Auflage, Paris 2004.

Paepcke, Fritz, Im Übersetzen leben. Übersetzen und Textvergleich, Tübingen 1986.

Pelage, Jacques, La traduction juridique: problématique et solutions appliquées au passage des langues romanes au français, Paris, Univ., Diss., 1995.

Pfeil, Werner, Der Aspekt der Mehrsprachigkeit in der Union und sein Einfluss auf die Rechtsfortbildung des Europäischen Gemeinschaftsrechts, in: ZfRV 1996, S. 11-20.

Pigeon, Louis-Philippe, La traduction juridique - L'équivalence fonctionnelle, in: Gémar, Jean-Claude (Hrsg.), Langage du droit et traduction. The Langage of the Law and Translation, Montreal 1982, S. 271-281.

Politis, Michel/Canellopouloi-Botti, Maria, Le sort des référents pragmatologiques dans le texte d'arrivée en traduction juridique, 2000, in: La traduction juridique. Histoire, théorie(s) et pratique, Colloque international organisé par l'École de traduction et interprétation de l'Université de Genève et l'Association suisse des traducteurs, terminologues et interprètes, à l'Université de Genève, les 17, 18 et 19 février 2000, Tradulex.org, http://www.tradulex.org/Actes2000/Politis.pdf (Abfrage: 31.05. 2005).

Potonnier, Georges E./Potonnier, Brigitte, Wörterbuch für Wirtschaft, Recht und Handel, Bd. I, Deutsch-Französisch, 3. Auflage, Wiesbaden 1997.

— *dies.,* Wörterbuch für Wirtschaft, Recht und Handel, Bd. II, Französisch-Deutsch, 3. Auflage, Wiesbaden 2001.

Reinfried, Hubert, Deutsches Rechtsbuch. Was jeder vom Recht wissen muss, Regensburg 1983.

Reiß, Katharina, Adäquatheit und Äquivalenz, in: Wilss, Wolfram/Thome, Gisela (Hrsg.), Die Theorie des Übersetzens und ihr Aufschlußwert für die Übersetzungs- und Dolmetschdidaktik, Akten des Internationalen Kolloquiums der Association Internationale de Linguistique Appliquée (AILA), Saarbrücken, 25. - 30. Juli 1983, Tübingen 1984, S. 80-89.

— *dies./Vermeer, Hans J.,* Grundlegung einer allgemeinen Translationstheorie, 2. Auflage, Tübingen 1991.

Rey-Debove, Josette/Rey, Alain (Hrsg.), Le Nouveau Petit Robert. Dictionnaire alphabétique et analogique de la langue française, Paris 2004.

Riva, Nina, Droit public et traduction, in: Meta 1981, Bd. 26, Nr. 3, S. 223-228.

Robbers, Gerhard, Einführung in das deutsche Recht, 3. Auflage, Baden-Baden, 2002.

Sachs, Michael (Hrsg.), Grundgesetz, Kommentar, 3. Auflage, München 2003.

Sandrini, Peter, Übersetzung italienischer Gesetzestexte ins Deutsche, am Beispiel Blaue Reihe, hrsg. vom Südtiroler Bildungszentrum, Bozen, T&T 3.1991, S. 317-320.

— *ders.*, Terminologiearbeit im Recht. Deskriptiver begriffsorientierter Ansatz vom Standpunkt des Übersetzers, Wien 1996, zugl. Innsbruck, Univ., Diss., 1995.

Šarčević, Susan, Bilingual and Multilingual Legal Dictionaries: New Standards for the Future, in: Meta 1991, Bd. 36, Nr. 4, S. 615-626.

Schleiermacher, Friedrich, Über die verschiedenen Methoden des Übersetzers, in: Friedrich Schleiermacher's sämmtliche Werke, Dritte Abtheilung: Zur Philosophie, Bd. 2, Berlin 1838, S. 207-245, wieder abgedr. in: Störig, Hans Joachim (Hrsg.), Das Problem des Übersetzens, 2. Auflage, Darmstadt 1969, S. 38-70.

Schmid, Anne-Marie, Äquivalenz in der übersetzungsorientierten Terminologiearbeit, in: Pöll, Bernard (Hrsg.), Fachsprachekontrastiv. Beiträge der gleichnamigen Sektion des 21. Österreichischen Linguistentages, Salzburg, 23.– 26. Oktober 1993, Bonn 1994, S. 45-64.

Schmitt, Hans Peter, Zur Wiener Konvention über das Recht der internationalen Verträge, in: GRURInt 1970, S. 361-369.

Schnapp, Friedrich E., Von der (Un-)Verständlichkeit der Juristensprache, in: JZ 2004, S. 473-481.

Schreiber, Michael, Übersetzung und Bearbeitung. Zur Differenzierung und Abgrenzung des Übersetzungsbegriffs, Tübingen 1993.

Schröder, Werner, Die Auslegung des EU-Rechts, in: JuS 2004, S. 180-186.

Schübel, Eva, Wie gut funktioniert die Strafverfolgung innerhalb Europas? – Eine Bestandsaufnahme am Beispiel terroristischer Gewalttaten, in: NStZ 1997, S. 105-110.

Schübel-Pfister, Isabel, Sprache und Gemeinschaftsrecht. Die Auslegung der mehrsprachig verbindlichen Rechtstexte durch den Europäischen Gerichtshof, Berlin 2004, zugl. Bayreuth, Univ., Diss. 2003.

Schülter-Ellner, Corinna, Einheitliche Übersetzung deutscher Gerichtsbezeichnungen in die englische, französische und spanische Sprache, in: MDÜ 2/2000, S. 25-26.

Schwab, Michael, Der gemeinsame Nenner, in: EuZW 1998, S. 1.

Schwintowski, Hans-Peter, Die Bedeutung interdisziplinären Arbeitens von Rechts- und Sprachwissenschaft, in: NJW 2003, S. 632-638.

Simonnaes, Ingrid, Übersetzungsprobleme bei juristischen Texten: Sprachenpaar Norwegisch- Deutsch, in: Thelen, Marcel/ Lewandowska-Tomaszczyk, Barbara (Hrsg.), Translation and Meaning Part 3, Proceedings of the Maastricht Session of the 2nd International Maastricht-Łódź Duo Colloquium on „Translation and meaning", Held in Maastricht, The Netherlands, 19-22 April 1995, Maastricht 1996, S. 365-372.

— *dies.* Zur Frage der rechtskulturellen Unübersetzbarkeit anhand eines Vergleiches zwischen Norwegen und Deutschland, in: Eriksen, Lars/Luttermann, Karin (Hrsg.), Juristische Fachsprache. Kongressberichte des 12th European Symposium on Language for Special Purposes, Brixen/Bressanone 1999, Münster u.a. 2002, S. 134-150.

Sommermann, Karl-Peter, Verordnungsermächtigung und Demokratieprinzip. Verfassungsrechtliche Grenzen parlementarischer Änderungsvorbehalte, in: JZ 1997, S. 434-441.

Sonnenberger, Hans Jürgen (Red.), Münchener Kommentar zum Bürgerlichen Gesetzbuch, Bd. 10, Einführungsgesetz zum Bürgerlichen Gesetzbuch (Art. 1-38) Internationales Privatrecht, 3. Auflage, München 1998.

— *ders./Autexier, Christian,* Einführung in das französische Recht, 3. Auflage, Heidelberg 2000.

Sourioux, Jean-Louis/Lerat, Pierre, Le langage du droit, Paris 1975.

Sparer, Michel, Pour une dimension culturelle de la traduction juridique, in: Meta 1979, Numéro spécial, La traduction juridique, Bd. 24, Nr. 1, S. 68-94.

— *ders.*, L'enseignement de la traduction juridique: une formation technique et universitaire, in: Meta 1988, Bd. 33, Nr. 2, S. 320-328.

Sprachendienst des Auswärtigen Amtes, German Institutions. Deutsche Einrichtungen. Institutions allemandes. Instituciones Alemanas, Berlin 1989.

— *ders.*, Standardformulierungen für deutsche Vertragstexte mit Übersetzungen in englischer, französischer und spanischer Sprache, 3. Auflage, Berlin 1992.

Stavraka, Maria, Sach- und Sprachnorm in der französischen Rechtssprache. Untersuchungen zu Rechts- und Sprachfiguren bei Leistungsstörungen im Schuldverhältnis, Frankfurt am Main u.a. 1993, zugl. Heidelberg, Univ., Diss. 1991.

Stolze, Radegundis, Rechts- und Sprachvergleich beim Übersetzen juristischer Texte, in: Baumann, Klaus-Dieter/Kalverkämper, Hartwig (Hrsg.), Kontrastive Fachsprachenforschung, Tübingen 1992, S. 223-230.

— *dies.*, Hermeneutisches Übersetzen. Linguistische Kategorien des Verstehens und Formulierens beim Übersetzen, Tübingen 1992.

— *dies.*, Die Fachübersetzung. Eine Einführung, Tübingen 1999.

— *dies.*, Expertenwissen des juristischen Fachübersetzers, in: Sandrini, Peter (Hrsg.), Übersetzen von Rechtstexten. Fachkommunikation im Spannungsfeld zwischen Rechtsordnung und Sprache, Tübingen 1999, S. 45-62.

Störig, Hans Joachim, Einleitung, in: ders. (Hrsg.), Das Problem des Übersetzens, 2. Auflage, Darmstadt 1969, S. VI-XXXIII.

Sun, Xuefen, La traduction juridique du français vers le chinois: éléments de réflexion, Bd. I, Paris, Univ., Diss., 2000.

Thierfelder, Franz, Darf der Übersetzer den Text des Originals verändern? Einige Bemerkungen zu den Übertragungen der Märchen H. Chr. Andersens, in: Babel 1955, S. 51-54.

Thiry, Bernard, Équivalence bilingue en traduction et en terminologie juridiques: Qu'est-ce que traduire en droit?, 2000, in: La traduction juridique. Histoire, théorie(s) et pratique, Colloque international organisé par l'École de traduction et interprétation de l'Université de Genève et l'Association suisse des traducteurs, terminologues et interprètes, à l'Université de Genève, les 17, 18 et 19 février 2000, Tradulex.org, http://www.tradulex.org/ Actes2000/Thiry.pdf (Abfrage: 31.05.2005).

Triebel, Balthasar, Auslegung englischer Vetragstexte unter deutschem Vetragsstatut. Fallstricke des Art. 32 I Nr. 1 EGBGB, in: NJW 2004, S. 2189-2196.

Übersetzungsabteilung der Europäischen Kommission, Eurodicautom (Datenbank), in: Das Portal der Europäischen Union, http://europa.eu.int/eurodicautom/Controller (Abfrage: 31.05. 2005).

Vernay, Henri, Elemente einer Übersetzungswissenschaft, in: Kapp, Volker (Hrsg.), Übersetzer und Dolmetscher. Theoretische Grundlagen, Ausbildung, Berufspraxis, 3. Auflage, Tübingen 1991, S. 26-37.

Villey, Michel, Préface, in: APD 1974, Nr. 19, Le langage du droit, S. 1-6.

Visser'T Hooft, Hendrik Ph., La philosophie du langage ordinaire et le droit, in: APD 1974, Nr. 19, Le langage du droit, S. 19-24.

Vlachopoulos, Stefanos, Die Übersetzung von Vertragstexten: Anwendung und Didaktik, in: Sandrini, Peter (Hrsg.), Übersetzen von Rechtstexten. Fachkommunikation im Spannungsfeld zwischen Rechtsordnung und Sprache, Tübingen 1999, S. 137-154.

Wandruszka, Mario, Das Leben der Sprachen. Vom menschlichen Sprechen und Gespräch, Anstalt 1984.

Weir, Tony, Die Sprachen des europäischen Rechts. Eine Skeptische Betrachtung, in: ZEuP 1995, S. 368-374.

Weisflog, Walter E., Rechtsvergleichung und juristische Übersetzung. Eine interdisziplinäre Studie, Zürich 1996.

Weston, Martin, An English Reader's Guide to the French Legal System, 2. Auflage, Oxford 1993.

Weyers, Gerd Richard, Grenzen der Übersetzbarkeit juristischer Texte, in: Hendriks, Berna (Hrsg.), Language Needs in Business, Proceedings of XVIII International Association Language and Business, 1994, S. 99-117.

Wieacker, Franz, Privatrechtsgeschichte der Neuzeit. Unter besonderer Berücksichtigung der deutschen Entwicklung, 2. Auflage, Göttingen 1996.

Wiesmann, Eva, Berücksichtigung von Textsortenkonventionen bei der Übersetzung von Rechtstexten am Beispiel der Übersetzung italienischer Atti di citazione ins Deutsche, in: Sandrini, Peter (Hrsg.), Übersetzen von Rechtstexten. Fachkommunikation im Spannungsfeld zwischen Rechtsordnung und Sprache, Tübingen 1999, S. 155.

Wilss, Wolfram, Probleme und Perspektive der Übersetzungsäquivalenz, Trier 1975.

— *ders.,* Übersetzungswissenschaft. Probleme und Methoden, Stuttgart 1977.

— *ders.,* Übersetzungsunterricht. Eine Einführung. Begriffliche Grundlagen und methodische Orientierungen, Tübingen 1996.

Wissenschaftlicher Rat der Dudenredaktion (hrsg.), Duden, Deutsches Universalwörterbuch, 5. Auflage, Mannheim u.a. 2003.

Würstle, Regine, Textlinguistik und Fachsprache: Darstellung und Analyse der konstitutiven Elemente einer juristischen Textsorte des Neufranzösischen, in: Kalverkämper, Hartwig (Hrsg.), Fachsprachen in der Romania, Tübingen 1988, S. 130-150.

Wüster, Eugen, Einführung in die allgemeine Terminologielehre und terminologische Lexikographie, 3. Auflage, Bonn 1991.

Zweigert, Konrad, Einige Überlegungen zu Recht und Sprache, in: Reichert-Facilides, Fritz/Rittner, Fritz/Sasse, Jürgen (Hrsg.), Festschrift für Reimer Schmidt, Karlsruhe 1976, S. 55-67.

— *ders./Kötz, Hein*, Einführung in die Rechtsvergleichung auf dem Gebiete des Privatrechts, 3. Auflage, Tübingen 1996.

Stichwortverzeichnis